经典案例诠释税务稽查重点
构建税务稽查风险防控体系的宝典
防范税务稽查的两大理念和六大策略

建筑房地产企业
税务稽查
防控策略

肖太寿 △著

KEY
POINTS
AND
PREVENTIVE
STRATEGIES
OF

TAX
INSPECTION
FOR
CONSTRUCTION
REAL
ESTATE
ENTERPRISES

经济管理出版社
ECONOMY & MANAGEMENT PUBLISHING HOUSE

图书在版编目（CIP）数据

建筑房地产企业税务稽查防控策略／肖太寿著. —北京：经济管理出版社，2020.5
ISBN 978-7-5096-7102-3

Ⅰ.①建⋯　Ⅱ.①肖⋯　Ⅲ.①建筑企业—税务稽查—研究—中国 ②房地产企业—税务稽查—研究—中国　Ⅳ.①F812.423

中国版本图书馆 CIP 数据核字（2020）第 073009 号

组稿编辑：王光艳
责任编辑：魏晨红
责任印制：黄章平
责任校对：张晓燕

出版发行：经济管理出版社
　　　　　（北京市海淀区北蜂窝 8 号中雅大厦 A 座 11 层　100038）
网　　址：www. E-mp. com. cn
电　　话：（010）51915602
印　　刷：三河市延风印装有限公司
经　　销：新华书店
开　　本：720mm×1000mm /16
印　　张：20.5
字　　数：391 千字
版　　次：2020 年 5 月第 1 版　2020 年 5 月第 1 次印刷
书　　号：ISBN 978-7-5096-7102-3
定　　价：118.00 元

前言

税务稽查风险主要体现在两个方面：一是企业没有准确理解国家税收政策导致滥用税收政策从而被税务稽查机关稽查进行纳税调增补税、罚款并缴纳滞纳金的行政处罚风险；二是企业通过人为的、故意的虚列支出、虚构业务骗取国家出口退税、骗取多抵扣增值税进项税和少缴纳企业所得税，从而触犯刑法构成延迟缴纳税款罪、虚开增值税发票罪、漏税罪等刑事犯罪的法律风险。企业能够防范和控制以上两种税务法律风险是提升其核心竞争力的重要举措，也是企业降低成本工作的重中之重。

税务风险管控是企业管理的重要管理之策。由于建筑、房地产企业是国家最近几年税务稽查的重点行业，所以做好建筑、房地产企业税务稽查的防范工作是纳税管理中的关键之举。建筑、房地产企业要在经营的过程中规避税收稽查风险，提升企业税收安全，维持企业健康持续的经营，作为建筑、房地产企业的决策层、管理层和财务负责人一定要重视企业税收风险管控策略。为了提高广大建筑、房地产企业的决策层、管理层和财务层对企业自身税收风险的掌控能力，策划好企业的税收风险管控工作，笔者结合自己多年在税务实践中的职业经验和对国家最近颁布的税收政策的研究，特意编写了《建筑房地产企业税务稽查防控策略》。

本书从结构来看，主要分为七章：增值税进项税额抵扣的稽查重点及应对策略；增值税计税方法选择的税务稽查重点及应对策略；"甲供工程"业务的税务稽查重点及应对策略；建筑、房地产企业"预收账款"的纳税稽查重点；建筑、房地产企业成本列支的税务稽查重点；（建筑）劳务公司的税务稽查重点及应对策略；构筑建筑、房地产企业的税务稽查风险防控体系。

第一章　增值税进项税额抵扣的稽查重点及应对策略

在税务稽查实践中，税务稽查机关对建筑房地产企业成本发票的增值税进项税额抵扣的稽查重点主要涉及以下七大方面：虚抵和虚开（以下简称"两虚发票"）成本发票的增值税进项税额抵扣；旅客运输发票和货物运输发票的增值税进项税抵扣；既用于简易计税又用于一般计税项目成本发票的增值税进项税额抵扣是否正确划分抵扣比例；房地产企业在项目内建造的基础设施无偿移交给地方政府所发生的成本发票的增值税进项税额抵扣；房地产企业在项目外建造的基础设施无偿移交给地方政府发生的成本发票的增值税进项税额抵扣；房地产企业与建筑企业签订的包工包料合同（含混合销售和兼营行为），收到建筑企业开具的增值税成本发票的增值税进项税额抵扣；建筑企业购进不动产、固定资产和周转材料的增值税进项税额抵扣等。以上七大方面所发生的成本发票的增值进项税额必须依据税法的规定进行抵扣，否则就不可以抵扣。

第二章　增值税计税方法选择的税务稽查重点及应对策略

根据财税〔2016〕36号文件附件1：《营业税改征增值税试点实施办法》第十七条、第十八条和第十九条的规定，增值税的计税方法，包括一般计税方法和简易计税方法。一般计税方法是按照销项税额减去进项税额的差额计算应纳税额。简易计税方法是按照销售额与征收率的乘积计算应纳税额。一般纳税人发生应税行为适用一般计税方法计税。小规模纳税人发生应税行为适用简易计税方法计税。在现有的税法规定下，如果房地产和建筑企业选择一般计税方法计征增值税，则依照9%的增值税税率计征增值税；如果房地产和建筑企业选择简易计税方法计征增值税，则建筑企业依照3%的征收率计征增值税，房地产企业依照5%的征收率计征增值税。房地产和建筑企业在增值税一般计税方法和简易计税方法的选择上，不是随便选择而是必须依照税法的规定进行选择。因此，税务机关必须关注房地产和建筑企业的新项目和老项目在增值税计税方法选择上是否严格依照税法规定的条件进行。

第三章　"甲供工程"业务的税务稽查重点及应对策略

根据《财政部　国家税务总局关于全面推开营业税改征增值税试点的通知》（财税〔2016〕36号）附件2：《营业税改征增值税试点有关事项的规定》第（七）项第2条的规定，**甲供工程，是指全部或部分设备、材料、动力由工程发包方自行采购的建筑工程。**"甲供工程"涉及建筑企业与发包方的工程结算、发票开具、纳税申报等税务问题。在"甲供工程"业务的税务稽查实践中，税务稽查机关主要稽查以下两个重点：一是三种假的"甲供材"业务的稽查；二是"甲供工程"中的发包方重复扣除"甲供材"成本少缴纳税的稽查。建筑企业要规避税务稽查风险，必须采用巧签"甲供材"合同策略和对于含"甲供材"金额签订"甲供材"合同的工程结算采用"差额法"策略。

第四章　建筑企业、房地产企业"预收账款"的纳税稽查重点

全面"营改增"后的建筑和房地产企业，在金税三期的数据控税风暴下，"预收账款"科目成为税务稽查部门跟踪稽查的重要原因有三个：一是"预收账款"涉及预缴增值税的时间问题；二是"预收账款"涉及企业所得收入结转的时间问题；三是"预收账款"涉及预缴增值税的纳税地点问题。

第五章　建筑企业、房地产企业成本列支的税务稽查重点

企业成本列支涉及企业所得税税前扣除、增值税进项税额的抵扣、房地产企业土地增值税税前扣除和出口企业的出口退税等涉税问题的处理。在"以票控税"的税收征管体制下，为了管控企业成本列支的真实性和规范性，成本支出一直是税务机关关注的稽查重点。综观房地产和建筑企业成本列支的稽查实践，税务机关经常关注的成本列支稽查重点如下：一是建筑企业工程项目成本中的人、材、机成本的合理比例。二是劳务公司开具发票是否存在虚开。三是税前扣除凭证是否符合"真实性、合法性和关联性"。四是建筑企业扣除分包额差额征收增值税后，是否调减工程施工成本？房地

产企业扣除土地成本、拆迁补偿费用及政府规费差额征收增值税是否调减主营业务成本？五是房地产企业土地增值税税前成本扣除项目的稽查重点。

第六章　（建筑）劳务公司的税务稽查重点及应对策略

在现有的建筑领域，无论是否有建筑劳务资质的建筑劳务公司都可以与建筑总承包方、建筑承包方、建筑专业分包方等劳务发包方签订劳务分包合同，并向以上三个劳务发包方开具3%的增值税专用（普通）发票。建筑劳务公司应该配备劳务负责人和聘请农民工到建筑工地项目部进行劳务管理，根据安全和质量管理标准，按照劳务分包合同的约定，完成劳务发包方发包的劳务工程量。可是，有些（建筑）劳务公司在劳务分包过程中，往往疏于管理，漏洞百出，陷入了虚开增值税发票的犯罪深渊。甚至有的（建筑）劳务公司纯粹是开票公司，靠卖发票赚税点或建筑公司挂靠劳务公司开具发票，劳务公司只收管理费作为企业利润之源。因此，税务机关对（建筑）劳务公司重点从以下三个方面进行稽查：一是建筑企业挂靠（建筑）劳务公司开具劳务发票的稽查；二是（建筑）劳务公司向建筑企业开具发票的稽查；三是（建筑）劳务公司农民工的工资列支、个税申报和社保费用缴纳的稽查。在分析税务稽查重点的基础上，提出了以下应对策略：一是劳务公司税务稽查应对策略一：农民工工资发放的财税法管控；二是建筑劳务公司应对税务稽查策略二：一位农民工分别与两个独立法人的劳务公司签订非全日制用工合同节约个税和社保费；三是劳务公司应对税务稽查策略三：节约农民工社保费用的四种策略。

第七章　构筑建筑企业、房地产企业的税务稽查风险防控体系

实现建筑、房地产企业税务稽查零风险目标的关键是建立良好的风险防控体系。本章主要介绍构筑企业的税务稽查风险防控体系，可以总结为"三道防线+两个风险防控理念+五个防控策略"。其中"三道防线"是指决策管理层（第一道防线）、经营管理层（第二道防线）和财务管理层（第三道防线），"两个风险防控理

念"是财税法风险管控理念和风险过程管控理念，"五个防控策略"是指工程造价、工程签证和工程结算协同管理，合同防控，涉税内控制度防控，账务防控和票据防控。

本书具有以下特点：

（1）内容很有新颖性和创新性。本书是基于"营改增"以来颁布的最新国家税收政策而编写的税务稽查重点及防范策略的实践之书。笔者基于财税法风险管控和税务稽查风险过程管控理念而提出了从决策管理层、经营管理层和财务管理层三个层面构建税务稽查风险防控体系的策略，具有很强的新颖性和时代的创新性。

（2）实用性和可操作性强。本书收集了较多的实例，大部分是笔者在全国财税培训实践中所积累的实例，特别是建筑和房地产行业中的众多实例是笔者长期税务咨询实践中收集的真实案例，让读者看后，就知道怎样在税务实务中处理各类合同中存在的可能涉税风险点，富有实际可操作性和可行性。

希望本书既可以作为各地税务干部、财务总监、财务部经理、企业家或老板的培训教材，也可以作为广大教师、科研人员、税务官员、注册税务师、注册会计师和税务律师的参考用书。

由于时间仓促，书中错误之处在所难免，敬请读者谅解！

2020 年 5 月于肖太寿财税工作室

获得更多精彩内容，请扫描并关注肖太寿财税工作室公众微信号：xtstax。

目录

1 第一章
增值税进项税额抵扣的稽查重点及应对策略 //001

第一节 "两虚发票"增值税进项税额抵扣的稽查 //002
　　一、"两虚发票"的法理分析 //002
　　二、税务机关稽查"两虚发票"的关键方法 //008
　　　　[案例分析1] 有真实交易行为的代购行为中开具增值税
　　　　　　　　　　发票不构成虚开增值税发票罪的法律
　　　　　　　　　　分析 //011
　　三、建筑企业、房地产企业应对税务稽查"两虚发票"抵扣增
　　　　值税进项税的策略 //016
第二节 旅客(货物)运输发票增值税进项税额抵扣的
　　　　稽查 //018
　　一、旅客(货物)运输发票抵扣增值税进项税的税务稽查
　　　　方法 //018
　　　　[案例分析2] 采购合同中运输费用"二票制"涉税风险
　　　　　　　　　　规避的合同签订要点 //022
　　　　[案例分析3] 采购合同中运输费用"一票制"涉税风险
　　　　　　　　　　规避的合同签订要点 //023
　　二、旅客(货物)运输发票抵扣增值税进项税的税务稽查应对
　　　　策略 //025
第三节 简易和一般计税项目共同费用的增值税抵扣稽查及应对
　　　　策略 //026
　　一、简易和一般计税项目共同费用的增值税抵扣稽查
　　　　重点 //027

二、简易和一般计税项目共同费用的增值税抵扣稽查应对
策略 //030

第四节 房地产企业项目内（外）建造基础设施无偿移交政府
的增值税抵扣稽查 //032

一、房地产企业项目内（外）基础设施无偿移交给政府的增值
税稽查重点 //032

二、房地产企业项目内（外）基础设施无偿移交给政府的增值
税稽查应对策略 //035

第五节 建筑企业包工包料业务的增值税稽查重点及应对
策略 //036

一、建筑企业包工包料业务的分类及混合销售和兼营行为的税
法定性分析 //036

二、建筑企业包工包料业务的增值税稽查重点 //038

三、建筑企业包工包料业务的增值税稽查应对策略：合同策略
和票据策略 //040

第六节 建筑企业所得税核定改查账征收涉及增值税抵扣的稽查
重点 //043

一、企业所得税核定征收年度期间的增值税处理 //043

二、核定征收年度发生的支出，在转为查账征收年度才收到增
值税发票的增值税抵扣处理 //044

2

第二章
增值税计税方法选择的税务稽查重点及应对策略 //047

第一节 选择简易计税方法适用法定条件的税务稽查 //048

一、建筑企业选择简易计税计征增值税的合法情形 //048

二、房地产企业选择简易计税计征增值税的四种合法
情形 //052

第二节 建筑工程老项目"营改增"后对外分包适用增值税计
税方法的稽查 //054

一、建筑工程新老项目判断标准的法理分析 //054

二、建筑工程老项目"营改增"后发生分包业务的新老项目界
定：应界定为老项目而不是新项目 //058

三、建筑工程老项目"营改增"后发生分包业务的增值税计税
方法的选择　//061

第三节　房地产老项目"营改增"后对外承包适用增值税计税
方法的稽查　//061

一、房地产老项目"营改增"后对外承包业务适用的增值税计
税方法　//062

二、房地产老项目"营改增"后的增量工程业务适用的增值税
计税方法　//063

第四节　建筑企业增值税计税方法选择的税务稽查应对
策略　//065

一、建筑企业新项目的增值税计税方法选择策略　//066

二、建筑企业新项目的"甲供工程"选择增值税计税方法的应
对策略　//068

3　第三章
"甲供工程"业务的税务稽查重点及应对策略　//071

第一节　"甲供工程"业务的税务稽查重点　//072

一、三种假的"甲供材"业务的稽查　//072

二、发包方或房地产企业重复扣除"甲供材"成本少缴纳税的
稽查　//074

第二节　"甲供工程"业务的税务稽查应对策略　//077

一、"甲供工程"业务规避税务稽查的合同策略　//078

二、编制工程概算和发招标文件时的防范策略　//080

4　第四章
建筑企业、房地产企业"预收账款"的纳税稽查重点　//081

第一节　建筑企业"预收账款"的纳税稽查重点　//082

一、稽查重点一："预收账款"的增值税纳税义务时间　//082

二、稽查重点二：预缴增值税的纳税地点和预缴时间　//083

三、稽查重点三：预缴增值税的纳税金额　//084

四、稽查重点四：预缴增值税的抵扣处理　//085

五、稽查重点五：预缴增值税的城市维护建设税及附加的
处理　//085

第二节　房地产企业"预收账款"纳税稽查重点　//086

一、稽查重点一："预收账款"的增值税纳税义务时间　//086

二、稽查重点二："预收账款"预缴增值税的纳税时间、纳税
地点和纳税金额　//090

三、稽查重点三：房地产企业出租自持商业收取多年租金（实
质为"预收账款"）在免租期的房产税　//090

第三节　房地产企业"预收账款"结转收入的涉税稽查　//091

一、房地产企业销售期房的首付款、银行按揭款等"预收账
款"预缴企业所得税的计税依据　//091

二、房地产企业销售期房"预收账款"预缴企业所得税和结转
收入缴纳企业所得税的纳税义务时间　//092

5　第五章
建筑企业、房地产企业成本列支的税务稽查重点　//095

第一节　房地产企业土地增值税成本列支的稽查重点　//096

一、未按照开发项目正确分摊拆迁补偿（安置）房成本　//096

［案例分析4］某房地产企业未将拆迁补偿（安置）房成本
在各期开发项目中正确分摊的涉税　//097

二、未将安置房"视同销售"及其建筑成本确认为土地拆迁
成本　//098

三、重复扣除利息费用少缴纳土地增值税　//101

［案例分析5］某房地产重复扣除利息费用少缴纳土地增
值税的分析　//102

四、扩大"开发间接费用"的扣除范围　//103

五、土地成本扣除凭证不合规　//105

六、将软装成本计入"开发成本"少缴纳土地增值税　//107

七、将不属于土地增值税扣除范围的支出项目予以扣除　//109

八、将20年以内使用无产权车库的建设成本予以扣除　//111

九、有产权的地下车库未分摊土地成本　//113

第二节　企业所得税税前扣除凭证的税务稽查重点　//115

一、税前扣除凭证的"真实性、合法性、关联性"

稽查　//115

[案例分析6]　某房地产企业指定分包方中票款不一致的

涉税分析　//118

二、违约金、赔偿金和共同成本分摊的税务稽查重点　//123

三、小额零星业务支出和非应税项目支出的税前扣除凭证的稽

查重点　//126

第三节　建筑企业工程项目成本中人工费、材料费、机械台班费

成本比例的税务稽查重点　//130

一、建筑企业工程项目成本中人工费、材料费、机械台班费成

本的合理比例　//130

二、税务稽查重点一：各种成本类合同　//130

三、稽查重点二：工程项目成本中人工费、材料费、机械台班

费成本比例　//132

第四节　建筑企业、房地产企业差额征税调减成本的税务稽查

重点　//133

一、建筑企业差额征税调减"工程施工"成本的税务

稽查　//133

[案例分析7]　建筑企业总分包差额征税业务的财税

处理　//134

二、房地产企业土地成本差额征税的税务稽查重点　//136

第五节　建筑企业所得税核定改查账征收涉及亏损、费用处理的

稽查重点　//141

一、稽查核定征收年度的企业亏损是否在转为查账征收年度弥

补亏损　//141

二、稽查核定征收年度发生的费用支出，是否在转为查账征收

年度的企业所得税税前扣除 //142

6

第六章
（建筑）劳务公司的税务稽查重点及应对策略 //145

第一节　建筑企业挂靠劳务公司开具发票的税务稽查及应对
策略 //146

一、建筑企业挂靠劳务公司开具发票的税务稽查重点：虚开
发票 //146

二、建筑企业挂靠劳务公司开具发票的税务稽查应对
策略 //149

第二节　劳务公司列支农民工工资成本的税务稽查重点 //163

一、农民工工资专用账户代发劳务公司农民工工资的稽查
重点 //164

二、劳务公司直接发放农民工工资的税务稽查重点 //166

第三节　劳务公司支付农民工工资的个税稽查重点 //168

一、农民工工资个税的扣缴义务人和缴纳地点 //168

二、施工项目作业人员核定征收个税的税务稽查重点 //170

三、查账征收项目作业人员个人所得税的纳税申报：是否进行
了全员全额扣缴申报个人所得税 //171

第四节　劳务公司发票开具和农民工社保费用的稽查重点 //175

一、劳务公司向建筑企业开具发票的稽查重点 //175

二、劳务公司农民工社保费用的稽查重点 //180

第五节　劳务公司应对税务稽查策略一：农民工工资发放的财税
法管控 //184

一、农民工工资发放的法律风险管控 //184

二、通过农民工工资专用账户代发劳务公司农民工工资的财税
管控策略 //186

三、劳务公司直接发放农民工工资个税的财税管理 //200

四、建筑企业（劳务公司）将农民工工资付给班组长（包工
头），由班组长（包工头）发放给农民工的财税风险管控5

步法　//201

第六节　劳务公司应对税务稽查策略二：一位农民工分别与两个
独立法人的劳务公司签订非全日制用工合同节约个税和
社保费　//203

一、实操要点　//203

二、"两个独立法人的劳务公司与农民工分别签订非全日制用
工合同"的用工模式的法律依据　//203

三、"两个独立法人的劳务公司与农民工分别签订非全日制用
工合同"用工模式的税务处理　//205

第七节　劳务公司应对税务稽查策略三：节约农民工社保费用的
四种策略　//207

一、无雇工个体工商户、灵活就业和非全日制从业人员缴纳社
保费用的法律依据分析　//207

二、节约农民工社保费用的四种策略及操作要点　//210

7

第七章

构筑建筑企业、房地产企业的税务稽查风险防控体系　//213

第一节　第一道防线：决策管理层的风险防控新理念　//214

一、新理念一：财税法风险管控理念　//214

[案例分析8] 劳务公司与建筑企业签订劳务分包合同的
财税法风险管控　//217

[案例分析9] 设立农民工工资专用账户的建筑企业发放
农民工工资的农民工工资个税和社保扣缴
义务人的分析　//226

二、新理念二：税务稽查风险"过程管控"理念　//230

第二节　第二道防线：经营管理层的"四个防控策略"　//231

一、防控策略一：合同防控　//232

[案例分析10] 某企业没有签好合同导致多缴纳税款的
分析　//237

[案例分析11] 疫情期间的房地产企业减免承租方租金的涉

税风险管控 //239

二、防控策略二：涉税内控制度防控 //243

[案例分析12] 某房地产企业采购制度设计不合理的涉税成
本分析 //244

[案例分析13] 某企业工资薪酬和福利费制度对高管
人员社保费用和个税负担的影响 //247

[案例分析14] 账内账外拆分发放工资薪金制度的涉税
风险——以年收入12万元、22.8万元
为例 //250

三、防控策略三：工程造价、增值税计税方法和工程项目成本
的财税法风险协同管理 //255

四、防控策略四：工程造价、工程结算、工程发票开具的财税
法风险协同管理 //264

[案例分析15] 同一建设工程签订多份施工合同均被认
定无效，但建设工程质量合格，以实际
履行的合同结算工程价款 //266

[案例分析16] 建设合同工程价款与招标文件工程价款
不一致的工程结算 //269

第三节 第三道防线：财务管理层的"两个防控策略" //285

一、防控策略一：纳税自查，排除账务中的纳税盲点 //285

[案例分析17] 某建筑公司出租房屋合同中免收租金条
款的房产税处理 //286

[案例分析18] 某房地产公司自查发现收取会所租金挂
往来的涉税风险分析 //289

[案例分析19] 某园林公司采购苗木账务处理自查实现
多抵扣增值税进项税额的分析 //290

二、防控策略二：票据防控 //292

[案例分析20] 某房地产企业支付和未支付部分工程进
度款的财税处理 //305

参考文献 //308

1

增值税进项税额抵扣的稽查
重点及应对策略

在税务稽查实践中，税务稽查机关对建筑房地产企业成本发票的增值税进项税额抵扣的稽查重点主要涉及以下七个方面：虚抵和虚开（以下简称"两虚发票"）成本发票的增值税进项税额抵扣；旅客运输发票和货物运输发票的增值税进项税额抵扣；既用于简易计税项目又用于一般计税项目成本发票的增值税进项税额抵扣是否正确划分抵扣比例；房地产企业在项目内建造的基础设施无偿移交给地方政府所发生的成本发票的增值税进项税额抵扣；房地产企业在项目外建造的基础设施无偿移交给地方政府发生的成本发票的增值税进项税额抵扣；房地产企业与建筑企业签订的包工包料合同（含混合销售和兼营行为），收到建筑企业开具的增值税成本发票的增值税进项税额抵扣；建筑企业购进不动产、固定资产和周转材料的增值税进项税额抵扣等。以上七个方面所发生的成本发票的增值税进项税额必须依据税法的规定进行抵扣，否则就不可以抵扣。

第一节

"两虚发票" 增值税进项税额抵扣的稽查

"两虚发票"是虚抵发票和虚开发票的简称。这两种增值税专用发票的增值税进项税额依照税法规定都不可以抵扣。因此，"两虚发票"的增值税进项税额是否抵扣了增值税销项税额是税务机关稽查的重点，纳税人了解税务稽查机关稽查"两虚发票"抵扣增值税进项税额的方法及掌握应对策略是提高企业纳税遵从度、提升税务安全的重要举措。

一、"两虚发票"的法理分析

（一）"两虚发票"的内涵

所谓的"虚抵发票"是指有真实交易行为，且符合《中华人民共和国发票管理办法》和《增值税发票开具指南》规定的发票开具要求而开具的增值税专用发票（不是虚开增值税专用发票），但是不符合税法规定的增值税进项税额抵扣规定而进行了抵扣的增值税专用发票。"虚开发票"是指没有真实交易行为而开具的增值税专用发票或即使有真实交易行为但开具发票金额大于实际交易金额的增值税专用发票。具体而言，"两虚发票"有两层内涵：

第一，虚开增值税专用发票一定会产生虚抵增值税进项税额。

第二，虚抵增值税进项税额的增值税专用发票有可能是善意取得的虚开增值税专用发票，有可能是恶意取得的虚开增值税专用发票，也有可能是取得的依照税法规定不可以抵扣增值税进项税额的有真实交易行为而开具的增值税专用发票。

（二）虚开增值税专用发票的法律界定

根据《中华人民共和国发票管理办法》第二十二条和《增值税发票开具指南》第二条第四款的规定："以下三种开票行为是虚开发票行为：

（一）为他人、为自己开具与实际经营业务情况不符的发票；

（二）让他人为自己开具与实际经营业务情况不符的发票；

（三）介绍他人开具与实际经营业务情况不符的发票。"

另外，根据《最高人民法院关于适用〈全国人民代表大会常务委员会关于惩治虚开、伪造和非法出售增值税专用发票犯罪的决定〉的若干问题的解释》（法发〔1996〕30号）的规定，具有下列行为之一的，属于"虚开增值税专用发票"：

（1）没有货物购销或者没有提供或接受应税劳务而为他人、为自己、让他人为自己、介绍他人开具增值税专用发票；

（2）有货物购销或者提供或接受了应税劳务但为他人、为自己、让他人为自己、介绍他人开具数量或者金额不实的增值税专用发票；

（3）进行了实际经营活动，但让他人为自己代开增值税专用发票。

《最高人民法院关于虚开增值税专用发票定罪量刑标准有关问题的通知》（法〔2018〕226号）第二条规定，虚开的税款数额在五十万元以上的，认定为刑法第二百零五条规定的"数额较大"；虚开的税款数额在二百五十万元以上的，认定为刑法第二百零五条规定的"数额巨大"。

（三）虚开增值税专用发票的判断标准

根据以上法律规定，虚开增值税发票的判断标准如下：

1. 没有真实交易或劳务行为情况下的为他人、为自己、让他人为自己、介绍他人开具增值税专用发票的行为一定是虚开增值税专用发票的行为

例如，花钱购买或给予税点从供应商或劳务提供方购买增值税专用发票。实践中有两种典型的情况，分析如下：

虚开发票情形一：没有真实交易情况下的虚开增值税专用发票。

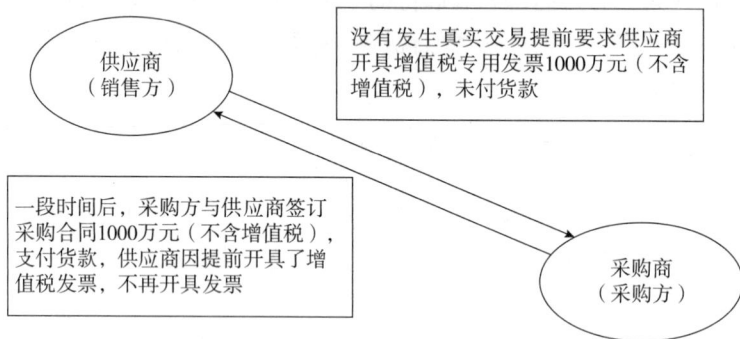

图 1-1 没有真实交易情况下的虚开增值税专用发票的交易流程

涉税分析：

图 1-1 中显示：采购方为了提前获得增值税专用发票的抵扣从而提前少缴纳增值税，要求与其有长期合作供应关系的供应商提前开具增值税发票获得提前抵扣增值税的好处，而一个月后再从提前开具增值税专用发票的供应商购买商品或货物，要求供应商不要再开票给自己了。这种提前开票后一段时间才发生购买行为是一种没有真实交易情况下的开票行为，是虚开增值税专用发票的行为。

虚开发票情形二：没有真实交易情况下的花钱或给予税点买票。

涉税分析：

图 1-2 中显示：采购方（一般纳税人）与材料供应商签订了一份假的采购合同 23 万元（不含增值税），并向材料供应商转账 23 万元，材料供应商向采购方（一般纳税人）开具 23 万元（不含增值税）的增值税专用发票，虽然有合同流、资金流、票流，但没有物流，实质上是采购方（一般纳税人）花了 3 万元从材料供应商手里买了一张增值税专用发票。这张 23 万元的增值税专用发票是虚开发票，不能在采购方抵扣增值税进项税额。

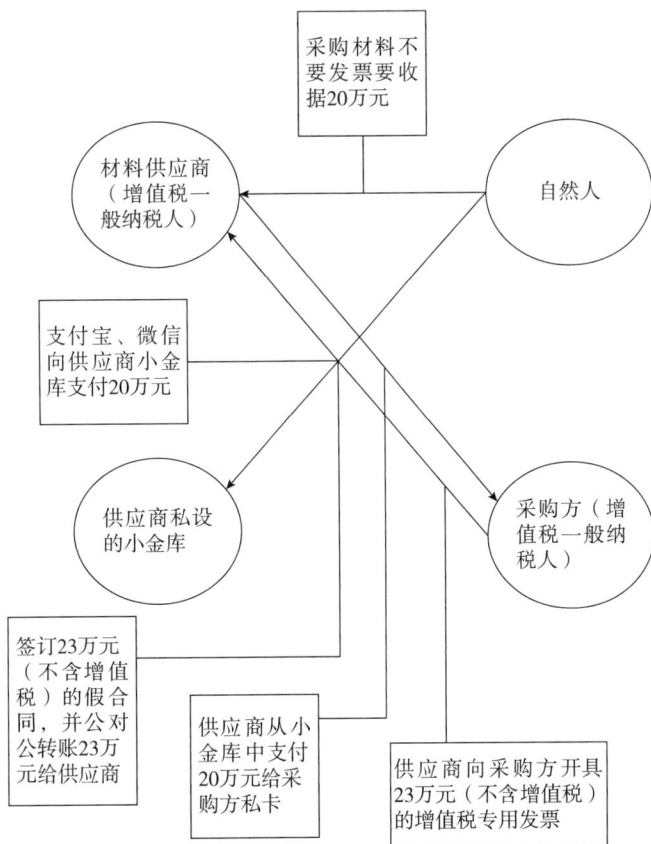

图1-2　没有真实交易情况下的花钱或给予税点买票的交易流程

2. 有真实交易或劳务行为情况下的为他人、为自己、让他人为自己、介绍他人开具与实际经营业务情况不符的增值税专用发票或开具数量或者金额不实的增值税专用发票的行为一定是虚开增值税专用发票的行为

这种虚开增值税专用发票的行为一定体现为：货物销售方或劳务销售方、收款方、发票开具方不是同一个民事主体。实践中有以下四种情况，具体分析如下：

虚开发票情形一：有真实交易情况下的虚开增值税专用发票。

涉税分析：

图1-3中显示：销售方、收款方是小规模纳税人（供应商），而开票方是增值税一般纳税人（供应商），出现了销售方、收款方与发票开具方不是同一单位的情形，采购方不可以抵扣增值税进项税额，而且该张40万元的

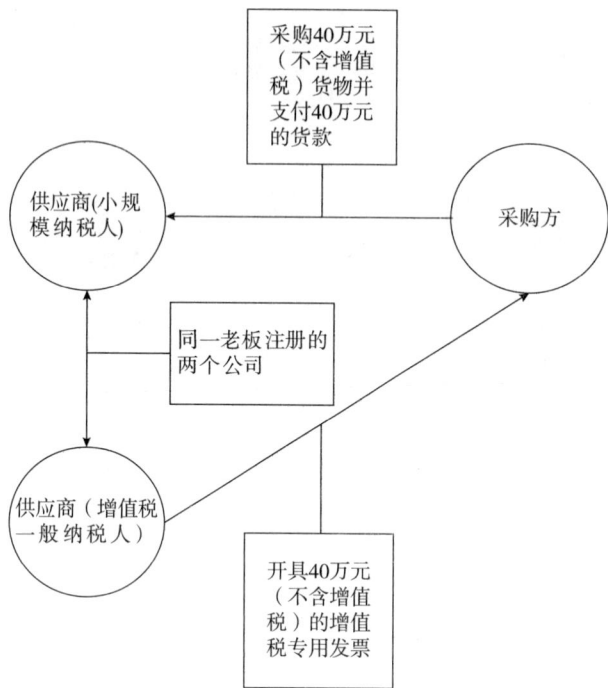

图 1-3　有真实交易情况下的虚开增值税专用发票的交易流程

增值税专用发票是虚开的增值税专用发票。

　　虚开发票情形二：有真实交易情况下的虚开增值税专用发票。

　　涉税分析：

　　图 1-4 中显示：收款方、销售方是一般纳税人的材料供应商总公司 A，发票开具方是总公司 A 的分公司 B，出现了销售方、收款方和开具方不是同一个单位的情况，采购方获得的一张 1000 万元的增值税专用发票不可以抵扣增值税进项税金，而且该开票行为是一种虚开增值税专用发票的行为。

　　虚开发票情形三：有真实交易情况下的虚开增值税专用发票。

　　涉税分析：

　　图 1-5 中显示：收款方、销售方是一般纳税人的材料供应商 A，发票开具方是与公司 A 同一老板的材料供应商 B，出现了销售方、收款方和开具方不是同一个单位的情况，采购方获得的一张 200 万元的增值税专用发票不可以抵扣增值税进项税额，而且该开票行为是一种虚开增值税专用发票的行为。

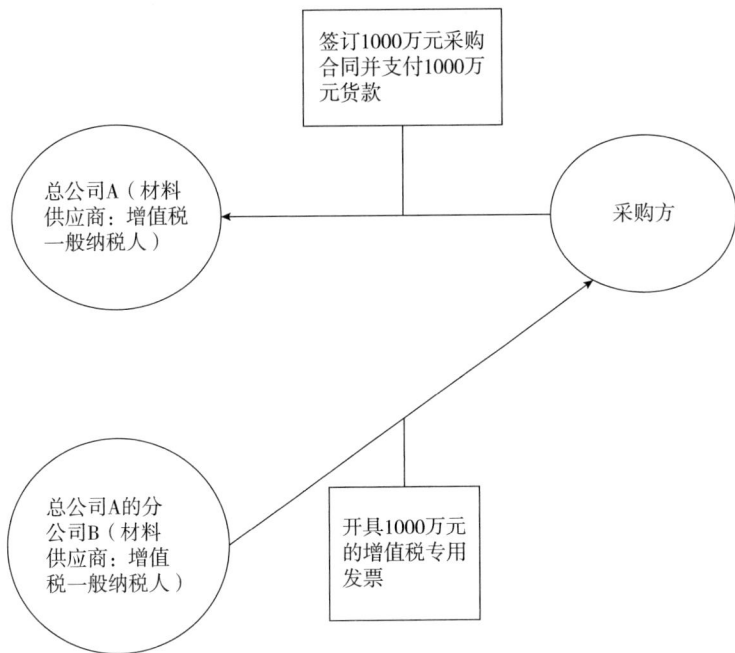

图 1-4 有真实交易情况下的虚开增值税专用发票的交易流程

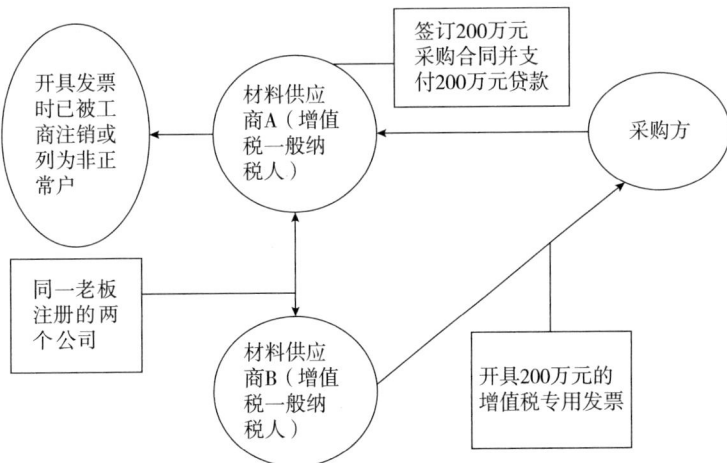

图 1-5 有真实交易情况下的虚开增值税专用发票的交易流程

虚开发票情形四：有真实交易情况下让他人为自己开具增值税专用发票。

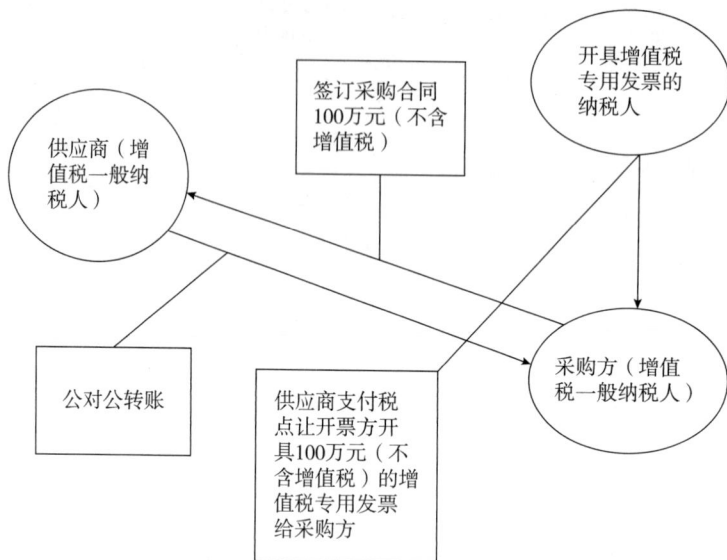

图1-6　有真实交易情况下让他人为自己开具增值税专用发票的交易流程

涉税分析：

图1-6中显示：采购方与供应商具有真实的100万元（不含增值税）采购交易行为，采购方向供应商公对公转账支付采购货款，但供应商让开具发票的增值税纳税人为自己向采购方开具增值税专用发票的行为，是让他人为自己开具与实际经营业务情况不符的发票行为，构成虚开增值税专用发票的行为。

二、税务机关稽查"两虚发票"的关键方法

在税务稽查机关稽查纳税人"两虚发票"的常用方法是：一是稽查增值税专用发票是否符合"三流（四流）一致"；二是稽查纳税人获得的增值税专用发票是否存在依照税法规定不能抵扣而进行了抵扣的情形。

（一）稽查虚开增值税专用发票的关键方法：稽查是否符合"三流（四流）一致"

1. 不属于虚开增值税专用发票的关键条件："三流（四流）一致"

所谓的"三流一致"是指资金流（银行的收付款凭证）、票流（发票的

开票人和收票人）和物流（劳务流）相互统一，具体而言是指不仅收款方、开票方和货物或劳务销售方必须是同一个经济民事主体，而且付款方、货物或劳务采购方必须是同一个经济民事主体。要杜绝虚开发票的行为，必须保证有真实交易情况下的资金流、物流（劳务流）和票流的"三流一致"。

根据《国家税务总局关于纳税人对外开具增值税专用发票有关问题的公告》（国家税务总局公告 2014 年第 39 号）的规定，对外开具增值税专用发票同时符合以下情形的，不属于对外虚开增值税专用发票。

（1）纳税人向受票方纳税人销售了货物，或者提供了增值税应税劳务、应税服务；

（2）纳税人向受票方纳税人收取了所销售货物、所提供应税劳务或者应税服务的款项，或者取得了索取销售款项的凭据；

（3）纳税人按规定向受票方纳税人开具的增值税专用发票相关内容，与所销售货物、所提供应税劳务或者应税服务相符，且该增值税专用发票是纳税人合法取得，并以自己名义开具的。

基于以上税收政策规定，第一条的内涵是物流（劳务流）；第二条的内涵是资金流；第三条的内涵是票流。综合起来，根据国家税务总局公告 2014 年第 39 号的规定，如果一项销售货物、销售劳务行为同时满足货物或应税服务销售方、增值税专用发票的开具方、款项的收款方是同一民事主体，或者说是满足"劳务流（物流）、资金流和票流"的"三流一致"或满足"合同流、劳务流（物流）、资金流和票流"的"四流一致"（因为物流或劳务流中隐含了合同流）的采购行为，不属于对外虚开增值税专用发票的行为，否则就是虚开增值税专用发票的行为。

2. 虚开增值税发票与"三流（四流）一致"的内在关系

根据以上政策分析可知，开具增值税专用发票时必须坚持"三流（四流）一致"的原则。虚开增值税专用发票与"三流（四流）一致"的关系体现如下：

第一，虚开的增值税专用发票一定不符合"三流（四流）一致"的原则。

第二，符合"三流（四流）一致"的增值税专用发票一定可以抵扣增值税进项税额。

第三，形式上不符合"三流（四流）一致"的增值税专用发票不一定不可以抵扣增值税进项税额。在符合一定的法定条件情况下，可以抵扣增值税进项税额。

3. 不符合"三流（四流）一致"的增值税专用发票并非不可以抵扣增值税进项税额

在实践中存在以下三种不符合"三流（四流）一致"的增值税专用发票开具情况：

（1）存在委托第三方付款的情况，导致资金流与票流、物流（或劳务流）不一致。

（2）存在贸易商委托与其有长期合作供应关系的生产厂家直接发货给其客户（购买方），导致物流与资金流和票流不一致。

（3）委托代购行为中，受托方替委托方向供应商支付采购款或垫采购款的行为，导致资金流与票流和物流的不一致。

以上三种不符合"三流（四流）一致"的增值税专用发票能否抵扣增值税进项税额，必须根据以下情况分类判断。

第一种判断标准：当出现第一种不符合"三流（四流）一致"的增值税专用发票的情况时，只要委托方与受托方之间符合一定的条件（该条件是委托方与受托方之间构成债权债务关系），可以通过三方委托付款或收款协议，在该协议下，这种不符合"三流（四流）一致"的增值税专用发票，形式上不符合"三流（四流）一致"，实质上是符合"三流（四流）一致"的增值税专用发票，不是虚开增值税的行为，可以抵扣增值税进项税额。

第二种判断标准：当出现第二种不符合"三流（四流）一致"的增值税专用发票的情况时，同时符合以下两个条件的增值专用发票可以抵扣增值税进项税额：

（1）在贸易商与其客户（采购方）签订的销售合同中约定"发货人条款"。该条款特别约定：发往采购方（贸易商的客户）货物的发货方是与贸易商签订采购合同的销售方。

（2）在贸易商与销售方签订采购合同中约定"收货人条款"。该条款约定：贸易商是收货方，代收货方是与贸易商签订采购合同的采购方（贸易商的客户），同时约定"收货地点"是与贸易商签订采购合同的采购方（贸易商的客户）指定的地点。

第三种判断标准：当出现第三种不符合"三流（四流）一致"的增值税专用发票的情况，不影响受托方从销售方获得的增值税专用发票抵扣增值税进项税额。

《财政部 国家税务总局关于增值税、营业税若干政策规定的通知》（财税〔1994〕26号）第五条规定：**代购货物行为，凡同时具备以下条件**

的，不征收增值税；不同时具备以下条件的，无论会计制度规定如何核算，均征收增值税。

（1）受托方不垫付资金；

（2）销货方将发票开具给委托方，并由受托方将该项发票转交给委托方；

（3）受托方按销售方实际收取的销售额和增值税额（如系代理进口货物则为海关代征的增值税额）与委托方结算货款，并另外收取手续费。

例如，客户向甲4S店订购一台车辆价款21万元，该店无现车，答应可从乙4S店调剂，客户交纳定金1万元，甲4S店将车款21万元垫付给乙4S店，几天后车到甲4S店，发票由乙4S店直接开具给客户，客户将余款20万元交给了甲4S店提车。甲4S店不符合"受托方不垫付资金"，须按自销缴纳增值税2.42万元（21÷1.13×0.13）。

基于以上政策规定，有真实的交易行为，票、款和物（货物名称、金额、数量均与实际交货）一致的代购行为中开具的增值税发票不构成虚开增值税发票罪。

案例分析 1

有真实交易行为的代购行为中开具增值税发票
不构成虚开增值税发票罪的法律分析

一、案情介绍

A是从小生活在山东产煤区的农民，因运煤获得了浙江省B县用煤单位C公司的信任。从2016年起，C公司让A帮助从山东联系优质煤，至2019年7月，A先后为C公司从山东14个供煤单位联系发煤21次，累计货款136万余元。每次C公司缺煤时，通过手机电话告知A需煤数量，A在山东联系好后告知C公司煤炭数量、质量和价格，C公司确认后以现金或汇款的形式给A一部分预付款，A将预付款转交给供煤单位，时间紧迫时则由C公司将预付款直接汇到供煤单位，A随同供煤单位的煤炭抵达C公司，替C公司量方卸煤，C公司向A结清货款并按照每吨20元或每船2000元的标准向他支付"好处费"。三年A从C公司累计获得好处费4万余元。A将结到的剩余货款转交给供煤单位，供煤单位则根据A提供的收货单位C，通过A转交或直接邮寄的方式向 C 公司开出增值税专用发票，发票的货物名称、金额、数量与实际发货一致。2019 年 8 月，A 被 B 县公安局拘留，11 月 B 县法院判决认定 A 因"让他人为自己虚开增值税发票"构成"虚开增值税发票罪"，判处 3 年有期徒刑，罚金 20 万元。A 以"自己只是作为中介代理人的公民自然人、不是买卖主体无法构成虚开增值税发票罪"为由提出申诉。请分析 A 是否因"让他人为自己虚开增值税发票"构成"虚开增值税发票罪"？

二、涉税分析

根据《最高人民法院关于适用〈全国人民代表大会常务委员会关于惩治虚开、伪造和非法出售增值税专用发票犯罪的决定〉的若干问题的解释》（法发〔1996〕30 号）的规定，"让他人为自己虚开增值税专用发票"是指没有货物销售或没有提供应税劳务的单位或个人，要求他人为自己开具虚假的增值税专用发票，或者虽然有货物销售或者提供了应税劳务，要求他人为自己开具内容不实的增值税专用发票的行为。"让他人为自己虚开"是指从他人处取得虚假的或内容不实的增值税专用发票，以自己为"受票方"或"付款单位"，用于自己抵扣税款、增加成本，达到偷税的目的。"虚假的增值税专用发票"是指在没有交易的情况下，让他人为自己开具了伪造、变造的假发票或抽底虚开的真发票。"内容不实的增值税专用发票"是指他人为自己开具了货物或劳务的名称、数量、单价、税率、金额与实际交易不相符合的发票（这种"不相符合"一般只会出现开票金额和开票税额比实际交易的要高），开具的发票可能是伪造、变造的假发票，也可能是抽底虚开的真发票。本案中 A 并没有让山东供煤单位以自己为"受票方"开具虚假的或内容不实的增值税专用发票，不符合"让他人为自己虚开"的行为特征。A 的行为属于"让他人为他人开具"增值税专用发票，"让他人为他人开具"增值税专用发票的行为绝不同于刑法中规定的"介绍他人虚开增值税专用发票"的行为。"介绍他人虚开增值税专用发票"行为的核心仍然在于"虚开"，指在没有货物销售或没有提供应税劳务的单位或个人之间为了其相互提供伪造、变造的假发票或抽底虚开的真发票进行撮合、中介的行为。

的确，A 在 B 县 C 公司与山东各供煤单位之间进行了近三年的撮合、中介行为，但其撮合、中介行为的目的和结果是不仅帮助 B 县 C 公司与山东各供煤单位之间架起了煤炭买卖的桥梁，而且完成了煤炭交易并且提供了货物名称、金额、数量与实际交货一致的增值税专用发票，这种发票应当认定为真实、合法、有效的。A 的撮合、中介行为内容不仅是在 B 县 C 公司与山东各供煤单位之间提供信息、居间协调，而且包括全权代表 B 县 C 公司向山东各供煤单位提交预付款、验收煤炭、转交货款、取得增值税专用发票等行为。实际上，B 县 C 公司与 A 之间存在稳定的代购煤炭关系，这种"代购"在法律上属于"委托代理关系"。我国《民法通则》第 63 条规定："**公民、法人可以通过代理人实施民事法律行为。**""**被代理人对代理人的代理行为，承担民事责任。**"第 65 条规定："**民事法律行为的委托代理，可以用书面形式，也可以用口头形式。**"本案中 C 公司通过口头形式委托 A 从山东采购煤炭，实际构成代购煤炭的委托代理关系。本案中 A 从 C 公司获得每船 2000 元或每吨 20 元人民币的"好处费"即是他完成"代购煤炭"委托事项的劳务报酬，除此之外，他并没有因为"让山东供煤单位为 C 公司开具增值税发票"获得任何好处，"让山东供煤单位为 C 公司开具增值税发票"只是他的受托内容之一。本案中 A 是作为公民自然人接受 C 公司的口头委托，拿着 C 公司的预付款为 C 公司从山东采购煤炭，山东的煤炭通过 A 的中介行为实现了销售给 C 公司的过程，发票也由此以 C 公司为"购货方"或"受票方"开具，货物名称、金额、数量均与实际交货一致，实现了增值税发票管理中"票、货、款一致"的要求。A 没有拿自己的资金为自己从山东"买煤"，他自己也不需要煤，其也没有煤，不可能"卖煤"给 C 公司。无论作为农民的 A 如何理解和解释自己的"买煤""卖煤"或"受托购煤"行为，A 都无法变成山东煤炭单位的"买方"或 C 公司的"卖方"，他只不过是 C 公司的采购代理人，或者是 C 公司与山东煤炭供应单位之间煤炭购销活动的中介人。他没有固定的住址、没有办公室、没有流动资金、没有伙计、没有仓库，也没有营业执照，他连非法经营的摊贩（虽无照经营却有资金、货物、仓库）都不是。综上分析，本案中同时存在两种法律关系：一是 A 和 B 县 C 公司之间代购煤炭的委托代理关系，二是 C 公司和山东各供煤单位之间的煤炭购销关系。虽然两种法律关系都没有书面合同，却都已经实际履行，均是受法律保护的合法关系。C 公司和山东各供煤单位之间的煤炭购销过程中开具的增值税专用发票在"票、货、款"上达到了一致，完全合法有效。A 只是公民自然人，担任了委托代理人的角色，并不是个体户或小规模纳税人，不具备商业购销主体资格和能力，也不具备向当地税务所申请代开增值税专用发票的法定条件，他没有实施"让他人为自己虚开增值税专用发票"的行为，他所从事的"让山东供煤单位为购煤单位 C 公司开具增值税专用发票"的行为是其受托内容，完全合法。故此，A 的行为没有构成虚开增值税专用发票罪，B 县法院的判决应予以纠正，A 提出的申诉应予支持。

（二）税务稽查机关稽查虚抵增值税发票的关键方法

虚抵增值税进项税额的增值税专用发票不一定是虚开的增值税发票。实践中存在很多纳税人获得的增值税专用发票不是虚开的，但是由于该增值税专用发票不符合国家行政法规和国家税务主管部门规定抵扣条件，不能抵扣增值税进项税额可是已经抵扣了的情况。税务稽查实践中，税务机关稽查虚抵增值税发票的关键方法如下：

1. 稽查受票方是否抵扣了开票方开票系统已作废增值税专用发票的增值税进项税

货物、劳务和应税服务的销售方向一般纳税人的采购方已经开具了增值税专用发票，该增值税专用发票已经在采购方进行了认证抵扣，可是由于销售方的开票人员操作不当将该开出的增值税专用发票在开票系统中进行了作废处理，而获得该增值税专用发票的采购方按照税法的规定是不能抵扣该作废发票的增值税进项税额的。

2. 稽查受票方是否存在依照税法规定不能抵扣增值税进项税的增值税专用发票而进行了抵扣的情形

在税务稽查实践中，税务稽查机关经常会关注以下五种依照税法规定不能抵扣增值税进项税额的增值税专用发票。

（1）将没有供应商开具盖有发票专用章的销售清单，而开具"材料一批"、汇总运输发票、办公用品和劳动保护用品的增值税专用发票抵扣了进项税额。

根据国税发〔2006〕156号第十二条的规定，一般纳税人销售货物或者提供应税劳务可汇总开具专用发票。汇总开具专用发票的，同时使用防伪税控系统开具《销售货物或者提供应税劳务清单》，并加盖财务专用章或者发票专用章。因此，没有供应商开具销售清单的开具"材料一批、汇总运输发票、办公用品和劳动保护用品的发票"，不可以抵扣进项税金。

（2）将用于适用简易计税方法计税项目、非增值税应税项目、免征增值税项目、集体福利或者个人消费的购进货物、加工修理修配劳务、服务、无形资产和不动产的进项税额从销项税额中进行了抵扣。

根据《财政部 国家税务总局关于全面推开营业税改征增值税试点的通知》（财税〔2016〕36号）附件1：《营业税改征增值税试点实施办法》第二十六条第（一）项的规定，用于适用简易计税方法计税项目、非增值税应税项目、免征增值税项目、集体福利或者个人消费的购进货物、加工修理修配劳务、服务、无形资产和不动产的进项税额不得从销项税额中抵扣。基于此规定，将用于适用简易计税方法计税项目、非增值税应税项目、免征增值税项目、集体福利或者个人消费的购进货物、加工修理修配劳务、服务、无形资产和不动产的进项税额不得从销项税额中进行抵扣。

（3）建筑企业和房地产公司将"营改增"前发生的采购行为等到"营改增"后获得供应商开具的增值税专用发票进行了抵扣。

第一，"营改增"前（2016年4月30日前）采购的建筑施工材料已经用于工程施工项目，但是拖欠材料供应商的采购款，"营改增"后（2016年5月1日）才支付拖欠材料供应商的材料款而收到供应商开具的增值税专用发票，建筑企业无论是选择简易计税方法还是一般计税方法计征增值税，依据税法规定都不可以抵扣增值税进项税额。

第二，"营改增"前购买的建筑机械设备、办公用品和其他存量资产，但未收到以上资产供应商开具的增值税普通发票，"营改增"后才收到以上资产供应商开具的增值税专用发票，如果建筑企业选择简易计税方法计算增值税，则不可以抵扣增值税进项税额；如果建筑企业选择一般计税方法计算增值税，则不可以抵扣增值税的进项税。

第三，"营改增"前的老项目在"营改增"后继续进行施工的情况下，由于建筑施工企业根据税法规定选择了简易征税计税方法，所以老项目在"营改增"后所发生的增值税进项税额不可以在新项目发生的增值税销项税额中进行抵扣。

（4）将业务招待费用中不可以抵扣增值税进项税的住宿费用和餐饮费用进行了抵扣。

根据《财政部　国家税务总局关于全面推开营业税改征增值税试点的通知》（财税〔2016〕36号）附件1：《营业税改征增值税试点实施办法》第二十七条第（六）项的规定，购进的餐饮服务的进项税额不得从销项税额中抵扣。同时，根据《财政部　国家税务总局关于全面推开营业税改征增值税试点的通知》（财税〔2016〕36号）附件1：《营业税改征增值税试点实施办法》第二十六条第（一）项的规定，用于个人消费的购进货物、加工修理修配劳务、服务、无形资产和不动产的进项税额不得从销项税额中抵扣，其中个人消费包括交际应酬费用。基于以上税收政策规定，企业招待客户所发生的住所费用是个人消费支出，也是交际应酬支出，不可以抵扣增值税进项税额。

（5）在发生销售退回时，未按规定开具红字专用发票，实行对开发票进行抵扣增值税进项税额。

所谓的"对开发票"指的是销售方销售出去的货物因各种原因发生销售退回，依照税法规定应开具红字发票，但销售方让购货方向其开具一份正数的销售发票，将退货看作对销货方的一种重新销售开票的行为。依照《增值税暂行条例实施细则》第十一条的规定，一般纳税人销售货物或者应税劳务，开具增值税专用发票后，发生销售货物退回或者折让、开票有误等情形，应按国家税务总局的规定开具红字增值税专用发票。未按规定开具红字增值税专用发票的，增值税额不得从销项税额中扣减。

三、建筑企业、房地产企业应对税务稽查"两虚发票"抵扣增值税进项税的策略

（一）应对虚开增值税专用发票的策略

1. 遵循"三流一致"或"四流一致"的税务风险管控原理

具体而言，在企业的实际交易过程中，发票开具必须做到以下两条原则：

一是发票开具必须与经济交易合同相匹配的原则。该原则有两层含义：第一，增值税专用发票上的货物、服务名称、金额、数量必须与交易合同中注明的货物、服务名称、金额、数量保持一致。如果交易合同中没有具体的货物、数量、金额、服务名称，则发票上的货物、服务名称、金额、数量必须与货物或服务结算书上的货物、服务名称、金额、数量保持一致。第二，增值税专用发票上的开票金额必须与货款结算书的结算金额保持一致。如果出现材料、设备市场价格的涨价因素，则必须签订涨价的补偿协议。

二是有真实交易情况下才开具发票的原则。根据《增值税发票开具指南》第二章第二节第四条的规定，纳税人应在增值税纳税义务时间发生时开具增值税发票。基于此规定，在没有真实交易行为情况下，开具发票是虚开发票的行为；在有真实交易行为的情况下，必须在增值税纳税义务时间发生时才开具增值税发票。

2. 建筑企业、房地产企业发票开具与工程造价清单相匹配

建筑企业、房地产企业的成本发票在工程总造价中有一定的比例，这个比例就是在工程造价清单中的造价成本的基础上，上浮5%~10%。因此，房地产企业和建筑企业在开具发票时必须牢记：成本发票上的材料、设备的品

种、规格、型号、数量和技术标准必须与本工程项目的造价清单中的材料、设备的品种、规格、型号、数量和技术标准保持一致。

3. 建筑企业、房地产企业发票开具金额与工程计量确认单、工程劳务款进度结算和最终决算书上的结算金额保持一致

4. 非合同结算收入与工程项目部的签证报告相匹配

在建筑工程结算领域中，往往存在工程最后决算金额超过建筑合同所载明的合同金额的现象。主要原因是存在非合同结算收入的情况：索赔结算收入、材料、人工费用市场波动调整结算收入，工程量变更和设计变更结算收入。以上三种非合同结算收入导致建筑企业向发包方多开具增值税发票的现象，要规避多开具的增值税发票金额是虚开增值税发票的风险，建筑企业在项目施工过程中，必须收集各种客观证据，经监理师或发包方负责人签字的签证报告作为今后应对税务稽查的重要法律证据。

（二）应对虚抵增值税专用发票的策略

根据以上虚抵增值税发票的情形分析，笔者认为，规避虚抵增值税发票必须采取以下应对策略：

1. 收到不可以抵扣增值税进项税额的增值税专用发票的应对策略

依据税法的规定，如果不可以抵扣增值税进项税额的一般纳税人，收到增值税专用发票时有两种策略：①如果该张增值税专用发票没有超过开票的当月，则通知对方在增值税开票系统中进行作废，并且将该张增值税专用发票的抵扣联和发票联寄回对方，要求对方重新开具增值税普通发票。②如果该张增值税专用发票已经超过开票的当月，则必须将该张增值税专用发票进行认证并抵扣处理，然后进行增值税进项税额转出处理。

2. 严格依据税法规定开具或索取合规的增值税专用发票

建筑房地产企业在平常的经营实践中，依照税法的规定，对于不能抵扣增值税进项税额的增值税专用发票的项目，坚决索取增值税普通发票而不索取增值税专用发票。对于销售退回、中止服务或退货业务，依照税法的规定，开具增值税红字发票处理。

第 二 节

旅客（货物）运输发票增值税进项税额抵扣的稽查

根据《财政部 税务总局 海关总署关于深化增值税改革有关政策的公告》（财政部 税务总局 海关总署公告 2019 年第 39 号）第六条的规定，自 2019 年 4 月 1 日起，纳税人购进国内旅客运输服务，其进项税额允许从销项税额中抵扣。而根据财税〔2016〕36 号文件的规定，货物运输服务发票的增值税进项税额自 2014 年 1 月 1 日起允许从销项税额中抵扣。由于这两种运输发票的增值税进项税额的抵扣规定不完全相同，所以纳税人在抵扣这两种运输发票时，必须遵循税法的规定，否则有被税务稽查的风险。

一、旅客（货物）运输发票抵扣增值税进项税的税务稽查方法

（一）旅客运输发票抵扣增值税进项税额的税务稽查方法

从税务稽查机关的角度而言，纳税人抵扣旅客运输发票的增值税进项税额的稽查方法主要如下：

1. 稽查纳税人抵扣增值税进项税额的旅客运输发票是否在 2019 年 4 月 1 日及之后实际发生，并取得的增值税专用发票或增值税电子普通发票

根据《国家税务总局关于国内旅客运输服务进项税抵扣等增值税征管问题的公告》（国家税务总局公告 2019 年第 31 号）第一条第（三）项的规定，纳税人允许抵扣的国内旅客运输服务的进项税额，是指纳税人 2019 年 4 月 1 日及以后实际发生，并取得合法有效增值税扣税凭证注明的或依据其计算的增值税税额。以增值税专用发票或增值税电子普通发票为增值税扣税凭证的，为 2019 年 4 月 1 日及以后开具的增值税专用发票或增值税电子普通发票。

2. 稽查纳税人抵扣旅客运输发票的增值税进项税额计算是否准确

根据《财政部 税务总局 海关总署关于深化增值税改革有关政策的公

告》（财政部　税务总局　海关总署公告 2019 年第 39 号）第六条第（一）项的规定，纳税人未取得增值税专用发票的，暂按照以下规定确定进项税额：

（1）取得增值税电子普通发票的，为发票上注明的税额。

（2）取得注明旅客身份信息的航空运输电子客票行程单的，为按照下列公式计算进项税额：

航空旅客运输进项税额＝（票价＋燃油附加费）÷（1+9%）×9%

（3）取得注明旅客身份信息的铁路车票的，为按照下列公式计算的进项税额：

铁路旅客运输进项税额＝票面金额÷（1+9%）×9%

（4）取得注明旅客身份信息的公路、水路等其他客票的，按照下列公式计算进项税额：

公路、水路等其他旅客运输进项税额＝票面金额÷（1+3%）×3%

3. 稽查纳税人报销旅客运输发票的旅客身份是否是与纳税人签订劳动合同额员工或者是劳务派遣公司派遣的劳务派遣员工

根据《国家税务总局关于国内旅客运输服务进项税抵扣等增值税征管问题的公告》（国家税务总局公告 2019 年第 31 号）第一条第（一）项的规定，允许抵扣增值税进项税额的"国内旅客运输服务"，限于与本单位签订了劳动合同的员工，以及本单位作为用工单位接受的劳务派遣员工发生的国内旅客运输服务。

4. 稽查纳税人抵扣增值税进项税额的旅客运输发票（增值税电子普通发票）上注明的购买方"名称""纳税人识别号"等信息，是否与实际抵扣税款的纳税人一致

根据国家税务总局公告 2019 年第 31 号第一条第（二）项的规定纳税人购进国内旅客运输服务，以取得的增值税电子普通发票上注明的税额为进项税额的，增值税电子普通发票上注明的购买方"名称""纳税人识别号"等信息，应当与实际抵扣税款的纳税人一致，否则不予抵扣。

（二）货物运输发票抵扣增值税金项税额的稽查方法

1. 稽查运输工具舱位承包和舱位互换业务中的承包方和发包方是否适用"交通运输服务"税目缴纳增值税

根据国家税务总局公告 2019 年第 31 号第六条的规定，所谓的"运输工具舱位承包业务"是指承包方以承运人身份与托运人签订运输服务合同，收取运费并承担承运人责任，然后以承包他人运输工具舱位的方式，委托发包方实际完成相关运输服务的经营活动。所谓的"运输工具舱位互换业务"是指纳税人之间签订运输协议，在各自以承运人身份承揽的运输业务中，互相利用对方交通运输工具的舱位完成相关运输服务的经营活动。

根据国家税务总局公告 2019 年第 31 号第六条第（一）项和第（二）项的规定，在运输工具舱位承包业务中，发包方以其向承包方收取的全部价款和价外费用为销售额，按照"交通运输服务"缴纳增值税。承包方以其向托运人收取的全部价款和价外费用为销售额，按照"交通运输服务"缴纳增值税。在运输工具舱位互换业务中，互换运输工具舱位的双方均以各自换出运输工具舱位确认的全部价款和价外费用为销售额，按照"交通运输服务"缴纳增值税。

2. 稽查无运输交通工具承运业务的经营者是否适用"交通运输服务"税目缴纳增值税

根据《营业税改征增值税试点实施办法》（财税〔2016〕36 号）文件的规定，无运输工具承运业务，是指经营者以承运人身份与托运人签订运输服务合同，收取运费并承担承运人责任，然后委托实际承运人完成运输服务的经营活动。无运输工具承运业务，按照"交通运输服务"缴纳增值税。

3. 稽查无运输交通工具的经营者自行采购并交给实际承运人使用的成品油和支付的道路、桥、闸通行费，其进项税额准予从销项税额中抵扣是否符合税法规定

根据《国家税务总局关于跨境应税行为免税备案等增值税问题的公告》（国家税务总局公告 2017 年第 30 号）第二条的规定，纳税人以承运人身份与托运人签订运输服务合同，收取运费并承担承运人责任，然后委托实际承运人完成全部或部分运输服务时，自行采购并交给实际承运人使用的成品油和支付的道路、桥、闸通行费，其进项税额准予从销项税额中抵扣，必须同时符合以下两个条件：

（1）成品油和道路、桥、闸通行费，应用于纳税人委托实际承运人完成的运输服务；

（2）取得的增值税扣税凭证符合现行规定。

4. 稽查纳税人抵扣增值税进项税额的货物运输业增值税专用发票"备注栏"填写的信息是否符合税法规定

《增值税发票开具指南》第三章第二节第一条"备注栏内容填写"规定："纳税人提供货物运输服务，使用增值税专用发票和增值税普通发票，开具发票时应将起运地、到达地、车种车号以及运输货物信息等内容填写在发票备注栏中，如内容较多可另附清单。"

5. 稽查货物运输发票"一票制"和"二票制"抵扣增值税进项税额的合同签订要点

运输费用"一票制"是指采购合同中，采购方为了多抵扣增值税进项税额，强制要求销售方将采购材料和设备与运输费用一起开具13%的增值税发票给采购方的一种开票行为。而运输费用"二票制"是指采购合同中，销售方将采购材料和设备向采购方开具13%的增值税发票，而承担运输职能的运输公司向采购方开具9%的运输增值税发票，运输费用由销售方代收代付或销售方先垫付运输费用再向采购方收回运输费用的一种经济交易行为。

（1）货物运输费用"一票制"的税务风险：采购方多抵扣运输费用的增值税进项税额。在运输费用"一票制"的情况下，销售方发生销售货物和委托运输公司提供运输服务或销售方自身提供运输货物服务的经济行为。如果销售方发生销售货物自身提供运输货物服务，则该经济业务是混合销售行为，依据《中华人民共和国增值税暂行条例》和财税〔2016〕36号文件第四十条的规定，销售方应全部按照13%向采购方开具增值税发票；如果销售方发生销售货物和委托运输公司提供运输服务的经济行为，该经济业务是兼营行为，依据《中华人民共和国增值税暂行条例》的规定，销售方和运输公司应该分别给采购方开具增值税发票。但是实践中，无论运输服务是销售方自身提供还是销售方委托运输公司提供，采购方都要求销售方将运输费用和材料设备费用一起开13%的增值税发票。对于销售方发生销售货物和委托运输公司提供运输服务的经济行为，将运输费用发票开成材料发票给采购方抵扣，使采购方运输费用本来只能抵扣9%，结果可以抵扣13%，实现了采购方多抵扣4个点的增值税进项税额。采购方的税务风险是涉嫌多抵扣增值税进项税额。

（2）运输费用"二票制"的税务风险：票款不一致。根据《企业所得税税前扣除凭证管理办法》（国家税务总局2018年公告第28号）第二条的规定，税前扣除凭证是指企业在计算企业所得税应纳税所得额时，证明与取得收入有关的、合理的支出实际发生，并据以税前扣除的各类凭证。《国家税务总局关于加强增值税征收管理若干问题的通知》（国税发〔1995〕192号）第一条第（三）项规定："**纳税人购进货物或应税劳务，支付运输费用，所支付款项的单位，必须与开具抵扣凭证的销货单位、提供劳务的单位一致，才能够申报抵扣进项税额，否则不予抵扣。**"根据此税收政策规定，在运输费用"二票制"下的销售方将采购材料和设备向采购方开具13%的增值税发票,而承担运输职能的运输公司向采购方开具9%的运输增值税发票,运输费用由销售方代收代付或销售方先垫付运输费用再向采购方收回运输费用。体现的税收风险是:采购方获得运输公司开具的增值税运输发票,票款不一致,不能抵扣增值税进项税额和不能在企业所得税前扣除运输费用。

案例分析 ②

采购合同中运输费用"二票制"涉税风险规避的合同签订要点

一、案情介绍

某建筑企业B向材料供应商A采购建筑材料1000万元(不含增值税)和支付运输费用20万元(不含增值税),该材料供应商A向建筑企业B开具税率为13%的增值税专用发票1000万元(不含增值税)和运输公司C向建筑企业开具税率为9%的增值税专用发票20万元(不含增值税)。

请问:该建筑企业B与材料供应商A应如何签订采购合同,才能实现运输费用与材料费用分别抵扣建筑企业的增值税销项税额,如图1-7所示。

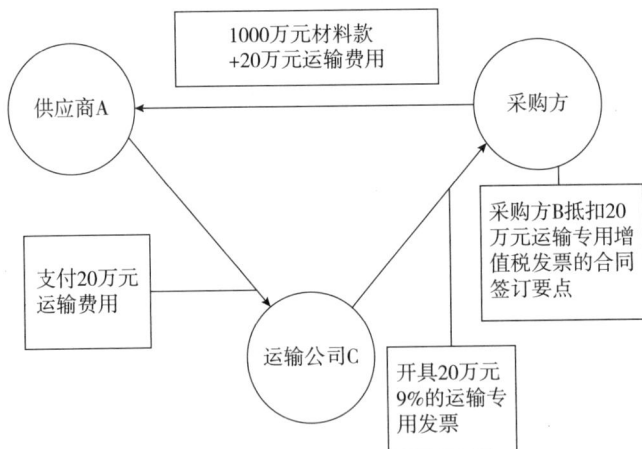

图1-7 案例流程

二、涉税分析与合同签订要点

根据国家税务总局2018年公告第28号文件第二条的规定,税前扣除凭证是指企业在计算企业所得税应纳税所得额时，证明与取得收入有关的、合理的支出实际发生，并据以税前扣除的各类凭证。《国家税务总局关于加强增值税征收管理若干问题的通知》（国税发〔1995〕192 号）第一条第（三）项规定："纳税人购进货物或应税劳务，支付运输费用，所支付款项的单位，必须与开具抵扣凭证的销货单位、提供劳务的单位一致，才能够申报抵扣进项税额，否则不予抵扣。"

根据发票开具与合同相匹配的原理，材料销售方 A 指定承运人 C 将材料运输到采购方 B 指定的地点，运输费用由销售方 A 代收代付，承运人 C 将运输增值税专用发票开给采购方 B 抵扣9%的进项税金，采购方 B 在企业所得税前要抵扣运输发票，则必须在采购合同中约定两点：

（1）在采购合同中必须有承运人条款，该条款必须约定：销售方 A 指定的或委托的承运人 C 的名称。

（2）在采购合同中必须有运费承担条款，该条款要约定：运输费用由采购方 B 承担，销售方 A 代收代付运输费用给 C。否则，C 开具运输增值税票给 B 是虚开发票。

温馨提示

该条相当于第三方付款记录。

案例分析 3

采购合同中运输费用"一票制"涉税风险规避的合同签订要点

一、案情介绍

某建筑企业向材料供应商采购建筑材料1000 万元（不含增值税）和支付运输费用20 万元（不含增值税），该建筑企业要求材料供应商开具税率为13%的增值税专用发票1020 万元来抵扣增值税销项税额。

请问：该建筑企业与材料供应商应如何签订采购合同，才能实现运输费用与材料费用一起抵扣依照13%税率抵扣增值税销项税额，如图1-8所示。

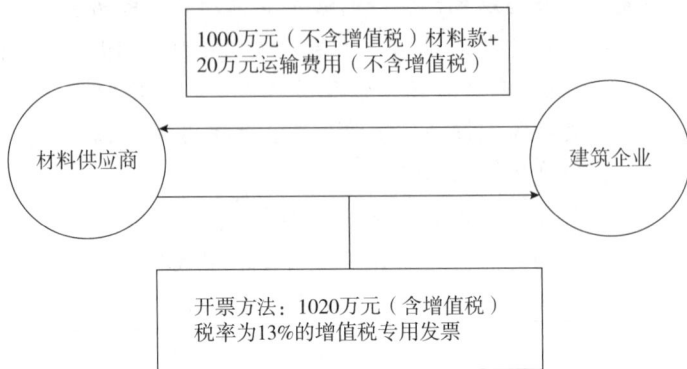

图 1-8　案例流程

二、涉税分析与合同签订要点

根据发票开具与合同相匹配的原理，建筑企业要将运输费用与材料费用一起按照13%税率抵扣增值税销项税额，建筑企业与材料供应商的采购合同必须按照以下方法签订合同：

第一，在采购合同中的价格条款中，将运输费用20万元计算进材料的单价中，在合同中必须载明材料单价和材料价格总额，并标明"价格含运输费用"的字样。

第二，在采购合同中的价格条款中，将运输费用20万元计算进材料的单价中，在合同中必须载明材料单价和材料价格总额，在合同中必须载明"运输费用由销售方承担，并将材料运输到采购方指定的地点"或"供应方免费将材料运输到采购方指定的地点"。

温馨提示

如果采购合同中约定"供应方免费将材料运输到采购方指定的地点"有严重的法律风险：如果运输车辆在途中出现车祸，则有关损失在司法实践中将由购买方承担。因此，建议在签订采购合同时，绝对不可以约定："供应方免费将材料运输到采购方指定的地点"的字样。

第三，如果提供运输劳务的车辆和司机都是材料供应商提供的，则在采

购合同中分别注明材料总价格和运输总费用金额。

二、旅客（货物）运输发票抵扣增值税进项税的税务稽查应对策略

建筑企业、房地产企业（一般纳税人）针对以上税务稽查机关的稽查方法，应采取以下税务稽查应对策略：

（一）旅客运输发票抵扣增值税进项税的税务稽查应对策略

（1）建筑企业、房地产企业（一般纳税人）在增值税进项税额抵扣纳税申报时，只抵扣与本单位签订过劳动合同的员工实际发生的国内旅客运输增值税发票。

（2）建筑企业、房地产企业（一般纳税人）必须与在本单位报销或实际发生旅客运输费用的员工签订劳动合同备查。

（3）如果建筑企业、房地产企业（一般纳税人）抵扣增值税进项税额的旅客运输发票是劳务派遣公司派遣来的员工消费的旅客运输服务，则建筑企业、房地产企业必须与劳务派遣公司签订劳务派遣协议备查。

（二）货物运输发票抵扣增值税进项税额的税务稽查应对策略

（1）货物运输发票的开具必须与采购合同相匹配。如果建筑房地产企业要抵扣"二票制"运输发票的增值税进项税额，则建筑企业、房地产企业在材料供应商签订的采购合同中必须约定以下两点：

一是在采购合同中必须约定"承运人条款"，该条款必须约定：材料供应商（销售方）指定的或委托的运输公司（承运人）的名称。

二是在采购合同中必须约定运费承担条款，该条款要约定：运输费用由采购方建筑企业、房地产企业承担，材料供应商（销售方）代收代付运输费用给运输公司（承运人）。

如果建筑企业、房地产企业要抵扣"一票制"运输发票的增值税进项税额，则建筑企业、房地产企业在材料供应商签订的采购合同中要按照以下三种方法中的任何一种方法签订采购合同：

第一，在采购合同中约定"价格条款"，该条款将运输费用计算进材料的单价中，在合同中必须载明材料单价和材料价格总额，并标明"价格含运

输费用"的字样。

第二，在采购合同中的价格条款中，将运输费用计算进材料的单价中，在合同中必须载明材料单价和材料价格总额，在合同中必须载明"运输费用由销售方承担，并将材料运输到采购方指定的地点"或"供应方免费将材料运输到采购方指定的地点"。采购合同中约定"供应方免费将材料运输到采购方指定的地点"有严重的法律风险：如果运输车辆在途中发生车祸，则相关损失在司法实践中将由购买方承担。因此，建议在签订采购合同时，绝对不可以约定"供应方免费将材料运输到采购方指定的地点"字样。

第三，如果提供运输劳务的车辆和司机都是材料供应商提供的，则在采购合同中分别注明材料总价格和运输总费用的金额。

（2）建筑企业、房地产企业在索取货物运输发票时，必须审查货物运输发票的"备注栏"是否注明了起运地、到达地、车种车号以及运输货物信息等内容，如内容较多必须另附清单。

（3）建筑企业、房地产企业必须与运输公司或承运方签订运输合同，以及将双方负责人签字盖章的运输单和运输劳务款结算单存档备查。

（4）建筑企业、房地产企业必须通过公对公转账方式支付运输劳务款给承运方或运输公司。

第 三 节

简易和一般计税项目共同费用的
增值税抵扣稽查及应对策略

在建筑房地产领域，选择简易计税和一般计税计征增值税是专门针对项目而言的，而不是针对企业而言的，既有的项目选择一般计税计征增值税，有的项目选择简易计税计征增值税。因此，一个建筑企业或一个房地产企业存在有的项目选择简易计税计征增值税，有的项目选择一般计税计征增值税。对于不同项目共同发生的成本费用，如办公用的水电费、共同管理人员的差旅费、办公设备费、周转使用的机械设备费和周转材料费，在这些共同成本费用中，哪些共同成本费用的增值税进项税额可以全部抵扣、哪些共同成本费用的增值税进项税额不可以全部扣除、这些不可以全部扣除增值税进项税额的共同成本费用如何在简易计税项目和一般计税项目中进行分摊抵扣，以上问题的处理是增值税纳税申报管理中不可忽略的重要内容。如果处理不当，将面临税务稽查风险。

一、简易和一般计税项目共同费用的增值税抵扣稽查重点

在税务稽查实践中，作为贯彻"税收法定原则"的税务稽查机关对简易计税和一般计税项目共同费用的增值税进项税额抵扣的稽查重点归纳如下：

（一）建筑企业自购建筑机械设备、周转材料既用于一般计税项目也用于简易计税项目的增值税进项税额抵扣的稽查

1. 税法依据分析

根据〔2016〕36 号文件附件 1：《营业税改征增值税试点实施办法》第二十四条第（一）项的规定，用于简易计税方法计税项目、免征增值税项目、集体福利或者个人消费的购进货物、接受加工修理修配劳务或者应税服务的进项税额不得从销项税额中抵扣。其中涉及的固定资产、无形资产、不动产仅指专用于上述项目的固定资产、无形资产（不包括其他权益性无形资产）、不动产。特别要注意的是：本条规定涉及的固定资产、无形资产、不动产的进项税额不得从销项税额中抵扣的重要关键条件是"专用于"简易计税方法计税项目、免征增值税项目、集体福利或者个人消费的进项税额才不得从销项税额中抵扣。换句话说，如果施工企业购买的固定资产、无形资产（不包括其他权益性无形资产）、不动产既用于一般计税方法计征增值税的项目也用于简易计税方法计征增值税的项目，就不属于"专用于"的情形，就可以抵扣增值税进项税额。

2. 结论

建筑企业自购建筑机械设备、周转材料既用于一般计税项目也用于简易计税项目的增值税进项税额完全可以抵扣。

基于以上税收政策的分析，建筑企业自购塔吊、升降机等机械设备和脚手架、挡板等周转材料，在既用于一般计税项目也用于简易计税项目的情况下，该自购机械设备和其他周转材料的增值税进项税额完全可以抵扣。

（二）建筑企业工地上搭建的活动板房、指挥部等临时建筑物增值税进项税额抵扣的稽查

1. 税法政策依据分析

根据财税〔2016〕36 号文件附件 2：《营业税改征增值税试点有关事项的规定》第一条第（四）项第 1 款的规定，适用一般计税方法的试点纳税人，2016 年 5 月 1 日后取得并在会计制度上按固定资产核算的不动产或者 2016 年 5 月 1 日后取得的不动产在建工程，其进项税额应自取得之日起分 2 年从销项税额中抵扣，第一年抵扣比例为 60%，第二年抵扣比例为 40%。其中，取得的不动产包括以直接购买、接受捐赠、接受投资入股、自建以及抵债等各种形式取得的不动产。而且特别强调，在施工现场修建的临时建筑物、构筑物，其进项税额不适用上述分 2 年抵扣的规定。

根据《财政部 税务总局 海关总署关于深化增值税改革有关政策的公告》（财政部 税务总局 海关总署公告 2019 年第 39 号）第五条的规定，自 2019 年 4 月 1 日起，《营业税改征增值税试点有关事项的规定》（财税〔2016〕36 号）第一条第（四）项第 1 点、第二条第（一）项第 1 点停止执行，纳税人取得不动产或者不动产在建工程的进项税额不再分 2 年抵扣。此前按照上述规定尚未抵扣完毕的待抵扣进项税额，可自 2019 年 4 月税款所属期起从销项税额中抵扣。

根据财税〔2016〕36 号文件附件 1：《营业税改征增值税试点实施办法》第二十七条第（一）项的规定，用于简易计税方法计税项目购进不动产的进项税额不得从销项税额中抵扣。其中涉及的不动产，仅指专用于简易计税方法的不动产。

基于以上三个税法文件的规定，建筑企业自 2016 年 5 月 1 日起，在施工现场修建的活动板房、工程指挥部用房等临时建筑物或不动产，如果仅用于简易计税项目，则其增值税进项税额不可以抵扣；如果用于一般计税项目，或既用于一般计税项目也用于简易计税项目，则其增值税进项税额可以抵扣，可以自取得之日起的当年全部一次性抵扣。

2. 增值税进项税额抵扣的处理

基于以上税法政策分析，"营改增"后的建筑企业在施工地修建的临时建筑物的增值税进项税额的处理如下：

（1）如果建筑企业施工地从事施工的项目是选择一般计税方法计征增值税的情况下，则在施工地上修建的临时建筑物的增值税进项税额在自取得之

日起的当年全部一次性抵扣。

（2）如果建筑企业施工地从事施工的项目是选择简易计税方法计征增值税的情况下，则在施工地上修建的临时建筑物的增值税进项税额不可以抵扣，也不可以在其他选择一般计税方法计征增值税的项目中抵扣销项税额。

温馨提示

施工完毕，建筑企业工地上修建的临时建筑物拆除不属于非正常损失，临时建筑物已经抵扣过的增值税进项税额不进行增值税进项税额转出处理。

（三）一般计税和简易计税项目共同管理费用的增值税进项税额抵扣稽查

1. 共同管理费用的增值税进项税额在简易计税和一般计税项目中分配

在企业经营管理中，如果建筑企业和房地产企业发生的一些共同管理费用，如水电费用、差旅费用、培训费用、咨询顾问费用、会议费用、办公楼的装修费用等，既服务于简易计税项目也服务于一般计税项目，则以上共同管理费用中的增值税进项税额必须在一般计税项目和简易计税项目中按照一定的分摊方法进行分摊，分摊给简易计税项目的管理费用中的增值税进项税额不可以抵扣，只有分摊给一般计税项目的管理费用中的增值税进项税额才可以抵扣。

2. 分配方法

根据《财政部　国家税务总局关于全面推开营业税改征增值税试点的通知》（财税〔2016〕36号）附件1:《营业税改征增值税试点实施办法》第二十九条的规定:"适用一般计税方法的纳税人，兼营简易计税方法计税项目、免征增值税项目而无法划分不得抵扣的进项税额，按照下列公式计算不得抵扣的进项税额:

不得抵扣的进项税额=当期无法划分的全部进项税额×(当期简易计税方法计税项目销售额+免征增值税项目销售额)÷当期全部销售额

主管税务机关可以按照上述公式依据年度数据对不得抵扣的进项税额进

行清算。"

《房地产开发企业销售自行开发的房地产项目增值税征收管理暂行办法》（国家税务总局公告 2016 年第 18 号）第十三条规定："一般纳税人销售自行开发的房地产项目，兼有一般计税方法计税、简易计税方法计税、免征增值税的房地产项目而无法划分不得抵扣的进项税额的，应以《建筑工程施工许可证》注明的'建设规模'为依据进行划分。

不得抵扣的进项税额＝当期无法划分的全部进项税额×（简易计税、免税房地产项目建设规模÷房地产项目总建设规模）"

3. 增值税进项税额的抵扣处理

根据以上税法政策的规定，建筑和房地产企业通过以上分配计算分摊共同管理费用的增值税进项税额，一般计税项目分配的管理费用的增值税进项税额可以抵扣，简易计税项目分配的管理费用的增值税进项税额不可以抵扣。基于管理费用实际发生时不可能分别向一般计税项目和简易计税项目开具增值税专用发票，而开具增值税专用发票在增值税纳税申报时一次性享受抵扣增值税进项税额，只能在年底对简易计税项目分配的已经抵扣的增值税进项税额进行转出处理。

二、简易和一般计税项目共同费用的增值税抵扣稽查应对策略

为了规避税务稽查风险，建筑企业、房地产企业对于一般计税项目和简易计税项目共同费用的增值税进项税额抵扣问题，应采取一些税务稽查应对策略。

（一）集中采购建筑材料费用的应对策略：分项目结算材料款，分项目开发票

实践中存在一般计税项目和简易计税项目所使用的建筑材料，由企业的采购部门集中统一采购的现象。如果存在集中采购的行为，则建筑和房地产企业往往签订一份集中采购的框架协议，按项目的进度分次供货到建筑工地。为了规避增值税进项税额抵扣的税务风险，采用的应对策略如下：

（1）负责材料采购部门分一般计税项目和简易计税项目向材料供应商发出材料供应进度计划。

（2）工程项目部材料员分一般计税项目和简易计税项目验收到施工场地

的建筑材料，并按照一般计税项目和简易计税项目编制材料验收确认单，最后经材料供应商和工程项目部负责人签字确认。

（3）分一般计税项目和简易计税项目进行建筑材料款结算，分一般计税项目和简易计税项目开具发票。其中要求材料供应商向简易计税项目开具增值税普通发票，向一般计税项目开具增值税专用发票。

（二）既用于一般计税项目也用于简易计税项目的周转材料、建筑机械设备增值税进项税额抵扣的税务稽查应对策略

鉴于既用于一般计税项目也用于简易计税项目的周转材料、建筑机械设备的增值税进项税额可以抵扣的税法规定，为了规避税务稽查风险，建议采用以下应对策略：

（1）建筑企业在与设备、材料供应商签订采购合同时，必须在采购合同中约定"设备和材料用途"条款，该条款约定："用于×××一般计税项目使用"或"既用于×××一般计税项目也用于×××简易计税项目使用"的字样。

（2）建筑企业加强对周转材料和建筑机械设备的领用管理，在实际经营中，建筑企业要分项目做好设备、周转材料领用登记手续。

（3）建筑企业财务部要按照不同的项目分项目计提设备的累计折价费用和周转材料的摊销费用记录。

（三）一般计税和简易计税项目共同管理费用的增值税进项税抵扣稽查的应对策略

（1）在一个会计年度内，如果一般计税和简易计税项目共同管理费用较少，如发生的培训费用、出差住宿费用，公司的报销制度可规定每次1万元以内的培训费用、出差住宿费用索取增值税普通发票回来财务部报销。

（2）如果索取一般计税和简易计税项目共同管理费用是增值税专用发票，则一定要先抵扣增值税进项税额，等到年底申报12月的增值税时，要对一年中的一般计税项目和简易计税项目共同管理费用中已经抵扣过的总的增值税进项税额，依照税法的规定进行计税分摊，将简易计税项目分摊的不得抵扣的进项税额进行进项税额转出处理。

第 **四** 节

房地产企业项目内（外）建造基础设施无偿移交
政府的增值税抵扣稽查

房地产企业项目内（外）建筑基础设施是指房地产企业在开发项目所占用的土地使用边界限之内（外）建设的医院、幼儿园、学校、供水设施、变电站、市政道路等配套设施。以上基础设施无偿赠送（移交）给地方政府所发生的建筑成本的增值税进项税额能否抵扣增值税销项税额？如果能抵扣增值税销项税额，则无偿移交给地方政府的基础设施是否要视同销售缴纳增值税？这是税务稽查的重点。

一、房地产企业项目内（外）基础设施无偿移交给政府的增值税稽查重点

（一）稽查房地产企业项目内（外）建造无偿移交给地方政府的公共配套设施是否视同销售缴纳了增值税

1. 相关法律依据

根据财税〔2016〕36 号文件附件 1：《营业税改征增值税试点实施办法》第十四条第（二）项规定，单位或者个人向其他单位或者个人无偿转让不动产应视同销售进行增值税处理，但用于公益事业或者以社会公众为对象的除外。

《中华人民共和国公益事业捐赠法》（中华人民共和国主席令第 19 号）第二条 自然人、法人或者其他组织自愿无偿向依法成立的公益性社会团体和公益性非营利的事业单位捐赠财产，用于公益事业的，适用本法。

第三条 本法所称公益事业是指非营利的下列事项：

（一）救助灾害、救济贫困、扶助残疾人等困难的社会群体和个人的活动；

（二）教育、科学、文化、卫生、体育事业；

（三）环境保护、社会公共设施建设；

（四）促进社会发展和进步的其他社会公共和福利事业。

第十条　公益性社会团体和公益性非营利的事业单位可以依照本法接受捐赠。本法所称公益性社会团体是指依法成立的，以发展公益事业为宗旨的基金会、慈善组织等社会团体。本法所称公益性非营利的事业单位是指依法成立的，从事公益事业的不以营利为目的的教育机构、科学研究机构、医疗卫生机构、社会公共文化机构、社会公共体育机构和社会福利机构等。

2. 房地产企业项目内（外）建造公共配套设施无偿移交给地方政府的增值税处理：视同销售和不视同销售两种情况处理

根据以上法律政策规定，房地产企业项目内（外）建造公共配套设施无偿移交给地方政府的增值税处理分以下两种情况处理：

（1）如果房地产企业项目内（外）建造公共配套设施无偿移交给地方政府用于公益事业或者以社会公众为对象，则不视同销售处理，不缴纳增值税。

（2）如果房地产企业项目内（外）建造公共配套设施无偿移交给地方政府，并非用于公益事业或以社会公众为对象，则按视同销售，征收增值税。

3. 房地产企业项目内建造公共配套设施无偿移交给地方政府不视同销售征收增值税的三个条件

根据国家税务总局公告 2016 年第 18 号第五条的规定，一般纳税人资格的房地产开发企业中，销售其开发的房地产项目（选择适用简易计税方式的除外），当期允许扣除的土地价款按照以下公式计算：

当期允许扣除的土地价款＝当期销售房地产项目建筑面积÷房地产项目可供销售建筑面积×支付的土地价款

该公式中的"房地产项目可供销售建筑面积"是指房地产项目可以出售的总建筑面积，不包括销售房地产项目时未单独作价结算的配套公共设施的建筑面积。

《国家税务总局关于土地价款扣除时间等增值税征管问题的公告》（国家税务总局公告 2016 年第 86 号）第五条、《国家税务总局关于发布〈房地产开发企业销售自行开发的房地产项目增值税征收管理暂行办法〉的公告》（国家税务总局公告 2016 年第 18 号）第五条中，"当期销售房地产项目建筑面积""房地产项目可供销售建筑面积"，是指计容积率地上建筑面积，不包括地下车位建筑面积。

　　因此，房地产企业项目内建造公共配套设施无偿移交给地方政府不视同销售征收增值税必须同时满足以下三个条件：

　　（1）房地产企业项目内建造无偿移交给地方政府的公共配套设施，未单独作价结算销售额的公共配套设施。

　　（2）房地产企业项目内建造公共配套设施无偿移交给地方政府的用途是用于公益事业或者以社会公众为服务对象。

　　（3）房地产企业项目内建造的公共配套设施在可售面积之外。

　　如果房地产企业建造公共配套设施在可售面积之内，要么将公共配套设施的销售价格分摊到每一位买房者的购房价格中，要么单独对外作价销售。

　　（二）稽查房地产项目内（外）建造无偿移交给地方政府的公共配套设施的增值税进项税额是否允许从增值税销项税额中抵扣

　　1. 不视同销售项目的税法定性：不征增值税项目而不是免增值税项目

　　根据财税〔2016〕36 号文件附件 1：《营业税改征增值税试点实施办法》第十四条的规定："下列情形视同销售服务、无形资产或者不动产：单位或者个体工商户向其他单位或者个人无偿提供服务，但用于公益事业或者以社会公众为对象的除外。"根据此规定，房地产企业将项目内（外）建造的公共配套设施无偿移交给政府用于公益性事业的无偿行为，不视同销售，属于"不征收增值税项目"的范畴，而不是"免增值税项目"的范畴。

2. 不视同销售项目的增值税进项税额允许抵扣增值税销项税额

根据财税〔2016〕36 号文件附件 1：《营业税改征增值税试点实施办法》第二十七条的规定："用于简易计税方法计税项目、免征增值税项目、集体福利或者个人消费的购进货物、加工修理修配劳务、服务、无形资产和不动产的进项税额不得从销项税额中抵扣。其中涉及的固定资产、无形资产、不动产，仅指专用于上述项目的固定资产、无形资产（不包括其他权益性无形资产）、不动产。"因此，税法并未规定"不征增值税项目"不得抵扣进项税额，只规定"免增值税项目"的增值税进项税额不允许抵扣增值税销项税额。因此，房地产项目内（外）建造无偿移交给地方政府的公共配套设施的增值税进项税额允许从增值税销项税额中抵扣。

二、房地产企业项目内（外）基础设施无偿移交给政府的增值税稽查应对策略

对于房地产企业而言，要实现把项目内的公共基础设施无偿移交给地方政府不视同销售缴纳增值税，以及发生的建筑成本中的增值税进项税额能在增值税销项税额中抵扣的目的，规避多缴纳税的风险，必须采纳的应对策略为证据链策略。

所谓的"证据链"策略是指房地产企业注重收集与涉税有关的各种法律证据，做到税务处理与合同、会议记录、资产移交登记等涉税资料相匹配的一种税务管理方法。具体如下：

第一，房地产企业在拿地环节，如果当地政府要求房地产企业在项目内（外）建造公共配套基础设施无偿移交给当地政府，则必须要收集当地政府关于项目内（外）配备建造公共配套基础设施的政府纪要文件存档备查。

第二，房地产企业必须保管好当地政府的发展改革委、规划部门签字盖章的立项审批报告。

第三，房地产企业在开发施工环节，对于在项目内（外）建造的公共配套基础设施必须单独成本核算。

第四，房地产企业建造完工的公共配套基础设施移交给当地政府的环节，必须与当地政府办理移交手续，做好移交登记记录。

第 五 节

建筑企业包工包料业务的增值税稽查重点及应对策略

建筑企业包工包料业务中的包料包括两种情况：一是建筑企业外购的建筑材料或机器设备；二是建筑企业自产的建筑材料或机器设备。这种包工包料业务主要涉及"混合销售"和"兼营行为"的税务处理和发票开具两方面的涉税问题。税务稽查机关在稽查包工包料业务的建筑企业开给房地产企业建筑发票的增值税进项税额抵扣时，必须关注"混合销售"和"兼营行为"的增值税进项税额抵扣稽查重点。

一、建筑企业包工包料业务的分类及混合销售和兼营行为的税法定性分析

特别提醒

建筑企业包工包料业务分为四种：一是建筑企业外购建筑材料并提供施工劳务的业务；二是建筑企业外购机器设备的同时提供安装服务的业务；三是建筑企业自产建筑材料并提供施工劳务的业务；四是建筑企业销售自产机器设备的同时提供安装服务的业务。在这四种业务中，前两者的税收定性是混合销售行为，后两者的税收定性是兼营行为。

具体分析如下：

（一）建筑企业外购建筑材料或机器设备并提供施工劳务的业务的税收定性：混合销售行为

《财政部　国家税务总局关于全面推开营业税改征增值税试点的通知》（财税〔2016〕36号）附件1：《营业税改征增值税试点实施办法》第四十

条规定："一项销售行为如果既涉及服务又涉及货物，为混合销售。"该条规定中的"一项销售行为"是指"一份销售合同"。根据本规定，界定"混合销售"行为的标准有两点：一是其销售行为必须是一项；二是该项行为必须既涉及服务又涉及货物，其"货物"是指增值税条例中规定的有形动产，包括电力、热力和气体；服务是指属于全面"营改增"范围的交通运输服务、建筑服务、金融保险服务、邮政服务、电信服务、现代服务、生活服务、建筑服务、金融保险和房地产销售等。在界定"混合销售"行为是否成立时，其行为标准中的上述两点必须同时存在，如果一项销售行为只涉及销售服务，不涉及货物，这种行为就不是混合销售行为；反之，如果涉及销售服务和涉及货物的行为，不是存在一项销售行为中，这种行为也不是混合销售行为。

基于以上分析，建筑企业外购建筑材料并提供施工业务的包工包料合同是一种既涉及服务又涉及货物的一项销售行为，是混合销售行为。

（二）建筑企业销售自产建筑材料或机器设备并提供施工劳务业务的税收定性：兼营行为

《国家税务总局关于进一步明确营改增有关征管问题的公告》（国家税务总局公告2017年第11号）第一条规定："**纳税人销售活动板房、机器设备、钢结构件等自产货物的同时提供建筑、安装服务，不属于《营业税改征增值税试点实施办法》（财税〔2016〕36号文件印发）第四十条规定的混合销售。**"《财政部　国家税务总局关于全面推开营业税改征增值税试点的通知》（财税〔2016〕36号）附件1：《营业税改征增值税试点实施办法》第三十九条规定："**纳税人兼营销售货物、劳务、服务、无形资产或者不动产，适用不同税率或者征收率的，应当分别核算适用不同税率或者征收率的销售额；未分别核算的，从高适用税率。**"第四十一条规定："**纳税人兼营免税、减税项目的，应当分别核算免税、减税项目的销售额；未分别核算的，不得免税、减税。**"基于以上税收政策规定，兼营行为中的销售业务和兼营业务是两项销售行为，两者是独立的业务。实践中的兼营行为有以下三种情况：

（1）一项销售行为中有销售两种以上不同税率的服务或销售两种以上不同税率的货物的行为。例如，既有设计资质也有建筑资质的企业与发包方签订的总承包合同中，有设计服务（6%的增值税税率）和建筑服务（10%的增值税税率），就是兼营行为，分别纳税，而不是混合销售行为。

（2）发生两项以上的销售行为，每项销售行为之间就是兼营行为。例如，某既有销售资质又有安装资质的设备厂家与设备购买方签订一份销售合同，只发生销售设备的行为，而没有对其销售的设备提供安装服务。但是该设备厂家为购买其设备的客户提供了安装该客户从别的厂家购买的设备，签订一份安装合同，则该既有销售资质又有安装资质的设备厂家就是发生了兼营的行为，应分别适用税率申报缴纳增值税。

（3）发生销售自产并提供建筑、安装业务的行为。实践中具体体现为以下七种企业类型：

1）提供生产加工门窗铝合金并安装业务的门窗铝合金加工安装企业。

2）销售自产电梯并提供安装的电梯生产安装企业。

3）拥有钢结构生产基地但没有单独成立钢结构生产企业的钢结构加工安装企业。

4）拥有苗圃的园林公司提供销售苗圃和植树劳务的园林公司。

5）拥有沥青和混凝土搅拌站的路桥施工企业。

6）具有碎石机就地取材将石头加工成碎石并提供道路施工业务的公路施工企业。

7）销售自产中央空调冷暖系统并提供安装的空调生产安装企业。

二、建筑企业包工包料业务的增值税稽查重点

（一）稽查建筑企业外购建筑材料或机器设备并提供施工劳务的发票开具和增值税处理

1. 建筑企业外购建筑材料并提供施工劳务的发票开具和增值税处理

《财政部　国家税务总局关于全面推开营业税改征增值税试点的通知》（财税〔2016〕36 号）附件 1：《营业税改征增值税试点实施办法》第四十条规定："一项销售行为如果既涉及服务又涉及货物，为混合销售。从事货物的生产、批发或者零售的单位和个体工商户的混合销售行为，按照销售货物缴纳增值税；其他单位和个体工商户的混合销售行为，按照销售服务缴纳增值税。"基于此规定，如果建筑企业外购建筑材料并提供建筑劳务的包工包料业务（混合销售行为），则建筑企业将外购的材料和建筑劳务一起按照9%税率计征增值税，向发包方开具 9%的增值税专用发票进行抵扣。

2. 建筑企业外购机器设备并提供安装劳务的发票开具和增值税处理

《财政部　国家税务总局关于全面推开营业税改征增值税试点的通知》

（财税〔2016〕36号）附件1:《营业税改征增值税试点实施办法》第四十条第二款的规定:"本条所称从事货物的生产、批发或者零售的单位和个体工商户,包括以从事货物的生产、批发或者零售为主,并兼营销售服务的单位和个体工商户在内。"为了更好地理解和应用"以从事货物的生产、批发或零售为主,并兼营销售服务",国家税务总局颁布以下两个文件给予了界定:

（1）《国家税务总局关于明确中外合作办学等若干增值税征管问题的公告》（国家税务总局公告2018年第42号）。该文件第六条第二款规定:"一般纳税人销售外购机器设备的同时提供安装服务,如果已经按照兼营的有关规定,分别核算机器设备和安装服务的销售额,安装服务可以按照甲供工程选择适用简易计税方法计税。"基于此税收政策规定,建筑企业外购机器设备的同时提供安装服务,如果已经按照兼营行为分别核算机器设备和安装服务的销售额,则机器设备销售额按照13%计征增值税,安装服务既可以按照3%计征增值税（发包方同意的情况下）,也可以按照9%计征增值税（发包方不同意的情况下）。

（2）《国家税务总局关于进一步明确营改增有关征管问题的公告》（国家税务总局公告2017年第11号）。该文件第一条给予了明确规定:"纳税人销售活动板房、机器设备、钢结构件等自产货物的同时提供建筑、安装服务,不属于《营业税改征增值税试点实施办法》（财税〔2016〕36号文件印发）第四十条规定的混合销售,应分别核算货物和建筑服务的销售额,分别适用不同的税率或者征收率。"基于此规定,税务处理如下:一是建筑企业可以与业主或发包方签订一份合同,且在一份合同中的"合同价"条款中,应分别注明销售货物的金额和销售建筑服务的金额;在会计核算上应分别核算销售货物和销售服务的收入;在税务处理上,销售货物按照13%,销售建筑服务按照9%向业主或发包方开具发票。二是建筑企业可以与业主或发包方签订两份合同:货物销售合同和建筑服务销售合同。货物销售合同适用13%的增值税税率;建筑服务合同按照3%（清包工合同可以选择简易计税方法,按照3%税率计征增值税）或9%的增值税税率计征增值税。

（二）稽查建筑企业销售自产建筑材料或机器设备并提供施工劳务业务的发票开具和增值税处理

1. 建筑企业销售自产建筑材料并提供建筑劳务的发票开具和增值税处理

《国家税务总局关于进一步明确营改增有关征管问题的公告》（国家税

务总局公告 2017 年第 11 号）第一条给予了明确规定："纳税人销售活动板房、机器设备、钢结构件等自产货物的同时提供建筑、安装服务，不属于《营业税改征增值税试点实施办法》（财税〔2016〕36 号文件印发）第四十条规定的混合销售，**应分别核算货物和建筑服务的销售额，分别适用不同的税率或者征收率。**"该文件中的"应分别核算货物和建筑服务的销售额，分别适用不同的税率或者征收率"有两层含义：一是在合同中应分别注明销售货物的金额和销售建筑服务的金额；在会计核算上应分别核算销售货物和销售服务的收入；在税务处理上，销售货物按照 13%，销售建筑服务按照 9% 向业主或发包方开具发票。二是建筑企业可以与业主或发包方签订两份合同：货物销售合同和建筑服务销售合同。货物销售合同适用 13% 的增值税税率；销售建筑服务按照 3%（清包工合同可以选择简易计税方法，按照 3% 的增值税税率计征增值税）或 9% 的增值税税率计征增值税。

2. 建筑企业销售自产机器设备并提供建筑安装劳务的发票开具和增值税处理

《国家税务总局关于明确中外合作办学等若干增值税征管问题的公告》（国家税务总局公告 2018 年第 42 号）第六条第一款规定："**一般纳税人销售自产机器设备的同时提供安装服务，应分别核算机器设备和安装服务的销售额，安装服务可以按照甲供工程选择适用简易计税方法计税。**"基于此规定，建筑企业销售自产机器设备并提供安装服务的，必须按照兼营行为处理，机器设备销售额部分，建筑企业向发包方开具 13% 的增值税专用（普通）发票；安装服务销售额部分，建筑企业向发包方开具 3% 的增值税专用（普通）发票（发包方同意的情况下）或开 9% 的增值税专用（普通）发票（发包方不同意的情况下）。

三、建筑企业包工包料业务的增值税稽查应对策略：合同策略和票据策略

要规避税务稽查的税务风险，建筑企业必须重视合同的签订技巧，通过合同的巧妙签订而合法节税。在签订节税合同的基础上，建筑企业依照"发票开具与合同相匹配"的原则，向发包方开具合法合规的增值税发票。

（一）建筑企业外购建筑材料和机器设备并提供施工劳务的合同和票据策略

1. 建筑企业外购建筑材料并提供施工劳务的合同和票据策略

（1）合同策略。建筑企业外购建筑材料并提供施工劳务的合同签订策略：签订一份建筑施工合同，将材料款和建筑劳务款一起含在合同价里面，在合同中的"合同价款"条款中约定：不含增值税金额的合同金额为×××元，增值税金额为×××元。

（2）发票开具策略。建筑企业将外购的材料和建筑劳务一起按照9%的税率计征增值税，向发包方开具9%的增值税发票。

2. 建筑企业外购建筑机器设备并提供建筑安装劳务的合同和票据策略

（1）合同策略。建筑企业外购机器设备的同时提供安装服务，建筑企业与发包方签订一份包工包料的建筑施工合同，将设备价款、建筑安装劳务价款在建筑施工合同中的"合同价款"条款中分别载明：不含增值税金额的设备合同金额为×××元，设备增值税金额为×××元；不含增值税金额的安装劳务合同金额为×××元，安装劳务增值税金额为×××元。

（2）发票开具策略。如果建筑企业按照兼营行为分别核算机器设备和安装服务的销售额，则机器设备销售额按照13%计征增值税，安装服务既可以按照3%计征增值税（发包方同意的情况下），也可以按照9%计征增值税（发包方不同意的情况下）。如果没有按照兼营行为分别核算机器设备和安装服务的销售额，则机器设备销售额和安装服务销售额一起按照13%计征增值税，建筑安装企业向发包方将机器设备和安装服务的销售额一起开具13%的增值税专用（普通）发票。

（二）建筑企业销售自产的建筑材料和机器设备并提供施工劳务的合同和票据策略

1. 建筑企业销售自产的建筑材料并提供建筑施工劳务的合同和票据策略

（1）签一份包工包料合同及其发票开具策略。销售自产建筑材料的建筑企业与发包方签订一份包工包料施工合同，将材料销售额、建筑服务销售额在"合同价"条款中分别约定：不含增值税金额的材料价款的合同金额为×

××元，材料价款的增值税金额为×××元；不含增值税金额的建筑劳务款的合同金额为×××元，建筑劳务款的增值税金额为×××元。

建筑企业向发包方开具发票的策略如下：材料销售额部分，建筑企业向发包方开具13%的增值税专用（普通）发票；建筑服务销售额部分，建筑企业向发包方开具9%的增值税专用（普通）发票。

（2）签订两份合同及其发票开具策略。销售自产建筑材料的建筑企业与发包方签订两份合同：一份建筑材料销售合同，一份建筑施工服务合同。建筑材料销售合同的"合同价"条款约定：不含增值税金额的合同金额为×××元，增值税金额为×××元；建筑施工服务合同的"合同价"条款约定：不含增值税金额的合同金额为×××元，增值税金额为×××元。

建筑企业向发包方开具发票的策略如下：材料销售合同的发票开具策略：建筑企业向发包方开具13%的增值税专用（普通）发票；建筑施工服务合同的发票开具策略：建筑企业向发包方开具3%的增值税专用（普通）发票（发包方同意建筑企业提供建筑服务选简易计税的情况下）或开具9%的增值税专用（普通）发票（发包方不同意建筑企业提供建筑服务选简易计税的情况下）。

2. 建筑企业销售机器设备并提供建筑安装劳务的合同和票据策略

一般纳税人销售自产的冷暖系统、电梯和机电设备等机器设备的同时提供安装服务的合同和票据策略如下：

（1）签一份包工包料合同及其发票开具策略。销售自产的冷暖系统、电梯和机电设备等机器设备的建筑企业与发包方签订一份包工包料施工合同，将材料销售额、建筑服务销售额在"合同价"条款中分别约定：不含增值税金额的设备价款的合同金额为×××元，设备价款的增值税金额为×××元；不含增值税金额的安装劳务款的合同金额为×××元，安装劳务款的增值税金额为×××元。

建筑企业向发包方开具发票的策略如下：机器设备价款部分，建筑企业向发包方开具13%的增值税专用（普通）发票；安装服务销售额部分，建筑企业向发包方开具9%的增值税专用（普通）发票。

（2）签订两份合同及其发票开具策略。销售自产的冷暖系统、电梯和机电设备等机器设备的建筑企业与发包方签订两份合同：一份设备销售合同，一份安装服务合同。设备销售合同的"合同价"条款约定：不含增值税金额的合同金额为×××元，增值税金额为×××元；建筑安装服务合同的"合同价"条款约定：不含增值税金额的合同金额为×××元，增值税金额为×××元。

建筑企业向发包方开具发票的策略如下：机器设备销售合同的发票开具策略：建筑企业向发包方开具13%的增值税专用（普通）发票；建筑安装服务合同的发票开具策略：建筑企业向发包方开具3%的增值税专用（普通）发票（发包方同意建筑企业提供建筑服务选简易计税的情况下）或开具9%的增值税专用（普通）发票（发包方不同意建筑企业提供建筑服务选简易计税的情况下）。

第六节

建筑企业所得税核定改查账征收涉及增值税抵扣的稽查重点

随着国地税的合并，许多现有的核定征收企业所得税的建筑企业将转为查账征收方式征收企业所得税。在企业所得税征收方式从核定征收转为查账征收后，建筑企业核定征收期间发生的成本费用能否在查账征收期间进行抵扣增值税进项税额？或者说建筑企业在核定征收年度发生的费用支出，在转为查账征收年度才收到的增值税专用发票能否抵扣查账征收年度的增值税销项税额？这是税务稽查机关关注和稽查的重点。

一、企业所得税核定征收年度期间的增值税处理

财税〔2016〕36号附件1：《营业税改征增值税试点实施办法》第三十三条规定："有下列情形之一者，应当按照销售额和增值税税率计算应纳税额，不得抵扣进项税额，也不得使用增值税专用发票：（一）一般纳税人会计核算不健全，或者不能够提供准确税务资料的。"《增值税发票开具指南》第二章第一节第十条第（一）项规定："一般纳税人有下列情形之一的，不得使用增值税专用发票：（一）会计核算不健全，不能向税务机关准确提供增值税销项税额、进项税额、应纳税额数据及其他有关增值税税务资料的。上列其他有关增值税税务资料的内容，由省、自治区、直辖市和计划单列市国家税务局确定。"财税〔2016〕36号文件附件1：《营业税改征增值税试点

实施办法》第一章第一节第四条第二款规定："**会计核算健全，是指能够按照国家统一的会计制度规定设置账簿，根据合法、有效凭证核算。**"

实践调研显示，核定征收企业所得税的企业，虽然建账进行财务核算，但是大多数核定征收所得税的企业，由于账务上存在白条入账，没有发票，成本核算不准确，不能向税务机关准确提供增值税销项税额、进项税额、应纳税额数据。因此，基于以上税法的规定，核定征收企业所得税的一般纳税人企业在核定征收年度的增值税处理如下：

（1）同时符合以下两个条件的可以对外开具增值税专用（普通）增值税发票，同时可以抵扣增值税进项税额。

第一个条件：国家统一的会计制度规定设置账簿进行会计核算，但核算不健全。

如果核定征收企业所得税的一般纳税人企业平常进行了账务处理，但是会计核算不健全（有的成本没有发票，用收据替代发票入成本；有的成本取得了增值税专用发票；有的成本取得了增值税普通发票）的情况下，则该企业可以对外开具增值税发票并准确核算增值税销项税额。

第二个条件：发生真实交易行为并准确核算增值税销项税、增值税进项税、增值税应纳税税额。

对于取得的增值税进项发票，符合真实交易（有真实交易合同凭证，大额支出通过公对公转账或开具银行承兑汇票，小额支出通过现金、微信、支付宝实际发生支出）并准确核算增值税进项税额。

（2）可以对外开具增值税发票，但不可以抵扣增值税进项税额。

按照国家统一的会计制度规定设置账簿进行会计核算，但成本核算时，所有的成本没有合法有效的凭证作为依据，都是收据（或称为"白条"），或者获取的增值税专用发票是没有真实交易行为的发票，无法准确核算增值税进项税额，只有对外开具增值税发票，准确核算增值税销项税额，符合以上条件的企业不可以抵扣增值税进项税。

二、核定征收年度发生的支出，在转为查账征收年度才收到增值税发票的增值税抵扣处理

（一）进项税额不得从销项税额中抵扣的法律依据分析

《中华人民共和国增值税暂行条例》（中华人民共和国国务院令第691

号）第九条　纳税人购进货物、劳务、服务、无形资产、不动产，取得的增值税扣税凭证不符合法律、行政法规或者国务院税务主管部门有关规定的，其进项税额不得从销项税额中抵扣。

第十条　下列项目的进项税额不得从销项税额中抵扣：

（一）用于简易计税方法计税项目、免征增值税项目、集体福利或者个人消费的购进货物、劳务、服务、无形资产和不动产；

（二）非正常损失的购进货物，以及相关的劳务和交通运输服务；

（三）非正常损失的在产品、产成品所耗用的购进货物（不包括固定资产）、劳务和交通运输服务；

（四）国务院规定的其他项目。

《中华人民共和国增值税暂行条例实施细则》（中华人民共和国财政部国家税务总局令第 65 号）第十九条规定："条例第九条所称增值税扣税凭证，是指增值税专用发票、海关进口增值税专用缴款书、农产品收购发票和农产品销售发票以及运输费用结算单据。"

《国家税务总局关于开展打击制售假发票和非法代开发票专项整治行动有关问题的通知》（国税发〔2008〕40 号）第三条规定："对于不符合规定的发票和其他凭证，包括虚假发票和非法代开发票，均不得用以税前扣除、出口退税、抵扣税款。"

《国家税务总局关于取消增值税扣税凭证认证确认期限等增值税征管问题的公告》（国家税务总局公告 2019 年第 45 号）第一条规定："增值税一般纳税人取得 2017 年 1 月 1 日及以后开具的增值税专用发票、海关进口增值税专用缴款书、机动车销售统一发票、收费公路通行费增值税电子普通发票，取消认证确认、稽核比对、申报抵扣的期限。纳税人在进行增值税纳税申报时，应当通过本省（自治区、直辖市和计划单列市）增值税发票综合服务平台对上述扣税凭证信息进行用途确认。"基于此税法的规定，增值税专用发票上的增值税进项税额在增值税销项税额前抵扣已经取消了自取得的增值税专用发票开具之日起 360 天进行认证的规定。

《国家税务总局关于加强增值税征收管理若干问题的通知》（国税发〔1995〕192 号）第一条第（三）项"关于购进货物或应税劳务支付货款、劳务费用的对象"规定："纳税人购进货物或应税劳务，支付运输费用，所支付款项的单位，必须与开具抵扣凭证的销货单位、提供劳务的单位一致，才能够申报抵扣进项税额，否则不予抵扣。"基于此规定，抵扣增值税进项税额的增值税专用发票必须符合资金流、发票流、劳务流（物流）"三流合一"或"四流合一"的条件。特别提醒：劳务流（物流）本身隐含了"合同流"，有的企业签订了合同，未必有劳务流或物流，因为有的合同是假合同，所以税法上判断增值税发票是否虚开的标准是资金流、发票流、劳务流（物流）"三流合一"，加上"合同流"，则判断增值税发票是否虚开的标准是"四流合一"。

从以上国家税法政策来看，不可以在企业的增值税销项税额抵扣增值税进项税额的规定是采用列举法进行界定，凡是不属于列举法中所列的项目，只有符合真实交易行为下的开票行为，符合"四流合一"的增值税专用发票的增值税进项税额是可以抵扣增值税销项税额的。

（二）核定征收年度发生的支出，在转为查账征收年度才收到增值税发票的增值税抵扣处理

基于以上核定征收年度的增值税处理分析，如果核定征收年度发生的支出，在转为查账征收年度才收到发票的增值税抵扣处理分为以下两种情况：

（1）可以在查账征收期间的增值税销项税额前进行抵扣。

核定征收期间发生的成本支出在查账征收期间取得的增值税专用发票上注明的增值税进项税额，符合"三流合一"或"四流合一"条件的，则可以在查账征收期间的增值税销项税额前进行抵扣。

（2）不允许在查账征收期间的增值税销项税额前进行抵扣。

核定征收期间发生的成本支出在查账征收期间取得的增值税专用发票上注明的增值税进项税额，如果该增值税专用发票是虚开的或开具不符合《增值税发票开具指南》和《中华人民共和国发票管理办法》中有关"增值税专用发票开具规定"，或取得没有真实交易行为下的增值税专用发票，则不可以在查账征收期间的增值税销项税额前进行抵扣。

2

增值税计税方法选择的税务
稽查重点及应对策略

根据财税〔2016〕36 号文件附件 1:《营业税改征增值税试点实施办法》第十七条、第十八条和第十九条的规定,增值税的计税方法,包括一般计税方法和简易计税方法。一般计税方法是按照销项税额减去进项税额的差额计算应纳税额。简易计税方法是按照销售额与征收率的乘积计算应纳税额。一般纳税人发生应税行为适用一般计税方法;小规模纳税人发生应税行为适用简易计税方法。在现有的税法规定下,如果房地产和建筑企业选择一般计税方法计征增值税,则依照 9% 的税率计征增值税;如果房地产和建筑企业选择简易计税方法计征增值税,则建筑企业依照 3% 的征收率计征增值税,房地产企业依照 5% 的征收率计征增值税。房地产和建筑企业在增值税一般计税方法和简易计税方法的选择上,不是随便选择而是必须依照税法的规定进行选择。因此,税务稽查机关必须关注房地产和建筑企业的新项目和老项目在增值税计税方法的选择上是否严格依照税法规定的条件进行。

第 ● 节

选择简易计税方法适用法定条件的税务稽查

现有的中国税法对建筑企业和房地产企业选择简易计税方法计征增值税的适用条件进行了严格的界定。税务稽查机关必须对建筑企业建造的新老项目和房地产企业开发的新老项目选择简易计税方法计征增值税,适用的条件进行稽查,纠正一般纳税人必须依法选择简易计税方法计征增值税。

一、建筑企业选择简易计税计征增值税的合法情形

依照现有税法的规定,一般纳税人建筑服务选择简易计税方法计征增值税有六种合法情形。在这六种合法情形中,分为两大类:一类是建筑行业可以选择采用简易计税方法计税的五种合法情形;另一类是建筑企业必须选择简易计税方法计征增值税的合法情形。

（一）可以选择适用简易计税方法计税的五种合法情形

1. 为建筑工程老项目提供的建筑服务

财税〔2016〕36号附件2：《营业税改征增值税试点有关事项的规定》第一条第三款第（七）项规定："一般纳税人为建筑工程老项目提供的建筑服务，可以选择适用简易计税方法计税。"基于此规定，建筑企业提供建筑工程老项目的建筑服务可以选择简易计税方法计税。但是必须明确"什么是建筑工程老项目"。《财政部 国家税务总局关于全面推开营业税改征增值税试点的通知》（财税〔2016〕36号）附件2：《营业税改征增值税试点有关事项的规定》第一条第三款第（七）项规定："建筑工程老项目，是指：（1）《建筑工程施工许可证》注明的合同开工日期在2016年4月30日前的建筑工程项目；（2）未取得《建筑工程施工许可证》的，建筑工程承包合同注明的开工日期在2016年4月30日前的建筑工程项目。"

2. 为甲供工程提供的建筑服务

《财政部 国家税务总局关于全面推开营业税改征增值税试点的通知》（财税〔2016〕36号）附件2：《营业税改征增值税试点有关事项的规定》第一条第七款"建筑服务"第二项规定："一般纳税人为甲供工程提供的建筑服务，可以选择适用简易计税方法计税。甲供工程，是指全部或部分设备、材料、动力由工程发包方自行采购的建筑工程。"基于此规定，要特别注意该税法条款中的"发包方""全部或部分""材料""动力"四个词。具体理解如下：

（1）"发包方"。在建筑发包实践中，"发包方"包括以下三个方面：

一是业主发包给总承包方时，如果业主自行采购建筑工程中的全部或部分设备、材料、动力的情况，则业主是"发包方"。

二是总承包方发包给专业分包人时，如果总承包方自行采购专业分包建筑工程中的全部或部分设备、材料、动力，则总承包方是"发包方"。

三是总承包方或专业分包方发包给劳务公司或包工头（自然人）时，如果总承包方或专业分包方自行采购建筑工程中的全部或部分设备、材料、动力，则总承包方或专业分包人是"发包方"。

（2）"全部或部分"。如果发包方针对发包的建筑工程自购的材料为零就是包工包料工程。即包工包料工程是指"发包方"对发包的建筑工程自购的设备、材料、动力为零，包工包料工程不是"甲供工程"。"全部或部分"是指以下三方面的含义：

一是承包方承包的建筑工程中的设备、材料、动力全部由"发包方"自行采购。

二是承包方承包的建筑工程中的设备、材料、动力，部分由"发包方"自行采购，交给承包方使用于建筑工程中，剩下的部分设备、材料、动力由承包方自行采购。

三是"甲供材"中的发包方自己购买的材料、设备或建筑配件在整个建筑工程造价中所占的比例，在税法中没有规定具体的比例，只要发包方自己有购买工程所用材料的行为，即使是发包方买一元的材料也是属于"甲供工程"现象。

（3）"材料"和"动力"。"材料"包括"主材"和"辅料"。所谓的"动力"是指水、电和机油，因此，发包方为建筑企业提供水费、电费和机油费中的任何一种的现象就是"甲供材"现象。同时，发包方自行采购全部或部分"主材"或自行采购全部或部分"辅料"的现象就是"甲供工程"现象。

（4）"甲供工程"的内涵。基于以上税法条款的理解分析，"甲供工程"的内涵理解为以下几个方面：

1）"甲供工程"是甲方购买了计入工程造价的全部或部分设备、材料、动力。甲方购买了没有计入工程造价的全部或部分设备、材料、动力的情况，不属于"甲供材"现象。

2）"甲供工程"不仅包括甲方购买了计入工程造价的全部或部分主材，而且包括甲方购买了计入工程造价的全部或部分辅料。

3）"甲供材"包括以下三种"甲供材"现象：

一是业主自行采购建筑工程中的全部或部分设备、材料、动力，交给总承包方使用于建筑工程中。

二是总承包方自行采购专业分包建筑工程中的全部或部分设备、材料、动力，交给专业分包方使用于建筑工程中。

三是总承包方或专业分包方自行采购劳务分包工程中的全部或部分设备、材料、动力，交给劳务分包方使用于建筑工程中。

3. 为外购机器设备并提供安装服务

《国家税务总局关于明确中外合作办学等若干增值税征管问题的公告》（国家税务总局公告 2018 年第 42 号）第六条第二款规定："**一般纳税人销售外购机器设备的同时提供安装服务，如果已经按照兼营的有关规定，分别核算机器设备和安装服务的销售额，安装服务可以按照甲供工程选择适用简易**

计税方法计税。"

4. 为销售自产机器设备并提供安装服务

《国家税务总局关于明确中外合作办学等若干增值税征管问题的公告》（国家税务总局公告 2018 年第 42 号）第六条第一款规定："**一般纳税人销售自产机器设备的同时提供安装服务，应分别核算机器设备和安装服务的销售额，安装服务可以按照甲供工程选择适用简易计税方法计税。**"

5. 以清包工方式提供的建筑服务

《财政部　国家税务总局关于全面推开营业税改征增值税试点的通知》（财税〔2016〕36 号）附件 2：《营业税改征增值税试点有关事项的规定》第一条第七款"建筑服务"第三项规定："**一般纳税人以清包工方式提供的建筑服务，可以选择适用简易计税方法计税。以清包工方式提供建筑服务，是指施工方不采购建筑工程所需的材料或只采购辅助材料，并收取人工费、管理费或者其他费用的建筑服务。**"基于此规定，清包工包括两种用工方式：一是只采购辅助材料并收取人工费、管理费或者其他费用的建筑服务；二是只提供纯劳务的建筑服务（实践中体现的劳务公司或班组长分包的纯建筑劳务或专业的建筑劳务）。

（二）必须选择简易计税方法计税的合法情形

《财政部　国家税务总局关于建筑服务等营改增试点政策的通知》（财税〔2017〕58 号）第一条规定："**建筑工程总承包单位为房屋建筑的地基与基础、主体结构提供工程服务，建设单位自行采购全部或部分钢材、混凝土、砌体材料、预制构件的，适用简易计税方法计税。**"基于此规定，有关房屋建筑的地基与基础、主体结构建筑服务，只要建设单位采用"甲供材"方式，建筑企业必须选择简易计税方法计征增值税，而不能再选择一般计税方法计征增值税，必须满足以下条件：

（1）享受简易计税方法计税的主体：建筑工程总承包单位。

（2）享受简易计税方法计税的建筑服务客体：房屋建筑的地基与基础、主体结构建筑服务。

（3）"甲供材"的材料对象："甲供材"只限于甲方自购"钢材、混凝土、砌体材料、预制构件"中的任一种材料。

二、房地产企业选择简易计税计征增值税的四种合法情形

通过对现有涉及简易计税方法适用条件的税法政策的梳理总结，房地产开发企业依照税法规定的简易计税适用条件选择简易计税方法的有以下四种合法情形。

1. 购入未完工的房地产老项目继续开发后，以自己名义立项销售的不动产，可以选择简易计税方法

（1）未完工项目的法律界定标准。《中华人民共和国城市房地产管理法》第二十八条和第三十九条的规定："**依法取得的土地使用权，可以依照本法和有关法律、行政法规的规定，作价入股、合资、合作开发经营房地产。**""**以出让方式取得土地使用权的，转让房地产时，应当符合下列条件：按照出让合同约定进行投资开发，属于房屋建设工程的，完成开发投资总额的百分之二十五以上，属于成片开发土地的，形成工业用地或者其他建设用地条件。**"根据以上规定可知，可以转让的在建项目的投资规模，应当达到总投资规模的25%以上。否则，依据《中华人民共和国刑法》的规定，转让土地使用权牟利是"非法转让、倒卖土地使用权罪"。

（2）购入未完工的房地产老项目继续开发后，以自己名义立项销售的不动产的增值税计税方法的选择。根据《房地产开发企业销售自行开发的房地产项目增值税征收管理暂行办法》（国家税务总局公告 2016 年第 18 号文件）第三条和《财政部　税务总局关于明确国有农用地出租等增值税政策的公告》（财政部　国务税务总局公告 2020 年第 2 号）第二条的规定，房地产开发企业以接盘等形式购入未完工的房地产项目继续开发后，以自己的名义立项销售的，属于销售自行开发的房地产项目。房地产开发企业中的一般纳税人购入未完工的房地产老项目继续开发后，以自己名义立项销售的不动产，属于房地产老项目，可以选择适用简易计税方法按照5%的征收率计算缴纳增值税。因此，房地产开发企业购入未完工的房地产老项目继续开发后，以自己名义立项销售的不动产，可以选择简易计税计征增值税，也可以选择一般计税计征增值税。

2. 开发的房地产老项目，可以选择简易计税方法计征增值税

建筑工程承包合同注明的开工日期在 2016 年 4 月 30 日（含 4 月 30 日）前的建筑工程项目。

实践中往往存在没有办理《建筑工程施工许可证》和没有签订建筑承包

合同但工程已经开工建设的情况，又如何判断新老项目？一般以施工企业给房地产企业提供的施工进场报告，或房地产企业给建筑施工企业下达开工令的时间为判断标准。施工进场报告或下达开工令的时间是 2016 年 4 月 30 日之前的为老项目。

3. 房地产企业以 2016 年 4 月 30 日之前取得的土地进行投资入股的，可以选择简易计税方法计征增值税

根据《财政部　国家税务总局关于进一步明确全面推开营改增试点有关劳务派遣服务、收费公路通行费抵扣等政策的通知》（财税〔2016〕47 号）第三条第（二）项的规定，纳税人转让 2016 年 4 月 30 日前取得的土地使用权，可以选择适用简易计税方法，以取得的全部价款和价外费用减去取得该土地使用权的原价后的余额为销售额，按照 5% 的征收率计算缴纳增值税。因此，如果投资入股到房地产企业的土地是 2016 年 4 月 30 日之前取得的，而且是 2016 年 5 月 1 日之后发生的投资入股手续（在市场监督管理局办理了产权过户和在自然资源管理局办理了土地产权过户手续），则以土地投资者（非房开企业或房开企业）开给房地产公司的转让土地的增值税专用发票上的不含增值税的金额作为土地成本的确认依据。房地产公司可以抵扣 5% 的增值税进项税额。

4. 房地产企业以围填海方式取得土地并开发的房地产项目，可以选择简易计税计征增值税

根据《国家税务总局关于国内旅客运输服务进项税抵扣等增值税征管问题的公告》（国家税务总局公告 2019 年第 31 号）第九条的规定，房地产开发企业中的一般纳税人以围填海方式取得土地并开发的房地产项目，围填海工程《建筑工程施工许可证》或建筑工程承包合同注明的围填海开工日期在 2016 年 4 月 30 日前的，属于房地产老项目，可以选择适用简易计税方法按照 5% 的征收率计算缴纳增值税。基于此税法规定，通过围填海方式取得土地并开发的房地产项目，其新老项目的判断标准不是以建筑施工企业建设房地产项目的《建筑工程施工许可证》或建筑工程承包合同注明的房屋建设开工日期作为判断标准，而是以建筑企业与房地产企业签订的建筑承包合同或围填海工程《建筑工程施工许可证》注明的围填海开工日期为判断标准。如果围填海开工日期在 2016 年 4 月 30 日之前的，则属于房地产老项目；如果围填海开工日期在 2016 年 5 月 1 日之后的，属于房地产新项目。

第 ❷ 节

建筑工程老项目"营改增"后对外分包适用增值税计税方法的稽查

建筑工程老项目"营改增"后发生分包业务的增值税计税方法选择的稽查，关键在于基于建筑工程新老项目的判断标准，对建筑工程老项目"营改增"后发生的分包业务界定为老项目还是界定为新项目。

一、建筑工程新老项目判断标准的法理分析

《财政部 国家税务总局关于全面推开营业税改征增值税试点的通知》（财税〔2016〕36 号）附件 2：《营业税改征增值税试点有关事项的规定》第一条第三款第（七）项规定："**建筑工程老项目，是指：（1）《建筑工程施工许可证》注明的合同开工日期在 2016 年 4 月 30 日前的建筑工程项目；（2）未取得《建筑工程施工许可证》的，建筑工程承包合同注明的开工日期在 2016 年 4 月 30 日前的建筑工程项目。**"基于税法的规定，判断新老项目的关键是要理解谁是办理《建筑工程施工许可证》的主体？哪些建筑工程不需要办理《建筑工程施工许可证》？建筑工程承包合同的内涵是什么？具体分析如下：

（一）办理《建筑工程施工许可征》的主体是建设单位或业主（甲方）

《中华人民共和国建筑法实施细则》（2019 年修订版）第七条规定，建筑工程开工前，建设单位应当按照国家有关规定向工程所在地县级以上人民政府建设行政主管部门申请领取施工许可证；但是，国务院建设行政主管部门确定的限额以下的小型工程除外。

《建筑工程施工许可管理办法》（中华人民共和国住房和城乡建设部令第 18 号）**第二条　在中华人民共和国境内从事各类房屋建筑及其附属设施的建造、装修装饰和与其配套的线路、管道、设备的安装，以及城镇市政基**

础设施工程的施工，建设单位在开工前应当依照本办法的规定，向工程所在地的县级以上地方人民政府住房城乡建设主管部门（以下简称发证机关）申请领取施工许可证。

　　第五条　建筑工程在施工过程中，建设单位或者施工单位发生变更的，应当重新申请领取施工许可证。

　　基于以上法律规定，办理《建筑工程施工许可证》的主体是建设单位或业主，建筑工程在施工过程中，如果建设单位或者施工单位发生变更，建设单位或业主应当重新申请领取施工许可证。

　　（二）不需要办理施工许可证的情形

　　（1）除各类房屋建筑及其附属设施的建造、装修装饰和与其配套的线路、管道、设备的安装工程，以及城镇市政基础设施工程外的建筑工程，例如，管道工程、交通水利工程、电网工程、煤矿建设工程、石油化工煤气建设工程、绿化工程、拆迁工程、家庭室内装修工程等，不需要办理建设工程许可证。

　　（2）国务院建设行政主管部门确定的限额以下的小型工程。《建筑工程施工许可管理办法》第二条规定，所谓的限额以下的小型工程指的是：工程投资额在 30 万元以下或者建筑面积在 300 平方米以下的建筑工程。同时，该《办法》也进一步做出了说明，省、自治区、直辖市人民政府住房城乡建设主管部门可以根据当地的实际情况，对限额进行调整，并报国务院建设行政主管部门备案。

　　（3）作为文物保护的建筑工程。《中华人民共和国建筑法》（中华人民共和国主席令第 29 号）第 83 条规定，依法核定作为文物保护的纪念建筑物和古建筑等的修缮，依照文物保护的有关法律规定执行。

　　（4）抢险救灾及其他临时性房屋建筑和农民自建低层住宅的建筑活动。《中华人民共和国建筑法》（中华人民共和国主席令第 29 号）第 83 条规定，抢险救灾及其他临时性房屋建筑和农民自建低层住宅的建筑活动，不适用于本法。

　　（5）按照国务院规定的权限和程序批准开工报告的建筑工程。《中华人民共和国建筑法》（中华人民共和国主席令第 29 号）第 2 条规定，按照国务院规定的权限和程序批准开工报告的建筑工程，不再领取施工许可证。

　　（6）军用房屋建筑。《建筑工程施工许可管理办法》第 18 条和《中华人民共和国建筑法》（中华人民共和国主席令第 29 号）第 84 条规定，军用房屋建筑工程建筑活动的具体管理办法，由国务院、中央军事委员会依据本法制定。军事房屋建筑工程施工许可的管理，按国务院、中央军事委员会制定的办法执行。

（三）建筑工程承包合同的书面形式和其他形式

根据《住房和城乡建设部关于印发建筑工程施工发包与承包违法行为认定查处管理办法的通知》（建市规〔2019〕1号）第19条的规定，施工总承包单位、专业承包单位均指直接承接建设单位发包的工程的单位；专业分包单位是指承接施工总承包或专业承包企业分包专业工程的单位；承包单位包括施工总承包单位、专业承包单位和专业分包单位。基于此规定，建筑工程承包合同体现为以下三种书面形式的合同：

（1）施工总承包单位与建设单位或业主签订的施工总承包合同。

（2）专业承包单位与建设单位或业主签订的施工专业承包合同。

（3）专业分包单位与施工总承包单位或专业承包单位签订的专业分包合同。

另外，《中华人民共和国民法典》第一百三十五条规定："民事法律行为可以采用书面形式、口头形式或者其他形式；法律、行政法规规定或者当事人约定采用特定形式的，应当采用特定形式。"第一百三十六条规定："民事法律行为自成立时生效，但是法律另有规定或者当事人另有约定的除外。"基于此法律规定，建设单位与施工企业没有签订建筑施工合同，但是有建设单位签字交给施工企业的开工令或者建筑施工企业向建设单位提交并经建设单位签字同意的进场开工报告，也是建设单位于施工双方之间的民事法律行为，属于民事法律行为中可以采用的"其他形式"，受法律保护。

（四）"开工日期"的法律界定

《最高人民法院关于审理建设工程施工合同纠纷案件适用法律问题的解释（二）》（法释〔2018〕20号）第五条规定："当事人对建设工程开工日期有争议的，人民法院应当分别按照以下情形予以认定：

（一）开工日期为发包人或者监理人发出的开工通知载明的开工日期；开工通知发出后，尚不具备开工条件的，以开工条件具备的时间为开工日期；因承包人原因导致开工时间推迟的，以开工通知载明的时间为开工日期。

（二）承包人经发包人同意已经实际进场施工的，以实际进场施工时间为开工日期。

（三）发包人或者监理人未发出开工通知，亦无相关证据证明实际开工日期的，应当综合考虑开工报告、合同、施工许可证、竣工验收报告或者竣工验收备案表等载明的时间，并结合是否具备开工条件的事实，认定开工日期。"

基于此法律规定，开工日期认定标准归纳为以下五种情形：

（1）如果发包人或者监理人向施工企业发出开工通知令，则以发包人或者监理人发出的开工通知令载明的开工日期为开工日期。

（2）如果发包人或者监理人向施工企业发出开工通知令后，但尚不具备开工条件的，则以开工条件具备的时间为开工日期。

（3）如果发包人或者监理人向施工企业发出开工通知令后，因承包人原因导致开工时间推迟的，则以开工通知载明的时间为开工日期。

（4）承包人经发包人同意已经实际进场施工的，以实际进场施工时间为开工日期。

（5）发包人或者监理人未发出开工通知，亦无相关证据证明实际开工日期的，应当综合考虑开工报告、合同、施工许可证、竣工验收报告或者竣工验收备案表等载明的时间，并结合是否具备开工条件的事实，认定开工日期。

（五）建筑工程新老项目的判断标准

基于以上法理分析，建筑企业"营改增"过渡期新老项目税法的判断标准有以下四点：

（1）《建筑工程施工许可证》注明的合同开工日期在 2016 年 4 月 30 日前的建筑工程项目为老项目，注明的合同开工日期在 2016 年 5 月 1 日后的建筑工程项目为新项目。

（2）未取得《建筑工程施工许可证》的，建筑工程承包合同注明的开工日期在 2016 年 4 月 30 日前的建筑工程项目为老项目，注明的开工日期在 2016 年 5 月 1 日后的建筑工程项目为新项目。

（3）未取得《建筑工程施工许可证》并未签订建筑工程承包合同的，也就是实践中的先施工，后补办立项、规划、签订合同手续的项目，建筑企业进驻工地施工报告上的报告日期在 2016 年 4 月 30 日前的建筑工程项目为老项目，注明的报告日期在 2016 年 5 月 1 日后的建筑工程项目为新项目。

（4）未取得《建筑工程施工许可证》并未签订建筑工程承包合同的，也就是实践中的先施工，后补办立项、规划、签合同手续的项目，以业主或发包方下达的开工令（开工通知）上的开工日期在 2016 年 4 月 30 日前的建筑工程项目为老项目，注明的开工日期在 2016 年 5 月 1 日后的建筑工程项目为新项目。

二、建筑工程老项目"营改增"后发生分包业务的新老项目界定：应界定为老项目而不是新项目

（一）建筑工程老项目"营改增"后发生的分包业务不能以《建筑工程施工许可证》为判断依据

除了以上分析的六种不需要办理工程施工许可证的建筑工程外，在三种书面形式的建筑工程承包合同中，建筑工程承包合同与《建筑工程施工许可证》之间的关系如下：

（1）如果建设单位或业主（甲方）将本工程项目中的所有分部分项工程发包给具有各项工程施工资质范围的施工总承包单位，并与施工总承包单位签订施工总承包合同，则由建设单位到工程施工所在地建设委办理《建筑工程施工许可证》，该施工许可证上的"施工单位"栏上只填写施工总承包单位的名称。

（2）如果建设单位或业主（甲方）分别与不同的专业承包单位签订施工专业承包合同，则由建设单位到工程施工所在地建委办理《建筑工程施工许可证》，该施工许可证上的"施工单位"栏上分别注明各专业承包单位的名称。

（3）如果建设单位或业主（甲方）先与一家土建施工总承包单位签订土建系列施工总承包合同，则由建设单位到工程施工所在地建委办理《建筑工程施工许可证》，该施工许可证上的"施工单位"栏上注明该土建施工总承包单位的名称。在土建工程建设过程中，建设单位分别确定本建设项目中的安装、装修、消防等专业承包单位后，建设单位应依法到工程施工所在地建委办理《建筑工程施工许可证》，该施工许可证上的"施工单位"栏上分别注明各专业承包单位的名称，但实际操作过程中，很多建设单位没有到工程施工所在地建委办理《建筑工程施工许可证》。

（4）如果建设单位或业主（甲方）与一家施工总承包单位签订施工总承包合同的同时，施工总承包单位与施工专业分包单位签订专业分包合同的，则由建设单位到工程施工所在地建委办理《建筑工程施工许可证》，该施工许可证上的"施工单位"栏上只填写施工总承包单位的名称，不填写专业分包单位的名称。

基于以上《建筑工程施工许可证》与建筑工程承包合同的四种关系，可以发现，《建筑工程施工许可证》上不填写建筑专业分包方的名称，即建筑工程老项目"营改增"后发生的分包业务不能以《建筑工程施工许可证》为判断依据。能否以建筑工程承包合同为新老项目的判断依据？还必须从工程计价的规则进行分析。

（二）一般计税和简易计税的工程计价规则

《住房城乡建设部办公厅关于做好建筑业营改增建设工程计价依据调整准备工作的通知》（建办标〔2016〕4号）第二条的规定，工程造价可按以下公式计算：工程造价=税前工程造价×（1+11%）。其中，11%为建筑业拟征增值税税率，税前工程造价为人工费、材料费、施工机具使用费、企业管理费、利润和规费之和，各费用项目均以不包含增值税可抵扣进项税额的价格计算，相应计价依据按上述方法调整。另外，《住房城乡建设部办公厅关于调整建设工程计价依据增值税税率的通知》（建办标〔2018〕20号）规定，《财政部　税务总局　海关总署关于深化增值税改革有关政策的公告》（财政部　税务总局　海关总署公告2019年第39号）第一条的规定，现将《住房城乡建设部办公厅关于做好建筑业营改增建设工程计价依据调整准备工作的通知》（建办标〔2016〕4号）规定的工程造价计价依据中增值税税率由11%调整为10%。建筑企业的增值税税率降为9%之后，工程造价计价依据中增值税税率也由10%调整为9%。基于以上法律依据，建筑工程一般计税和简易计税的工程计价规则是不一样的，具体分析如下：

1. 一般计税方法的工程计价原则：价税分离原则

根据以上工程计价的政策规定，在"营改增"后的建筑工程，实施一般计税方法计征增值税时，必须按照"价税分离"的原则进行工程计价。

2. 一般计税方法的工程计价规则

建筑工程的工程造价在2018年4月30日之前，必须按照"（不含增值税的人工费+不含增值税的材料费+不含增值税的施工机具使用费+不含增值税的企业管理费+不含增值税的规费+利润）×（1+11%）"作为计价依据；自2018年5月1日至2019年3月31日前，必须按照"（不含增值税的人工费+不含增值税的材料费+不含增值税的施工机具使用费+不含增值税的企业管理费+不含增值税的规费+利润）×（1+10%）"作为计价依据。在2019年4月1日之后，必须按照"（不含增值税的人工费+不含增值税的材料费+不含增值税的施工机具使用费+不含增值税的企业管理费+不含增值税的规费+利润）×

（1+9%）"作为计价依据。

3. 简易计税方法的工程计价规则

在国家层面而言，对于简易计税方法的工程计价规则没有明确的文件规定，只是《住房城乡建设部办公厅关于做好建筑业营改增建设工程计价依据调整准备工作的通知》（建办标〔2016〕4号）第三条规定："有关地区和部门可根据计价依据管理的实际情况，采取满足增值税下工程计价要求的其他调整方法。"即在国家层面而言，允许各省根据实际情况制定各省行政区域范围内适应的工程计价调整规定。例如，河南省、广东省、山西省、江苏省、浙江省和山东省都有"营改增"后的工程计价文件规定，这些省的工程计价调整文件中都明确规定："选择简易计税方法的建筑工程老项目（符合财税〔2016〕36号文件规定的老项目标准）、甲供工程业务、清包工工程业务"的工程计价参照"营改增"前的计价规则规定，但是城建税、教育费附加及地方教育费附加列为管理费用。

因此，选择简易计税方法的建筑工程老项目的工程计价规则是参照"营改增"前的计价规则，即建筑安装工程税前造价由各项组成费用包含可抵扣增值税进项税额（人工、材料、机械单价及各项费用中"含增值税税金"的含税金额）计算，税金以营业的纳税额（工程造价×税率）及附加税费计算的计价规则。用公式表述如下：

营业税下的工程计价或选择简易计税方法的建筑工程老项目的工程计价＝（含增值税的人工费+含增值税的材料费+含增值税的施工机具使用费+含增值税的企业管理费+含增值税的规费+利润）×（1+3%）

基于以上工程造价规则，对于营改增前的老项目，由于总承包方与业主或建设方签订的总承包合同造价里含有建筑企业各类成本中不能抵扣的增值税进项税额和工程造价的3%税率的营业税，或者说，"营改增"前签订总承包合同的合同造价，是总承包方与业主或建设方基于营业税体制下的工程造价规定签订的总承包合同造价，所以根据增值税计税方法的选择必须与工程造价的计算相匹配的原则，建筑工程老项目"营改增"后发生的分包业务只能选择简易计税计征增值税而不能选择一般计税计征增值税。因此，建筑工程老项目"营改增"后发生的分包工程是"营改增"前总承包工程的一部分，归属于总承包老项目。

（三）地方各省税务局的规定：界定为建筑工程老项目

笔者通过实践调研发现，河北省、北京市、天津市、湖北省、山东省、四川省、上海市、福建省和宁夏回族自治区等国税局都规定：凡是在工程服务老项目基础上进行的工程服务分包按老项目认定。纳税人提供的建筑分包服务，在判断是否是老项目时，以总包合同为准，如果总包合同属于老项目，分包合同也属于老项目。

三、建筑工程老项目"营改增"后发生分包业务的增值税计税方法的选择

建筑总承包方发生的分包业务分为两种情况：一是"营改增"前发生的总承包业务，总承包方已经开工，"营改增"后发生专业分包业务（指分包方包工包料的业务）；二是"营改增"后发生的总承包业务，总承包方已经开工，然后总承包方发生专业分包业务（指分包方包工包料的业务）。这两种分包业务中，第二种情况的总分包业务，分包方的项目一定是新项目，分包方必须选择一般计税方法，根据现有的增值税税率的规定，分包方向总承包方开具9%的增值税专用发票。第一种情况的总分包业务，对分包方而言，根据前面关于"建筑工程老项目'营改增'后发生分包业务是老项目而不是新项目"的分析，建筑工程老项目"营改增"后发生分包业务是老项目。

财税〔2016〕36号附件2：《营业税改征增值税试点有关事项的规定》第一条第三款第（七）项规定："**一般纳税人为建筑工程老项目提供的建筑服务，可以选择适用简易计税方法计税。**"基于此税法规定，建筑工程老项目"营改增"后发生分包业务可以选择简易计税方法计税。

第 ③ 节

房地产老项目"营改增" 后对外承包
适用增值税计税方法的稽查

房地产老项目"营改增"后对外承包业务适用增值税计税方法的稽查重点分为两个方面：一方面是房地产企业"营改增"前选择简易计税的老项目；"营改增"后发生的建筑企业专业承包业务，建筑企业专业承包业务的

增值税计税方法的选择和发票的开具。另一方面是"营改增"前的房地产企业与建筑总承包方签订施工总承包合同，双方都选择简易计税方法计征增值税；"营改增"后，房地产企业改变设计要求而增加工程量，施工企业针对增加的施工工程量的增值税计税方法的选择和发票的开具。

一、房地产老项目"营改增"后对外承包业务适用的增值税计税方法

所谓的"房地产老项目'营改增'后对外承包业务"是指房地产开发企业对"营改增"前老项目的土建工程与一家具体土建总承包资质的施工总承包企业签订了施工总承包合同，房地产企业和该施工总承包企业都选择简易计税方式计征增值税；"营改增"后，房地产开发企业将老项目中的某专项工程，如安装装修工程、园林绿化工程发包给具有该专项工程施工资质的建筑企业，并与其签订了安装装修、园林绿化承包合同的一种工程业务。在这项房地产老项目"营改增"后对外承包的业务中，该专业承包施工的项目是否为老项目，负责施工的建筑企业选择简易计税方法还是一般计税方法计征增值税，是税务稽查的重点项目。

（一）房地产老项目"营改增"后对外承包业务的新老项目判断：新项目而不是老项目

根据《财政部 国家税务总局关于全面推开营业税改征增值税试点的通知》（财税〔2016〕36号）附件2：《营业税改征增值税试点有关事项的规定》第一条第三款第（七）项规定，房地产老项目营改增后发生的对外承包业务是新项目而不是老项目，分析如下：

1. 从《建筑工程施工许可证》注明的合同开工日期来分析

根据本章第二节中的"《建筑工程施工许可证》的办理主体是建设单位"的分析可知，房地产企业是《建筑工程施工许可证》的主体，"营改增"前，房地产企业老项目已经办理了《建筑工程施工许可证》，并且《建筑工程施工许可证》上只填写了与房地产企业签订施工总承包合同的施工总承包企业的名称。根据《建筑工程施工许可管理办法》的规定，房地产企业对于"营改增"后发生的专业承包业务，必须针对该专业承包业务另行办理一张《建筑工程施工许可证》，该《建筑工程施工许可证》上必须填写专业承包施工企业的名称，注明施工日期是"营改增"后的开工日期。根据税法上新老

项目的判断标准，房地产老项目"营改增"后发生的对外承包业务是新项目。

2. 从建筑承包合同中的开工日期来分析

由于房地产老项目"营改增"后发生的对外承包业务的建筑施工承包合同是"营改增"后才签订的，专业承包施工企业是在"营改增"后才进场开展施工，所以根据税法中的建筑施工承包合同上的开工日期的判断标准，房地产老项目"营改增"后发生的对外承包业务是新项目。

(二) 房地产老项目"营改增"后对外承包业务适用的增值税计税方法

依据我国税法规定，建筑施工企业从事的新项目只有存在"甲供工程"、清包工和劳务分包业务，才可以选择简易计税方法计征增值税，否则就要选择一般计税方法计征增值税。因此，包工包料业务的建筑施工工程（专业分包和专业承包业务）必须选择一般计税方法计征增值税。基于以上分析，房地产老项目"营改增"后对外承包业务是新项目，必须选择一般计税方法计征增值税，而房地产企业老项目已经选择简易计税计征增值税，专业承包企业给房地产企业开具9%的增值税普通发票，而不能开具9%的增值税专用发票。

例如：2016年5月1日前，房地产企业与建筑企业只签订了土建工程的总承包合同，房地产企业和建筑企业选择简易计税方法计征增值税。房地产企业于"营改增"后的2019年6月1日与园林公司、安装施工企业分别签订包工包料的园林绿化工程合同、安装总承包合同，则园林公司和安装公司依据新老项目判断标准是属于新项目，必须向房地产企业开具9%的增值税普通发票。

二、房地产老项目"营改增"后的增量工程业务适用的增值税计税方法

"房地产老项目营改增后的增量工程业务"是指"营改增"前的房地产企业与建筑总承包方签订施工总承包合同，双方都选择简易计税方法计征增值税，"营改增"后，房地产企业改变设计要求而增加工程量的一种业务。负责增量工程施工业务的施工企业的增值税计税方法选择简易计税还是选择一般计税计征增值税呢？分析如下：

(一) 房地产老项目"营改增"后的增量工程业务的新老项目判断

1. 房地产开发企业或业主新老项目的判断标准

国家税务总局公告2016年第18号第八条规定："房地产老项目，是指：

（一）《建筑工程施工许可证》注明的合同开工日期在 2016 年 4 月 30 日前的房地产项目；（二）《建筑工程施工许可证》未注明合同开工日期或者未取得《建筑工程施工许可证》但建筑工程承包合同注明的开工日期在 2016 年 4 月 30 日前的建筑工程项目。"

2. 房地产老项目"营改增"后的增量工程业务的新老项目界定

没有出现变更施工企业的特殊情况，施工实践业务中的增量工程都是原先与房地产企业签订施工总承包合同或施工专业承包合同的施工企业承担施工任务。由于房地产老项目已经办理了《建筑工程施工许可证》，《建筑工程施工许可证》上填写了原先与房地产企业签订施工总承包合同或施工专业承包合同的施工企业的名称。《建筑工程施工许可管理办法》（中华人民共和国住房和城乡建设部令第 18 号）第五条规定，建筑工程在施工过程中，建设单位或者施工单位发生变更的，应当重新申请领取施工许可证。基于此分析，对于承担该增量工程施工业务的施工企业而言，房地产老项目"营改增"后的增量工程业务的新老项目判断如下：

第一，如果参与增加工程量施工的施工企业还是"营改增"前与房地产企业签订总承包合同的施工企业，且该施工企业对增加工程量部分不需要再办理《建筑工程施工许可证》，则该施工企业承担增加工程量部分的施工项目是老项目。

第二，如果参与增加工程量施工的施工企业是"营改增"后与房地产企业新签订建筑承包合同的施工企业，无论房地产开发企业对增加工程量部分是否另行办理《建筑工程施工许可证》，则该施工企业承担增加工程量部分的施工项目是新项目。

（二）房地产老项目"营改增"后的增量工程业务的增值税计税方法的选择

1. 房地产老项目"营改增"后的增量工程业务，房地产企业必须选择简易计税计征增值税

国家税务总局公告 2016 年第 18 号第八条规定："一般纳税人销售自行开发的房地产老项目，可以选择适用简易计税方法按照 5% 的征收率计税。一经选择简易计税方法计税的，36 个月内不得变更为一般计税方法计税。"根据此规定，由于房地产开发企业对"营改增"前的老项目已经选择了简易计税方法计征增值税，本项目就不可以选择一般计税方法计征增值税。因此，"营改增"前的房地产企业与总承包方签订施工总承包合同，双方都选择简易计税方法计征增值税，房地产企业"营改增"后因改变设计要求而增加的工程量，无论是"营改增"前与房地产企业签订总承包合同的建筑企业施工，还是"营改增"后房地产企业另选一家施工企业施工，对于房地产企业而言，该增加的工程量项目都是老项目，房地产企业肯定要选择简易计税方法计征增值税。

2. 承担房地产老项目"营改增"后增量工程施工的建筑企业的增值税计税方法的选择

对于承担房地产老项目"营改增"后增量工程的施工企业而言，建筑施工企业的增值税计税方法的选择分以下两种情况处理：

（1）如果参与增量工程的施工企业还是"营改增"前与房地产企业签订总承包合同的施工企业，且该施工企业对增加工程量部分不需要再办理《建筑工程施工许可证》，则该施工企业对增量工程部分的施工继续选择简易计税方法计征增值税。

（2）如果参与增加工程量施工的施工企业是"营改增"后与房地产企业新签订建筑承包合同的施工企业，无论房地产开发企业对增量工程部分是否另行办理《建筑工程施工许可证》，由于开工日期是在"营改增"后，所以该施工企业的增值税计税方法分以下两种情况处理：

一是如果该施工企业与房地产企业与"营改增"后签订包工包料合同，则该施工企业对增量工程的施工必须选择一般计税方法计征增值税。

二是如果该施工企业与房地产企业与"营改增"后签订"甲供材"合同，则该施工企业对增量工程的施工可以选择简易计税方法计征增值税。

第 四 节

建筑企业增值税计税方法选择的
税务稽查应对策略

增值税计税方法的选择与工程造价有重要的关联，对于一个项目而言，建筑企业选择一般计税方法和简易计税方法计征增值税一点儿都不重要，重要的是工程造价是多少。因为增值税是流转税，流转税类的税费成本一定会转移到产品和服务的价格里，所以建筑企业选择一般计税方法计征增值税向发包方开具9%（现有税法的规定）的增值税发票与一般计税的工程造价相匹配，建筑企业选择简易计税方法计征增值税向发包方开具3%的增值税发票与简易计税的工程造价相匹配。因此，建筑企业对其承包的项目不要刻意追求一定要选择简易计税方法计征增值税，关键是在签订建筑承包合同之前，在有利于中标的情况下，精心做好工程造价。在此基础上，依照税法的规定合法合规地选择增值税的计税方法。笔者通过以上关于增值税计税方法选择的税务稽查重点的分析，提出以下应对策略：

一、建筑企业新项目的增值税计税方法选择策略

（一）增值税计税方法选择遵循的原则

建筑企业新项目主要体现为"甲供工程"项目、包工包料的总承包项目、包工包料的专业分包项目、清包工项目、劳务分包项目和EPC工程总承包项目6类。在这6类建设项目中，建筑企业选择增值税计税方法时，必须遵循以下原则：

1. 增值税计税方法的选择是针对项目而不是企业而言的

在建筑房地产领域，增值税计税方法的简易计税方法和一般计税方法的选择是专门针对每一个项目而言，而不是针对企业而言的。即建筑企业依据税收法律政策的规定，有的施工项目只要符合选择简易计税方法的税收政策规定，则可以选择简易计税方法计征增值税，有的项目不符合选择简易计税方法的税收政策规定，则必须选择一般计税方法计征增值税。

2. 一个项目只能选择一种增值税计税方法

根据财税〔2016〕36号文件附件1：《营业税改征增值税试点实施办法》第十七条、第十八条和第十九条的规定，增值税的计税方法，包括一般计税方法和简易计税方法，一般纳税人发生应税行为适用一般计税方法，小规模纳税人发生应税行为适用简易计税方法。《财政部　国家税务总局关于全面推开营业税改征增值税试点的通知》（财税〔2016〕36号）附件1：《营业税改征增值税试点实施办法》规定："一般纳税人发生应税行为适用一般计税方法计税。一般纳税人发生财政部和国家税务总局规定的特定应税行为，可以选择适用简易计税方法计税，但一经选择，36个月内不得变更。"国家税务总局公告2016年第18号第八条规定："一般纳税人销售自行开发的房

地产老项目，可以选择适用简易计税方法按照 5% 的征收率计税。一经选择简易计税方法计税的，36 个月内不得变更为一般计税方法计税。"

因此，如果一般纳税人的建筑企业和房地产企业的新项目，在符合国家税法允许选择简易计税方法的情况下，可以选择简易计税方法计税，但一经选择，36 个月内不得变更。一般纳税人的建筑企业和房地产企业的每一个项目只能选择一种增值税计税方法，要么选择一般计税方法，要么选择简易计税方法。

3. 增值税计税方法的选择必须与招标文件的实质条款保持一致

根据《中华人民共和国招标投标法》及其实施细则的规定，签订的建筑承包合同的实质条款必须与招标投标文件的实质条款保持一致，否则是无效的合同。基于此规定，如果建设单位的招标文件中明确规定承包方必须按照一般计税方法计征增值税，依照国家一般计税方法适用的增值税税率（现行税法规定为 9%）向建设单位或发包方开具增值税发票，则建筑企业承包建设的该项目必须选择一般计税方法而不能选择简易计税方法计征增值税。

4. 增值税计税方法的选择必须与工程造价的计价方法相匹配

一般而言，建设单位在发包工程前必须请造价事务所等中介机构进行工程造价估算，发包方如果同意建筑企业按照一般计税方法的增值税税率向其开具增值税发票，则必须按照一般计税方法的工程造价进行计价；如果同意建筑企业按照简易计税方法的增值税税率向其开具增值税发票，则必须按照简易计税方法的工程造价进行计价。因此，建筑企业的新项目在选择增值税计税方法时，必须与发包方工程造价的计价方法相匹配。

（二）清包工工程选择简易计税方法的策略：建筑企业承包方只购买建筑辅料和人工劳动力

《财政部　国家税务总局关于全面推开营业税改征增值税试点的通知》（财税〔2016〕36 号）附件 2：《营业税改征增值税试点有关事项的规定》第一条第七款第（一）项规定："**一般纳税人以清包工方式提供的建筑服务，可以选择适用简易计税方法计税。以清包工方式提供建筑服务，是指施工方不采购建筑工程所需的材料或只采购辅助材料，并收取人工费、管理费或者其他费用的建筑服务。**"基于此规定，如果建筑企业从事的是清包工工程，则应采用以下两种合同策略中的任何一种。

1. 合同策略一：签订专业施工分包合同的技巧

建筑企业专业分包方与建筑企业施工总承包方或建筑企业施工专业承包

方签订施工专业分包合同时，必须在建筑施工专业分包合同中的"材料和设备供应"条款中约定："建筑企业分包方（乙方）在工程施工中所用的主要材料和设备由承包方（甲方）购买提供，其他辅料及低值易耗品由建筑企业分包方（乙方）自己采购。"

2. 合同策略二：签订劳务分包合同

建筑企业施工总承包方、建筑企业专业承包方和建筑企业专业分包方与劳务公司签订劳务分包合同时，必须在劳务分包合同中的"材料和设备供应"条款中约定："劳务公司施工过程中所用的建筑辅料及低值易耗品由建筑承包方（甲方）自己采购。"

二、建筑企业新项目的"甲供工程"选择增值税计税方法的应对策略

建筑企业新项目在发生"甲供材或甲供工程"业务时，在符合税法规定的情况下，决定建筑企业选择一般计税方法还是选择简易计税方法计征增值税的决定权在于发包方而不在于地方税务机关。建筑企业对"甲供材或甲供工程"业务必须依据税法的规定选择简易计税方法计征增值税。

（一）"甲供工程"简易计税方法选择的四种合法策略

根据《财政部　国家税务总局关于全面推开营业税改征增值税试点的通知》（财税〔2016〕36号）附件2：《营业税改征增值税试点有关事项的规定》第一条第七款第（二）项和财税〔2018〕57号文件第一条的税收法律规定，以及根据《中华人民共和国招标投标法》及其实施条例有关"建筑合同必须与招标文件保存一致"的规定，"甲供工程"简易计税方法选择的四种合法有效性情况如下：

（1）在建筑企业先与业主或发包方签订包工包料的建筑合同，而且发包方的招标文件中没有约定"不允许甲供材和甲供设备"的情况下，经双方协商一致后，建筑企业与业主或发包方签订有关业主或发包方自行采购建筑工程所用的部分主材、辅料、设备或全部电、水、机油的补充协议，在业主或发包方同意的情况下，建筑企业就可以选择简易计税方法计征增值税。

（2）在发包方的招标文件中没有约定"不允许甲供材和甲供设备"的情况下，建筑企业与业主或发包方签订建筑合同时，在建筑合同中"材料与设备供应"条款中约定："业主或发包方自行采购建筑工程所用的部分主材、

辅料、设备或全部电、水、机油。"在业主或发包方同意的情况下，建筑企业就可以选择简易计税方法计征增值税。

（3）在发包方的招标文件中明确约定"不允许甲材料或工程设备"的情况下，经双方协商一致后，建筑企业与业主或发包方签订有关业主或发包方自行采购建筑工程所用的部分或全部电、水、机油的补充协议是有效的协议。在业主或发包方同意的情况下，建筑企业就可以选择简易计税方法计征增值税。

（4）为房屋建筑的地基与基础、主体结构提供工程服务，在建筑总承包合同中的"材料和设备"条款中约定：甲方自购"钢材、混凝土、砌体材料、预制构件"四种材料中的任一种材料、任意两种材料、任意三种材料或自购以上四种材料，则建筑工程总承包单位必须选择简易计税方法，而不能选择一般计税方法计征增值税。

（二）"甲供工程"一般计税方法选择的合法策略

在发包方的招标文件中明确约定"不允许甲供材和甲供设备"的情况下，则建筑企业与业主或发包方不能签订有关业主或发包方自行采购建筑工程所用的部分主材、辅料、设备的"甲供材"建筑合同，只能与建设单位签订包工包料合同，建筑企业只能选择一般计税计征增值税。

3

"甲供工程"业务的税务稽查
重点及应对策略

根据《财政部 国家税务总局关于全面推开营业税改征增值税试点的通知》（财税〔2016〕36号）附件2:《营业税改征增值税试点有关事项的规定》第2条第（七）项规定:"甲供工程，是指全部或部分设备、材料、动力由工程发包方自行采购的建筑工程。""甲供工程"涉及建筑企业与发包方的工程结算、发票开具、纳税申报等问题。在"甲供工程"业务的税务稽查实践中，税务稽查机关主要稽查以下两个重点:一是三种假的"甲供材"业务的稽查;二是"甲供工程"中的发包方重复扣除"甲供材"成本少缴纳税的稽查。建筑企业要规避税务稽查风险，必须采用巧签"甲供材"合同策略和对于含"甲供材"金额签订"甲供材"合同的工程结算采用"差额法"策略。

第 ● 节

"甲供工程" 业务的税务稽查重点

在"甲供材"工程的税务稽查实践中，税务机关主要稽查涉及"甲供材"的建筑施工合同、工程造价清单、采购合同、发票开具、工程结算、招投标文件等法律凭证。从中查出是否存在三种假的"甲供材"现象而滥用"甲供材"可以选择简易计税方法计征增值税的税收优惠政策。稽查是否存在含"甲供材"金额签订建筑合同的工程结算、发票开具少缴纳增值税、企业所得税和土地增值税等涉税问题。

一、三种假的"甲供材"业务的稽查

（一）三种假的"甲供材"业务

在建筑企业施工实践中，一般纳税人的建筑企业为了享受简易计税方法计征增值税的税收优惠政策，往往存在以下三种假的"甲供材"业务:

（1）建筑施工企业与发包方签订的建筑合同中"材料和设备供应"条款中约定:发包方（甲方）自行采购建筑企业施工中的某一型号、品种、规格和技术标准的材料、设备。发包方（甲方）进行了材料、设备的采购行为，但是发包方（甲方）购买的材料、设备的型号、品种、规格和技术标准与"甲供材"建筑施工合同中约定的"发包方（甲方）自行采购建筑企业施工中设备、材料的型号、品种、规格和技术标准"不一致。

（2）建筑施工企业与发包方签订的建筑合同中"材料和设备供应"条款中约定：发包方（甲方）自行采购建筑企业施工中的某一型号、品种、规格和技术标准的材料、设备。但是发包方（甲方）根本没有从事设备、材料的采购行为，建筑施工中所需的材料、设备实际上全是施工企业自行购买的。

（3）建筑施工企业与发包方签订的建筑合同中"材料和设备供应"条款中约定：发包方（甲方）自行采购建筑企业施工中的某一型号、品种、规格和技术标准的材料、设备。发包方（甲方）进行了材料、设备的采购行为，但是发包方（甲方）购买的材料、设备的型号、品种、规格和技术标准在本工程项目的工程造价清单中不存在。

根据《住房城乡建设部办公厅关于调整建设工程计价依据增值税税率的通知》（建办标〔2018〕20号）的规定："按照《财政部税务总局关于调整增值税税率的通知》（财税〔2018〕32号）要求，现将《住房城乡建设部办公厅关于做好建筑业营改增建设工程计价依据调整准备工作的通知》（建办标〔2016〕4号）规定的工程造价计价依据中增值税税率由11%调整为9%。即建筑工程造价=税前工程造价（裸价）×（1+9%）=（不含增值税的材料设备费用+不含增值税的人工费用+不含增值税的施工机具使用费+不含增值税的管理费用+不含增值税的规费+合理利润）×（1+9%）。"基于此工程计价规则文件的规定，无论发包方还是建筑承包方购买建筑材料，都不影响工程造价。因此，"甲供材"一定是甲方（发包方）购买了计入工程造价的材料、设备和动力。如果甲方购买了没有计入工程造价的材料、设备和动力，一定不属于"甲供材"现象。

当存在以上三种假的"甲供材"业务的情况下，建筑施工企业都选择了简易计税方法计征增值税，按照3%的增值税征收率向发包方开具增值税发票。

（二）假"甲供材"业务的税务稽查重点

由于房地产企业和建筑企业的业务流程复杂，涉及的合同和其他法律凭证较多，税务稽查部门在稽查假"甲供材"业务时，重点稽查以下涉税资料：

（1）"甲供材"施工合同与"甲供材"采购合同。主要稽查"甲供材"施工合同中"材料或设备供应"条款约定的"发包方（甲方）购买的材料、设备的型号、品种、规格和技术标准"与"甲供材"采购合同中约定的"发包方（甲方）采购设备、材料的型号、品种、规格和技术标准"是否一致。如果不一致则是假的"甲供材"业务。

（2）"甲供材"施工合同与发包方的工程造价清单。主要稽查"甲供材"施工合同中"材料或设备供应"条款约定的"发包方（甲方）购买的材料、设备的型号、品种、规格和技术标准"是否在发包方提供的"甲供工程"工程造价清单里。如果在工程清单里面，则核查甲方采购设备、材料的型号、品种、规格和技术标准与工程造价清单里的设备、材料的型号、品种、规格和技术标准是否一致。如果不一致则是假的"甲供材"业务。

（3）"甲供材"采购合同与甲方"甲供材"的会计账务处理。由于"甲供材"业务中的"甲供材"是甲方负责采购，所以"甲供材"采购业务的会计核算在甲方，施工企业只进行领用"甲供材"的领用登记手续。因此，税务机关主要稽查"甲供材"采购合同与甲方"甲供材"的会计账务处理是否相匹配。

二、发包方或房地产企业重复扣除"甲供材"成本少缴纳税的稽查

（一）招标环节中的两种"甲供工程"现象

将"甲供材"金额是否含在招投标价中一起对外招标，招标环节中存在两种"甲供工程"现象：

第一种"甲供工程"现象是将"甲供材"金额从工程造价中剥离出来，直接将不含"甲供材"金额的招投标价对外进行公开招标或协议招标。例如，一个1000万元工程造价的项目，假设"甲供材"金额为200万元，则发包方或业主直接将不含200万元"甲供材"金额的800万元对外进行招标。

第二种"甲供工程"现象是将含"甲供材"金额的招投标价对外进行公开招标或协议招标。例如，一个1000万元工程造价的项目，假设"甲供材"金额为200万元，则发包方或业主直接将含200万元"甲供材"金额的1000万元对外进行招标。

(二) 第二种 "甲供工程" 现象的工程结算的税务稽查

1. "甲供工程" 的工程结算法

在以上两种 "甲供工程" 现象中，第一种 "甲供工程" 现象只存在国家重大建设工程领域中，第二种 "甲供工程" 现象是普遍存在的。这两种 "甲供工程" 现象在工程结算环节中，由于第一种 "甲供工程" 现象中的施工企业与发包方或甲方进行工程结算时，采用的是 "差额结算法"，即结算价中不含 "甲供材" 金额，施工企业按照不含 "甲供材" 金额向发包方开具发票，向发包方收取不含 "甲供材" 金额的工程款计入收入。发包方和施工企业双方不存在税收风险。但是第二种 "甲供工程" 现象在工程结算环节，根据 "甲供材" 业务中的 "甲供材" 金额是否计入工程结算价中，存在两种结算法："总额结算法" 和 "差额结算法"。

2. 第二种 "甲供工程" 现象的 "总额结算法" 和 "差额结算法" 的涉税分析

"总额结算法" 是指发包方将 "甲供材" 金额计入工程结算价中的一种结算方法；"差额结算法" 是指发包方将 "甲供材" 金额不计入工程结算法中的一种结算方法。两者的涉税分析如下：

(1) "总额结算法" 的税收风险。在总额结算法下，发包方和施工方都存在一定的税收风险。

1) 发包方的税收风险。第二种 "甲供工程" 现象的 "总额结算法" 有以下特征：一是发包方发出 "甲供材" 给施工企业使用时，财务上在 "预付账款" 科目核算，而施工企业领用 "甲供材" 时，财务上在 "预收账款" 科目核算。二是甲方或发包方购买的 "甲供材" 计入施工企业的销售额 (或产值) 或结算价。三是根据结算价必须等于发票价 (发票上的不含增值税销售额和增值税销项税额的总和) 的原理，建筑企业必须按照含 "甲供材" 金额的结算额向发包方开具增值税发票。

基于以上特征，在第二种 "甲供材" 现象的 "总额结算法" 下，施工企业开给发包方的增值税发票中含有的 "甲供材" 金额，发包方享受了9% (一般计税项目) 或3% (简易计税项目) 的增值税进项税额。同时由于 "甲供材" 是发包方自行向供应商采购的材料而从供应商处既获得了13%的增值税专用发票，又享受了13%的增值税进项税额抵扣。换句话说，发包方就 "甲供材" 成本享受两次抵扣增值税进项税和两次抵扣企业所得税 (如发包方是房地产企业，则房地产企业就 "甲供材" 成本含享受两次抵扣土地增值税）。这显然是重复多做成本，骗取国家税款的行为。如果被税务稽查发现，则发包方要转出多抵扣的增值税进项税额，补交企业所得税并接受罚款和滞纳金的行政处罚。

如果发包方要规避以上的税收风险，则必须就"甲供材"向施工企业开具增值税发票，而且发包方不可以按照平价进平价出，必须按照"甲供材采购价×（1+10%）"的计征增值税的依据向施工企业开具增值税发票。但是在实践操作过程中，由于发包方没有销售材料的经营范围，根本开不出销售材料的增值税发票给施工企业。也就是说，在实际操作过程中，发包方将"甲供材"视同销售，向施工企业开具增值税发票是行不通的，即使行得通，发包方采购进来的"甲供材"享受抵扣的增值税进项税额被视同销售产生的增值税销项税额抵消了，没有实际意义。

2）施工企业的税收风险。基于第二种"甲供材"现象的"总额结算法"的特征，施工企业没有"甲供材"的成本发票（因"甲供材"成本发票在发包方进行成本核算进了成本），从而施工企业就"甲供材"无法抵扣增值税进项税额，纯粹要申报缴纳9%（一般计税项目）或3%（简易计税项目）的增值税销项税额。同时由于无"甲供材"的成本发票，只有"甲供材"的领料清单，在企业所得税前能否抵扣？依据《中华人民共和国企业所得税法》第八条的规定，"甲供材"是施工企业实际发生的与施工企业收入直接相关的成本支出，是完全可以在企业所得税前扣除的。

但是不少地方税务执法人员依据"唯发票论"，没有发票就不可以在企业所得税前进行扣除，由于施工企业与税务执法人员沟通成本的问题从而不少施工企业凭"甲供材"的领料清单没有享受在企业所得税前扣除的税收政策红利。因此，第二种"甲供材"现象的工程结算绝对不能采用"总额结算法"。

（2）差额结算法的涉税分析。第二种"甲供工程"现象的差额结算法具有以下特征：①是指甲方或发包方购买的"甲供材"部分不计入施工企业的销售额（或产值）和结算价。②施工企业按照不含"甲供材"的工程结算额向甲方开具增值税发票。③甲方发出材料给施工企业使用时，财务上在"在建工程"（发包方为非房地产企业）科目核算或"开发成本——材料费用"（发包方为房地产企业）科目核算，而施工企业领用'甲供材'时，财务上不进行账务处理。

基于以上特征，发包方没有多抵扣税金，施工方也没有多缴纳税金的风险。

（3）综合以上两种工程结算方法的涉税分析，第二种"甲供工程"现象的工程结算绝对不能采用"总额结算法"，而应采用"差额结算法"。

（三）第二种"甲供工程"现象少缴纳税的操作流程

实践中的第二种"甲供工程"现象，许多房地产企业与建筑施工企业都会将"甲供材"金额含在合同价里签订"甲供材"合同，导致房地产企业重复扣除"甲供材"成本少缴纳税的具体操作流程如下：

第一步，房地产企业与建筑施工企业签订建筑总承包合同时，在"合同价款"条款中，按照含"甲供材"金额签订合同价。

第二步，在工程决算时，房地产企业要求与建筑企业按照含"甲供材"金额进行决算，即在最后的工程决算价中含有"甲供材"金额。

第三步，建筑企业按照含"甲供材"金额向房地产企业开具增值税专用发票（在建筑企业选择一般计税方法计征增值税的情况下）。

第四步，房地产企业收到建筑施工企业开具的含"甲供材"金额的增值税发票入"开发成本"科目。

第五步，房地产企业向材料供应商购买的"甲供材"，获得材料供应商开具的材料增值税发票入"开发成本"科目。

第六步，房地产企业就"甲供材"金额的成本发票，享受两次抵扣增值税进项税额，两次抵扣企业所得税，两次抵扣土地增值税并加计30%扣除。

通过以上六个步骤，房地产企业"甲供材"在清算土地增值税时，多扣除开发成本［"甲供材"成本×(1+30%)］，致使房地产企业少缴纳土地增值税。发包方或房地产企业重复扣除"甲供材"成本，从而少缴纳增值税和企业所得税。

第 二 节

"甲供工程" 业务的税务稽查应对策略

为了规避"甲供工程"业务中存在的税务稽查风险，建筑企业在合同签订、发票开具和账务处理上进行应对处理。发包方主要在工程概算和发招标文件环节上进行应对防范。

一、"甲供工程"业务规避税务稽查的合同策略

"甲供材"在合同签订环节主要涉及以下涉税问题的处理：一是签订合同时，"甲供材"要不要含在合同价里，如果含在合同价里，是按照不含增值税价还是按照含增值税价签订合同？二是"甲供材"合同中注明承包方选择一般计税方法还是简易计税方法计征增值税？第二种"甲供工程"现象选择差额法结算的合同如何签订？具体分析如下：

（一）"甲供材"金额是否含在合同价里签订合同

《中华人民共和国招标投标法实施条例》第五十七条规定："**招标人和中标人应当依照招标投标法和本条例的规定签订书面合同，合同的标的、价款、质量、履行期限等主要条款应当与招标文件和中标人的投标文件的内容一致。招标人和中标人不得再行订立背离合同实质性内容的其他协议。**"基于此规定，在实践中存在两种"甲供材"的合同签订方法：一是建筑合同中的"合同价款"含"甲供材"的金额；二是建筑合同中的"合同价款"不含"甲供材"金额：发包方将"甲供材"部分在招投标时剔除出去，直接将不含"甲供材"的工程对外进行招标，发包方在与施工企业签订建筑合同时，在合同中以不含"甲供材"金额签订建筑合同。

根据上述招投标环节中的两种"甲供材"现象的法律分析可知，第一种招投标"甲供材"现象，在签订合同时，以不含"甲供材"金额签订建筑合同；第二种招投标"甲供材"现象，以含有"甲供材"金额签订建筑合同。

（二）合同价款条款的节税印花税的签订策略

关于印花税额计算，应以合同约定金额为依据，如果合同中单独约定了增值税，则应以不含税金额为纳税依据；如果合同中没有约定增值税，则以含税金额为纳税依据。如应税合同为非固定金额合同，应先定额贴花，然后再以实际发生金额计算应纳税额。进项税额或销项税额是否纳入计税金额，应以合同条款是否明确增值税而定。因此，"甲供材"的合同价款条款的规范格式为：合同价为×××元（含增值税），其中不含增值税合同额为×××元，增值税金额为×××元。这样签订合同价的好处是，在计税印花税时是以不含

增值税合同额作为计税依据。

(三)"甲供材"业务规避税务稽查风险的两种合同签订策略

1. 第二种招投标"甲供材"现象节税的合同签订策略：差额法签订合同

第一步：建筑企业与甲方签订建筑合同时，在"合同价条款"中约定：×××元（含增值税，且含甲方提供的材料和设备金额，具体的金额以建筑企业领用甲方提供的材料和设备后，甲乙双方结算金额为准），其中不含增值税合同金额为×××元，增值税金额为×××元。

第二步：建筑企业与甲方签订建筑合同时，在"工程结算和支付条款"中约定："甲供材"部分不计入乙方工程结算价中，甲方按照扣除"甲供材"部分后的工程结算金额向乙方支付工程款。

第三步：建筑企业与甲方签订建筑合同时，在"发票开具条款"中约定：建筑企业选择简易计税方法计征增值税，向甲方开具3%的增值税发票。建筑企业按照扣除"甲供材"部分后的工程结算金额向甲方开具增值税发票。

第四步：建筑企业与甲方签订建筑合同时，在"材料和设备条款"中约定：甲方提供乙方在工程施工中所用的主要材料和设备，具体的材料和设备详见附件：材料和设备清单。

2. 第一种招投标"甲供材"现象的涉税分析及合同签订策略

第一种招投标"甲供材"现象是指建筑合同的合同价不含有"甲供材"金额，其涉税分析及合同签订技巧如下：

（1）建筑合同中的合同价不含"甲供材"金额的涉税分析：符合"甲供材"销售额的差额法。

如果发包方将"甲供材"部分在招投标时剔除出去，直接将不含"甲供材"的工程对外进行招标，则发包方在与施工企业签订建筑合同时，合同价中自然不含有"甲供材"金额。这种合同的实质是"甲供材"金额没有计入建筑企业的销售额或产值中，建筑企业向甲方开具的增值税发票中不含"甲供材"金额，符合前面分析的"甲供材"销售额差额法的特点。

（2）建筑合同中的合同价不含"甲供材"金额的合同签订策略。

第一步：建筑企业与甲方签订建筑合同时，在"合同价条款"中约定：×××元（含增值税，且不含甲方提供的材料和设备金额）。

第二步：建筑企业与甲方签订建筑合同时，在"材料和设备条款"中约定：甲方提供乙方在工程施工中所用的主要材料和设备，具体的材料和设备详见附件：材料和设备清单。

第三步：在建筑合同的"发票开具"条款中约定：建筑企业选择简易计税方法计征增值税，向甲方开具 3% 的增值税发票。建筑企业按照扣除"甲供材"部分后的工程结算金额向甲方开具增值税发票。

二、编制工程概算和发招标文件时的防范策略

(一)"甲供工程"简易计税方法的防范策略

（1）在编制"甲供工程"的工程概算时，按照营业税体制下的工程计价进行工程造价，即按照（含增值税的人工费+含增值税的材料费+含增值税的施工机具使用费+含增值税的企业管理费+含增值税的规费+利润）×（1+3%）进行工程造价。

（2）甲方在发布的招标文件中明确规定"甲供工程"的计税方法是简易计税方法。

(二)"甲供工程"一般计税方法的防范策 (略)

（1）在编制"甲供工程"的工程概算时，按照增值税体制下的工程计价进行工程造价，即按照（不含增值税的人工费+不含增值税的材料费+不含增值税的施工机具使用费+不含增值税的企业管理费+不含增值税的规费+利润）×（1+9%）进行工程造价。

（2）甲方在发布的招标文件中明确规定"甲供工程"的计税方法是一般计税方法。

4

建筑企业、房地产企业"预收账款"的纳税稽查重点

全面"营改增"后的建筑企业和房地产企业，在金税三期的数据控税风暴下，"预收账款"科目成为税务部门跟踪稽查的重要原因有三个：一是"预收账款"涉及预缴增值税的时间问题；二是"预收账款"涉及企业所得收入结转的时间问题；三是"预收账款"涉及预缴增值税的纳税地点问题。

第 一 节

建筑企业 "预收账款" 的纳税稽查重点

对建筑企业而言，"预收账款"是指建筑企业未开工之前收到的发包方支付的款项。根据《建设工程价款结算暂行办法》第十二条第（一）项的规定，包工包料工程的预付款按合同约定拨付，原则上预付比例不低于合同金额的 10%，不高于合同金额的 30%，对重大工程项目，按年度工程计划逐年预付。在现有税法的规定下，针对建筑企业"预收账款"预缴增值税的稽查主要涉及预缴增值税的纳税时间、纳税地点和纳税金额三个方面。

一、稽查重点一："预收账款"的增值税纳税义务时间

（一）税收法律依据

财税〔2016〕36 号文件附件 1：《营业税改征增值税试点实施办法》第四十五条第（二）项规定："**纳税人提供建筑服务、租赁服务采取预收款方式的，其纳税义务发生时间为收到预收款的当天。**"而财税〔2017〕58 号文件第二条、《营业税改征增值税试点实施办法》（财税〔2016〕36 号印发）第四十五条第（二）项修改为："**纳税人提供租赁服务采取预收款方式的，其纳税义务发生时间为收到预收款的当天。**"基于此规定，自 2017 年 7 月 1 日起，建筑企业收到业主或发包方的预收账款的增值税纳税义务发生时间不是收到预收账款的当天，即建筑企业收到业主或发包方预收账款时，没有发生增值税纳税义务，不向业主或发包方开具增值税发票。

（二）建筑企业"预收账款"的增值税纳税义务时间

既然建筑企业收到业主或发包方的预收账款的增值税纳税义务时间不是收到预收账款的当天，那到底什么时候缴纳增值税？基于以上税法规定，建筑企业预收账款的增值税纳税义务时间为以下两个方面：

（1）如果业主或发包方强行要求建筑企业开具发票，则该预收账款的增值税纳税时间为建筑企业开具发票的当天。

（2）如果业主或发包方支付预付款给施工企业不要求施工企业开具发票，则建筑企业收到预收款的增值税纳税义务时间为：按照已经发生建筑应税服务并与业主或发包方进行工程进度结算签订进度结算书规定的日期；或者按照建筑施工合同中的"工程结算和工程款支付"条款约定："预收账款"扣减发包方确认施工企业已完工的工程计量的一定比例的工程进度款时，在财务上将"预收账款"科目结转到"工程结算"科目的当天。

二、稽查重点二：预缴增值税的纳税地点和预缴时间

（一）税收法律依据

根据财税〔2017〕58 号文件第三条的规定，纳税人提供建筑服务取得预收款，应在收到预收款时，以取得的预收款扣除支付的分包款后的余额，按照以下两种情况预缴增值税：

（1）按照现行规定应在建筑服务发生地预缴增值税的项目，纳税人收到预收款时，如果适用一般计税方法计税的项目，则按照 2% 预征率在建筑服务发生地预缴增值税；如果适用简易计税方法计税的项目，则按照 3% 预征率在建筑服务发生地预缴增值税。

（2）按照现行规定无须在建筑服务发生地预缴增值税的项目，即纳税人在同一地级行政区范围内跨县（市、区）提供建筑服务，纳税人收到预收款时，如果适用一般计税方法计税的项目，则按照 2% 预征率在建筑企业机构所在地预缴增值税；如果适用简易计税方法计税的项目，则按照 3% 预征率在建筑企业机构所在地预缴增值税。

（二）预收账款预缴增值税的纳税地点

建筑企业无论是否发生总分包业务，都要预缴增值税，具体的预缴增值

税的纳税地点分以下两种情况：

（1）如果建筑企业跨省、直辖市和跨地级行政区提供建筑服务（按照现行规定应在建筑服务发生地预缴增值税的项目），则建筑企业都要在工程施工所在地税务局预交增值税。

（2）按照现行规定无须在建筑服务发生地预缴增值税的项目，即纳税人在同一地级行政区范围内跨县（市、区）提供建筑服务，建筑企业都要在建筑企业机构所在地预缴增值税。

(三)"预收账款"预缴增值税的纳税时间

《纳税人跨县（市、区）提供建筑服务增值税征收管理暂行办法》（国家税务总局公告 2016 年第 17 号）第三条规定："**纳税人跨县（市、区）提供建筑服务，应按照财税〔2016〕36 号文件规定的纳税义务发生时间和计税方法，向建筑服务发生地主管国税机关预缴税款，向机构所在地主管国税机关申报纳税。**"第十二条规定："**纳税人跨县（市、区）提供建筑服务，按照本办法应向建筑服务发生地主管国税机关预缴税款而自应当预缴之月起超过 6 个月没有预缴税款的，由机构所在地主管国税机关按照《中华人民共和国税收征收管理法》及相关规定进行处理。**"

根据以上税法文件和财税〔2017〕58 号文件第三条的规定，建筑企业"预收账款"预缴增值税的时间总结如下：

（1）如果建筑企业收到发包方支付"预收账款"且发包方强行要求建筑企业开具增值税发票，则预缴增值税的纳税时间是建筑企业开具增值税发票的当天。

（2）如果建筑企业收到发包方支付"预收账款"且发包方不要求建筑企业开具增值税发票，则预缴增值税的纳税时间是建筑企业收到"预收账款"的当天。

（3）跨省、直辖市和不同地级行政区提供建筑服务的建筑企业在工程施工所在地税务局预缴增值税的截止时间为自应当预缴增值税之月起不超过 6 个月。

三、稽查重点三：预缴增值税的纳税金额

根据财税〔2017〕58 号文件第三条，《纳税人跨县（市、区）提供建筑服务增值税征收管理暂行办法》（国家税务总局公告 2016 年第 17 号）

第四条、第五条、第七条的规定，建筑企业预缴增值税的纳税金额计算如下：

（一）在发生总分包业务情况下的预缴增值税计算公式

一般计税项目应预缴增值税税款=（预收账款−支付的分包款）÷（1+9%）×2%

简易计税项目应预缴增值税税款=（预收账款−支付的分包款）÷（1+3%）×3%

（二）在没有发生总分包业务情况下的预缴增值税计算公式

一般计税项目应预缴增值税税款=预收账款÷（1+9%）×2%
简易计税项目应预缴增值税税款=预收账款÷（1+3%）×3%

四、稽查重点四：预缴增值税的抵扣处理

（一）应按照工程项目分别计算应预缴税款，分别预缴

建筑企业取得的全部价款和价外费用扣除支付的分包款后的余额为负数的，可结转下次预缴税款时继续扣除。建筑企业应按照工程项目分别计算应预缴税款，分别预缴。建筑企业一个项目预缴的增值税时，不能抵减另一个项目应预缴的增值税。只能在建筑企业注册地申报增值税时，且都是一般计税方法的项目之间，每个项目在工程所在地已经预缴的增值税可以抵减在建筑企业注册地申报缴纳的增值税。

（二）总分包之间的总包差额预缴增值税的凭证要求

如果存在总分包业务，该分包方向总承包方开具增值税发票时，必须在增值税发票上的"备注栏"中注明建筑服务发生地所在县（市、区）、项目的名称，否则在差额预缴增值税时不可以扣除分包额。

五、稽查重点五：预缴增值税的城市维护建设税及附加的处理

根据《财政部 国家税务总局关于纳税人异地预缴增值税有关城市维护建设税和教育费附加政策问题的通知》（财税〔2016〕74号）第一条的规

定，建筑企业跨地区提供建筑服务应在建筑服务发生地预缴增值税时，以预缴增值税税额为计税依据，并按预缴增值税所在地的城市维护建设税适用税率和教育费附加征收率计算缴纳城市维护建设税和教育费附加。在建筑企业机构所在地（一般计税项目）按照（增值税销项税额−增值税进项税额−异地预缴增值税额)×机构所在地的城市维护建设税适用税率和教育费附加征收率在机构所在地计算缴纳城市维护建设税和教育费附加。

第 二 节

房地产企业 "预收账款" 纳税稽查重点

对房地产企业而言，"预收账款"是指房地产企业在取得预售许可证后，销售期房而向购房者收取的首付款和银行的按揭款。针对房地产企业"预收账款"预缴增值税的稽查主要涉及预缴增值税的纳税时间、纳税地点和纳税金额三个方面。

一、稽查重点一："预收账款"的增值税纳税义务时间

（一）法律依据分析

根据财税〔2016〕36 号文件附件 1：《营业税改征增值税试点实施办法》第四十五条第（一）项规定："纳税人发生应税行为并收讫销售款项或者取得索取销售款项凭据的当天；先开具发票的，为开具发票的当天。收讫销售款项，是指纳税人销售服务、无形资产、不动产过程中或者完成后收到款项。取得索取销售款项凭据的当天，是指书面合同确定的付款日期；未签订书面合同或者书面合同未确定付款日期的，为服务、无形资产转让完成的当天或者不动产权属变更的当天。"

《中华人民共和国物权法》（中华人民共和国主席令第 62 号）第九条规定："不动产物权的设立、变更、转让和消灭，经依法登记，发生效力；未经登记，不发生效力，但法律另有规定的除外。"《城市商品房预售管理办

法》第十条规定："**商品房预售，开发企业应当与承购人签订商品房预售合同。开发企业应当自签约之日起 30 日内，向房地产管理部门和市、县人民政府土地管理部门办理商品房预售合同登记备案手续。房地产管理部门应当积极应用网络信息技术，逐步推行商品房预售合同网上登记备案（简称网签手续）。**"

《最高人民法院关于适用〈中华人民共和国物权法〉若干问题的解释（一）》（法释〔2016〕5 号）第十八条规定："**物权法第一百零六条第一款第一项所称的'受让人受让该不动产或者动产时'，是指依法完成不动产物权转移登记或者动产交付之时。**"《不动产登记暂行条例》（国务院令第 656 号）第五条第（二）项的规定，房屋等建筑物、构筑物所有权的不动产权利，依照本条例的规定办理登记。根据《不动产登记暂行条例实施细则》（中华人民共和国国土资源部令第 63 号）第八十五条第（一）项的规定，商品房等不动产预售的，当事人可以按照约定申请不动产预告登记。

根据以上法律文件规定，房地产企业销售期房和现房，必须将商品房预售合同在房地产管理部门和市、县人民政府土地管理部门办理不动产产权证书就是《中华人民共和国物权法》中的"经依法登记，发生效力"，也是税法中的"发生转让不动产"的证明。但是，由于房地产企业销售的商品房办理不动产权证书与房地产企业移交商品房给购房者之间有一段时间差。根据《城市商品房预售管理办法》第十二条的规定，预售的商品房交付使用之日起 90 日内，承购人应当依法到房地产管理部门和市、县人民政府土地管理部门（现改为自然资源管理局）办理权属登记手续。开发企业应当予以协助，并提供必要的证明文件。

（二）房地产企业销售开发产品的增值税纳税义务时间的确定

根据以上法律依据及其分析，房地产企业销售开发产品的增值税纳税义务时间如下：

第一，房地产企业销售商品房的增值税纳税义务必须具备两个条件：一是房地产企业收到销售商品房的销售款项或索取销售款项的凭据。二是房地产企业将商品房移交给购房者使用或办理了商品房移交的手续，例如移交了钥匙。

商品房预售合同或销售合同就是房地产企业索取销售款项的凭据。

第二，房地产企业销售商品房的增值税纳税义务时间：①商品房预售合同或销售合同中约定的商品房移交的具体时间的当天；②如果房地产企业移交商品房的时间滞后于销售合同中约定的移交时间，则以实际移交商品房的时间的当天作为增值税的纳税义务时间。

将实践中两种售房经济行为的具体增值税纳税义务时间总结如下：

1. 房地产企业收取"诚意金""订金""VIP 会员费"的增值税纳税义务时间

《商品房销售管理办法》（中华人民共和国建设部令第 88 号）第三条规定："商品房销售包括商品房现售和商品房预售。"第二十二条规定："不符合商品房销售条件的，房地产开发企业不得销售商品房，不得向买受人收取任何预订款性质费用。符合商品房销售条件的，房地产开发企业在订立商品房买卖合同之前向买受人收取预订款性质费用的，订立商品房买卖合同时，所收费用应当抵作房价款；当事人未能订立商品房买卖合同的，房地产开发企业应当向买受人返还所收费用；当事人之间另有约定的，从其约定。"

房地产企业销售不动产，在开盘之前（没有拿到商品房预售许可证）收到"诚意金""订金""VIP 会员费"时，由于应税行为根本就没有发生，而且由于没有签订《商品房销售合同》，也就说不上合同确定的付款日期了。由此可见，按照财税〔2016〕36 号附件 1：《营业税改征增值税试点实施办法》第四十五条第（一）项的规定，是不需要缴纳增值税的。因此，房地产企业在开盘之前收取的"诚意金""订金""VIP 会员费"不构成增值税的纳税义务，在"其他应付款"会计科目进行核算。

2. 房地产销售期房收取的预收款或银行按揭款的增值税纳税义务时间

房地产企业开盘（拿到商品房预售许可证）之后收到购房者的预收款，或者开盘之前交了"诚意金""订金""VIP 会员费"的业主与房地产公司签订了《商品房销售合同》，则房地产企业将开盘之前向业主收取的"诚意金""订金""VIP 会员费"从"其他应付款"转到"预收账款"会计科目，或者房地产企业收到银行按揭款时，根据国家税务总局公告 2016 年第 18 号第十条和第十一条的规定，一般纳税人采取预收款方式销售自行开发的房地产项目，应在收到预收款时按照3%的预征率预缴增值税。

预缴税款按照以下公式计算：

应预缴税款＝预收款÷(1+适用税率或征收率)×3%

适用一般计税方法计税的，按照现行国家税法的规定，按照9%的适用税率计算；适用简易计税方法计税的，按照5%的征收率计算。

《国家税务总局关于营改增试点若干征管问题的公告》(国家税务总局公告2016年第53号)第九条第(十一)项规定，增加"未发生销售行为的不征税项目"，用于纳税人收取款项但未发生销售货物、应税劳务、服务、无形资产或不动产的情形。"未发生销售行为的不征税项目"下设"销售自行开发的房地产项目预收款"。使用"未发生销售行为的不征税项目"编码，发票税率栏应填写"不征税"，不得开具增值税专用发票。

因此，依据此规定，增值税纳税义务时间为房地产公司与购房者在购买合同中约定的开发产品移交的时间；如果开发产品移交时间滞后于购房合同约定的时间，则以房地产公司办理开发产品移交或交钥匙的时间为纳税义务时间。

(三) 房地产企业出租自持商业收取多年租金 (实质为"预收账款") 的增值税纳税义务时间

财税〔2017〕58号文件第二条规定，《营业税改征增值税试点实施办法》(财税〔2016〕36号印发)第四十五条第(二)项修改为"纳税人提供租赁服务采取预收款方式的，其纳税义务发生时间为收到预收款的当天"。

基于此规定，房地产企业出租自持商业收取多年租金 (实质为"预收账款") 的增值税纳税义务时间为房地产企业收到多年租金的当天，必须按照以下方法申报缴纳增值税：

第一，房地产企业自持商业是2016年5月1日之前开发的，按照预收账款÷(1+5%)×5%申报缴纳增值税。

第二，房地产企业自持商业是2016年5月1日之后至2018年4月30日之间开发的，按照预收账款÷(1+11%)×11%申报缴纳增值税。

第三，房地产企业自持商业是2018年5月1日之后至2019年3月30日之间开发的，按照预收账款÷(1+10%)×10%申报缴纳增值税。

第四，房地产企业自持商业是2019年4月1日之后开发的，按照预收账款÷(1+9%)×9%申报缴纳增值税。

二、稽查重点二："预收账款"预缴增值税的纳税时间、纳税地点和纳税金额

(一)"预收账款"预缴增值税的纳税时间

根据国家税务总局公告 2016 年第 18 号文件第十二条和第二十一条的规定，房地产企业销售自行开发的房地产项目，应在取得预收款的次月纳税申报期向主管国税机关预缴税款。

(二)"预收账款"预缴增值税的纳税地点和纳税金额

根据国家税务总局公告 2016 年第 18 号文件第十条和第十一条和国家税务总局 2019 年公告第 29 号文件第一条的规定，一般纳税人采取预收款方式销售自行开发的房地产项目，应在收到预收款时按照 3% 的预征率向项目所在地的税务局预缴增值税。应预缴税款按照以下公式计算：

应预缴税款＝预收款÷(1+适用税率或征收率)×3%

适用一般计税方法计税的，按照 9% 的适用税率计算；适用简易计税方法计税的，按照 5% 的征收率征收。

三、稽查重点三：房地产企业出租自持商业收取多年租金（实质为"预收账款"）在免租期的房产税

《财政部、国家税务总局关于安置残疾人就业单位城镇土地使用税等政策的通知》（财税〔2010〕121 号）第二条规定："对出租房产，租赁双方签订的租赁合同约定有免收租金期限的，免收租金期间由产权所有人按照房产原值缴纳房产税"。

《国家税务总局关于土地价款扣除时间等增值税征管问题的公告》（国家税务总局公告 2016 年第 86 号）第七条规定："纳税人出租不动产，租赁合同中约定免租期的，不属于《营业税改征增值税试点实施办法》（财税〔2016〕36 号文件印发）第十四条规定的视同销售服务。"基于此规定，房地产企业出租自持商业收取多年租金（实质为"预收账款"）在免租期不缴纳增值税。

第三节

房地产企业"预收账款"
结转收入的涉税稽查

房地产企业收取购房者的首付款、银行按揭款等"预收账款"结转收入的涉税稽查主要涉及以下两个重点：一是"预收账款"预缴企业所得税和预缴土地增值税的计税依据；二是"预收账款"预缴企业所得税和结转收入缴纳企业所得税的纳税义务时间。

一、房地产企业销售期房的首付款、银行按揭款等"预收账款"预缴企业所得税的计税依据

（一）"预收账款"预缴土地增值税的计税依据

国家税务总局公告 2016 年第 70 号第一条第二款规定："**为方便纳税人，简化土地增值税预征税款计算，房地产开发企业采取预收款方式销售自行开发的房地产项目的，可按照以下方法计算土地增值税预征计征依据：**
　　土地增值税预征的计征依据=预收款−应预缴增值税税款。"
特别注意税法中的"**可**"字赋予了采取预收款方式销售自行开发的房地产项目的房地产企业，在预征土地增值税时，对预征土地增值税计征依据有选择权：可以采用"土地增值税预征的计征依据=预收款−应预缴增值税税款"，也可以不采用"土地增值税预征的计征依据=预收款−应预缴增值税税款"。
《财政部　国家税务总局关于营改增后契税　房产税　土地增值税　个人所得税计税依据问题的通知》（财税〔2016〕43 号）第三条规定："**土地增值税纳税人转让房地产取得的收入为不含增值税收入。**"国家税务总局公告 2016 年第 70 号第一条第一款规定："**营改增后，纳税人转让房地产的土地增值税应税收入不含增值税。适用增值税一般计税方法的纳税人，其转让**

房地产的土地增值税应税收入不含增值税销项税额；适用简易计税方法的纳税人，其转让房地产的土地增值税应税收入不含增值税应纳税额。"

基于以上规定，房地产开发企业采取预收款方式销售自行开发的房地产项目的，房地产企业在进行土地增值税预征时，计征依据可以从以下两种公式中任选其一：

土地增值税预征的计征依据＝预收款－应预缴增值税税款

土地增值税预征的计征依据÷(1＋税率或征收率)

根据财税〔2016〕43 号文件第三条的规定，2019 年 4 月 1 日之后开发的新项目按照"预收款÷(1＋9%)"，老项目按照"预收款÷(1＋5%)"，作为预征土地增值税的计征依据。

(二)"预收账款"预缴企业所得税的计税依据

国税发〔2009〕31 号第九条规定，企业销售未完工开发产品取得的收入，应先按预计计税毛利率分季 (或月) 计算出预计毛利额，计入当期应纳税所得额。而销售未完工开发产品取得的收入是不含增值税的收入额。因此，房地产企业预缴企业所得税的计税依据＝预收账款÷(1＋税率或征收率)。

二、房地产企业销售期房"预收账款"预缴企业所得税和结转收入缴纳企业所得税的纳税义务时间

(一) 房地产企业销售期房"预收账款"预缴企业所得税的纳税义务时间

在税务上，根据国家税务总局《关于房地产开发业务征收企业所得税问题》(国税发〔2009〕31 号) 第六条的规定，企业通过正式签订《房地产销售合同》或《房地产预售合同》所取得的收入，应确认为销售收入的实现。国税发〔2009〕31 号第九条规定，企业销售未完工开发产品取得的收入，应先按预计计税毛利率分季 (或月) 计算出预计毛利额，计入当期应纳税所得额。基于此税法的规定，房地产企业销售期房"预收账款"预缴企业所得税的纳税义务时间是房地产企业与购房者正式签订《房地产销售合同》或《房地产预售合同》所取得的收入的当天。

（二）房地产企业销售期房"预收账款"结转收入缴纳企业所得税的纳税义务时间

在会计上，根据《企业会计准则》的规定，房地产开发企业期房销售业务的会计处理为：由于企业销售商品不满足收入确认条件，当收到预售款时应确认为负债，等预售房屋竣工并交付给购买方时，再确认收入。即收到期房预售款时，借记"银行存款"科目，贷记"预收账款"科目；房屋竣工并交付给购买方时，借记"预收账款"科目，贷记"主营业务收入"科目，同时结转开发产品成本，借记"主营业务成本"科目，贷记"开发产品"科目。

在税务上，根据国家税务总局《关于房地产开发业务征收企业所得税问题》（国税发〔2009〕31号）第六条的规定，企业通过正式签订《房地产销售合同》或《房地产预售合同》所取得的收入，应确认为销售收入的实现。根据国税发〔2009〕31号第九条的规定，企业销售未完工开发产品取得的收入，应先按预计计税毛利率分季（或月）计算出预计毛利额，计入当期应纳税所得额。开发产品完工后，企业应及时结算其计税成本并计算此前销售收入的实际毛利额，同时将其实际毛利额与其对应的预计毛利额之间的差额，计入当年度企业本项目与其他项目合并计算的应纳税所得额。

在年度纳税申报时，企业须出具对该项开发产品实际毛利额与预计毛利额之间差异调整情况的报告以及税务机关需要的其他相关资料。

基于以上会计和税法上的规定，房地产企业销售期房"预收账款"结转收入缴纳企业所得税的纳税义务时间，在会计处理和税务处理上存在差异：房地产企业销售开发的期房"预收账款"结转收入缴纳企业所得税的纳税义务时间与房地产企业销售期房"预收账款"预缴企业所得税的纳税义务时间相同，都是以房地产企业与购房者正式签订《房地产销售合同》或《房地产预售合同》所取得的收入的当天。而在会计处理上，房地产企业销售期房"预收账款"结转收入缴纳企业所得税的纳税义务时间是：开发产品竣工验收而且已经移交给购房者后，从"预收账款"科目结转到"主营业务收入"科目的当天。

5

建筑企业、房地产企业成本
列支的税务稽查重点

企业成本列支涉及企业所得税税前扣除、增值税进项税额的抵扣和房地产企业土地增值税税前扣除和出口企业的出口退税等涉税问题的处理。在"以票控税"的税收征管体制下，为了管控企业成本列支的真实性和规范性，成本列支支出一直是税务机关的稽查重点。综观房地产和建筑企业成本列支的稽查实践，税务机关经常关注的成本列支稽查重点如下：一是建筑企业工程项目成本中的人、材、机成本的合理比例。二是劳务公司开具发票是否存在虚开。三是税前扣除凭证是否符合"真实性、合法性和关联性"。四是建筑企业扣除分包额差额征收增值税后，是否调减工程施工成本。房地产企业扣除土地成本、拆迁补偿费用及政府规费差额征收增值税是否调减主营业务成本。五是房地产企业土地增值税税前成本扣除项目。

第 一 节

房地产企业土地增值税成本列支的稽查重点

房地产企业在土地增值税缴纳、清算中存在少缴纳土地增值税的内在冲动行为。为了防止土地增值税流失，税务机关重点稽查以下土地增值税成本列支项目：

一、未按照开发项目正确分摊拆迁补偿（安置）房成本

实践调研发现，房地产企业多个开发项目共同发生的拆迁补偿（安置）房成本，没有按照开发项目正确分摊，从而导致先开发的项目少缴纳土地增值税，后开发的项目多缴纳土地增值税，没有按照土地增值税的纳税义务时间缴纳税款。

多个开发项目共同发生的拆迁补偿（安置）房成本，在各个开发项目清算土地增值税时的分摊依据分析如下：

《国家税务总局关于房地产开发企业土地增值税清算管理有关问题的通知》（国税发〔2006〕187号）第四条第（五）项规定："属于多个房地产项目共同的成本费用，应按清算项目可售建筑面积占多个项目可售总建筑面

积的比例或其他合理的方法，计算确定清算项目的扣除金额。"国税发〔2006〕187号第一条规定："土地增值税以国家有关部门审批的房地产开发项目为单位进行清算，对于分期开发的项目，以分期项目为单位清算。开发项目中同时包含普通住宅和非普通住宅的，应分别计算增值额。"

　　基于以上规定，土地增值税是以开发项目为清算单位的，不同清算单位发生的成本费用不得相互抵减，因此，属于多个清算单位发生的共同成本费用，要在各清算单位之间按一定标准进行合理分配或分摊。分摊方法通常有三种：一是占地面积法：按转让土地使用权面积占可转让土地总面积的比例计算分摊。二是建筑面积法：按照转让的建筑面积占总建筑面积的比例来计算分摊。三是按税务机关确认的其他方式计算分摊。因此，拆迁补偿成本还应当在同一个开发项目中的已销售商品房与未销售商品房之间进行分摊或分配。在土地增值税清算时，本次允许扣除项目金额可以采用已售面积百分比法或单位成本法计算。

　　可售面积百分比法：

　　本次允许扣除项目金额＝允许扣除项目总金额×(已售建筑面积÷可售总建筑面积)。

　　单位成本法：

　　本次允许扣除项目金额＝已售建筑面积×(允许扣除项目总金额÷可售总建筑面积)。

案例分析 4

某房地产企业未将拆迁补偿（安置）房成本在各期开发项目中正确分摊的涉税

一、案情介绍

　　某房地产开发公司于2017年一次性征地10万平方米，计划在该宗土地上分五期开发商品房20栋，所开发商品房总建筑面积为500万平方米。其中一期开发工程占地面积为1万平方米，开发的商品房总建筑面积为20万平方米，已销售19万平方米，其中30套商品房用于补偿被拆迁户，市场价值600万元。该公司在土地增值税清算时，将以实物方式支付的拆迁补偿费全部在第一期开发项目中扣除。请分析该房地产企业土地增值税清算中扣除的拆迁补偿房的成本是否正确。

二、涉税风险分析

本案例中的房地产公司将价值600万元的30套用于拆迁补偿给被拆迁户的商品房在第一期的开发项目中一次性扣除显然是不符合土地增值税规定的。理由如下：

第一，根据国税发〔2006〕187号第四条第（五）项的规定，600万元的30套用于拆迁补偿给被拆迁户的商品房，是该宗土地上分五期开发的商品房20栋发生的共同拆迁成本。应按五期清算项目的各期可售建筑面积占五期项目可售总建筑面积的比例或其他合理的方法，计算确定各期清算项目的拆迁成本扣除金额。

第二，根据国税发〔2006〕187号第一条的规定，该宗土地分五期开发项目必须分五期确定土地增值税清算单位。

因此，本案例中第一期开发项目分摊拆迁成本的正确计算方法如下：

第一，确定应分摊的清算单位，因该宗土地分五期开发，所以，应当是五个清算单位。

第二，确定总建筑面积。五期开发项目的总建筑面积为500万平方米。

第三，确定第一期开发项目应分摊的实物还建成本为：

$600 \div 500 \times 20 = 24$（万元）

通过以上共同拆迁成本分摊分析，该房地产开发公司第一期开发项目多扣除了576万元（600万-24万）拆迁成本，使第一期开发项目少缴纳了土地增值税。

二、未将安置房"视同销售"及其建筑成本确认为土地拆迁成本

在实践中，房地产企业未将拆迁补偿房进行"视同销售"处理，从而少缴纳土地增值税；同时以拆迁补偿房的建筑成本确认拆迁补偿房置换被拆迁人土地建筑物的交换成本致使房地产企业土地增值税清算时少扣除成本，从而多缴纳土地增值税。

由于没有取得现金收入，所以一部分房地产纳税人在土地增值税清算申

报时，没有把实物还建的房产确认为土地增值税的应税收入；有的房地产开发企业对还建房没有视同销售缴纳增值税，直接抵减拆迁补偿费，从而少缴纳了土地增值税。相关税收法律分析如下：

国税发〔2006〕187号第三条第（一）项规定："房地产开发企业将开发产品用于职工福利、奖励、对外投资、分配给股东或投资人、抵偿债务、换取其他单位和个人的非货币性资产等，发生所有权转移时应视同销售房地产，其收入按下列方法和顺序确认：（一）按本企业在同一地区、同一年度销售的同类房地产的平均价格确定；（二）由主管税务机关参照当地当年、同类房地产的市场价格或评估价值确定。"

在对实物还建房产收入的确定上，《国家税务总局关于印发〈土地增值税清算鉴证业务准则〉的通知》（国税发〔2007〕132号）第二十三条规定："纳税人将开发的房地产用于职工福利、奖励、对外投资、分配给股东或投资人、抵偿债务、换取其他单位和个人的非货币性资产等，发生所有权转移时应视同销售房地产，其视同销售收入按下列方法和顺序审核确认：（一）按本企业当月销售的同类房地产的平均价格核定。（二）按本企业在同一地区、同一年度销售的同类房地产的平均价格确认。（三）参照当地当年、同类房地产的市场价格或评估价值确认。"

因此，基于以上税收政策规定，房地产企业实物还建的房产应"视同销售"，应按照市场公允价值或评估价值确认为销售不动产收入，并入土地增值税收入依法缴纳土地增值税。

拆迁补偿房的价值，或者说拆迁补偿房置换被拆迁人土地建筑物的交换成本如何确定？有人认为，房地产开发公司付出的代价是建筑成本，所以，实物还建的补偿价值应以房地产开发公司所置换的商品房的建筑造价来确认。笔者认为，房地产开发公司以房产换取被拆迁方的房产或土地，用于安置的房产与换取被拆迁方的房产或土地属于对价关系，因此开发商用于安置被拆迁户的开发新房的市场价值才是房地产开发商为获取被拆迁房的房产或土地而付出的代价。新房的市场价值显然不是房屋的建筑造价。如果以拆迁补偿房（开发的新房）的建造成本作为房地产公司置换被拆迁人的房产或土地的价值，则房地产企业计算土地增值税时的扣除"开发成本——土地征用及拆迁补偿费"的成本小，从而致使房地产企业多缴纳土地增值税。

《国家税务总局关于营改增后土地增值税若干征管规定的公告》（国家税务总局公告2016年第70号）第二条规定，纳税人将开发产品用于职工福利、奖励、对外投资、分配给股东或投资人、抵偿债务、换取其他单位和个人的非货币性资产等，发生所有权转移时应视同销售房地产，其收入应按照《国家税务总局关于房地产开发企业土地增值税清算管理有关问题的通知》（国税发〔2006〕187号）第三条规定执行。纳税人安置回迁户，其拆迁安置用房应税收入和扣除项目的确认，应按照《国家税务总局关于土地增值税清算有关问题的通知》（国税函〔2010〕220号）第六条规定执行。

《国家税务总局关于土地增值税清算有关问题的通知》（国税函〔2010〕220号）第六条"关于拆迁安置土地增值税计算问题"规定如下：

（一）房地产企业用建造的本项目房地产安置回迁户的，安置用房视同销售处理，按《国家税务总局关于房地产开发企业土地增值税清算管理有关问题的通知》（国税发〔2006〕187号）第三条第一款规定确认收入①，同时将此确认为房地产开发项目的拆迁补偿费。房地产开发企业支付给回迁户的补差价款，计入拆迁补偿费；回迁户支付给房地产开发企业的补差价款，应抵减本项目拆迁补偿费。

（二）开发企业采取异地安置，异地安置的房屋属于自行开发建造的，房屋价值按国税发〔2006〕187号第三条第一款的规定计算，计入本项目的拆迁补偿费；异地安置的房屋属于购入的，以实际支付的购房支出计入拆迁补偿费。

（三）货币安置拆迁的，房地产开发企业凭合法有效凭据计入拆迁补偿费。

基于以上税收政策规定，房地产公司用于换取被拆迁人房产和土地的实物还建房产的公允价值，会计上计入"开发成本——土地征用及拆迁补偿费"科目，该开发成本在房地产企业计算土地增值税时扣除。其确认技巧如下：

第一，房地产企业用建造的本项目房地产安置回迁户的，安置用房视同销售处理，按《国家税务总局关于房地产开发企业土地增值税清算管理有关问题的通知》（国税发〔2006〕187号）第三条第一款规定确认收入，同时将此视同销售收入确认为房地产开发项目的拆迁补偿费。

---

① 国税发〔2006〕187号第三条，非直接销售和自用房地产的收入确定：

（一）房地产开发企业将开发产品用于职工福利、奖励、对外投资、分配给股东或投资人、抵偿债务、换取其他单位和个人的非货币性资产等，发生所有权转移时应视同销售房地产，其收入按下列方法和顺序确认：

1. 按本企业在同一地区、同一年度销售的同类房地产的平均价格确定；

2. 由主管税务机关参照当地当年、同类房地产的市场价格或评估价值确定。

第二，开发企业采取异地安置，异地安置的房屋属于自行开发建造的，房屋价值按国税发〔2006〕187号第三条第一款规定计算，计入本项目的拆迁补偿费；异地安置的房屋属于购入的，以实际支付的购房支出计入拆迁补偿费。

三、重复扣除利息费用少缴纳土地增值税

房地产企业在土地增值税清算时，往往没有将平常会计核算计入"房地产开发成本——开发间接费用——利息费用"的利息支出调整至财务费用中计算扣除，从而多扣除利息支出少缴纳土地增值税。

《国家税务总局关于土地增值税清算有关问题的通知》（国税函〔2010〕220号）第三条第（四）项规定："土地增值税清算时，已经计入房地产开发成本的利息支出，应调整至财务费用中计算扣除。"《土地增值税清算鉴证业务规则》（国税发〔2007〕132号）第三十五条第八款规定："在计算加计扣除项目基数时，审核是否剔除了已计入开发成本的借款费用。"基于以上两个税收政策文件规定，房地产企业计入开发成本的借款费用或利息支出，在进行土地增值税清算时，需要剔除，应调整至财务费用中计算扣除。

《会计准则——利息费用》中关于借款费用资本化的原则不适用于土地增值税清算，对于已经计入房地产开发成本的利息支出，土地增值税清算时应调整至财务费用中计算扣除。土地增值税中利息支出处理原则与会计核算、企业所得税处理有很大区别。

根据《国家税务总局关于印发〈房地产开发经营业务企业所得税处理办法〉的通知》（国税发〔2009〕31号）的规定，企业为建造开发产品借入资金而发生的符合税收规定的借款费用，可按《企业会计准则》的规定进行归集和分配，其中属于财务费用性质的借款费用，可直接在税前扣除。账务方面，会计科目设置一般将项目开发资本化利息计入"开发成本——开发间接费用"核算。而在土地增值税清算计算房地产开发费用时，应先调减开发成本中的资本化利息，然后与财务费用中的利息支出加总，再使用国税函〔2010〕220号文件规定的计算方法进行税务处理。

根据以上税收政策文件的规定，房地产企业在计算土地增值税时扣除的利息费用与其他开发费用的扣除结合起来分析，具体分以下两种情况处理：

（1）凡能够按转让房地产项目计算分摊并提供金融机构证明的情况下，允许据实扣除，但最高不能超过按商业银行同类同期贷款利率计算的金额。

其他房地产开发费用，按照（取得土地使用权所支付的金额+房地产开发成本）×5%计算扣除。

（2）凡不能按转让房地产项目计算分摊利息支出或不能提供金融机构证明的，房地产开发费用（财务费用+销售费用+管理费用）按（取得土地使用权所支付的金额+房地产开发成本）×10%计算扣除。

由于上述两种税务处理中的公式中的"房地产开发成本"含有平常会计核算中发生的"房地产开发成本——开发间接费用——利息费用"金额。如果房地产企业在计算土地增值税时，没有将平常会计核算中计入"房地产开发成本——开发间接费用——利息费用"的金额调整至财务费用中计算扣除，则房地产企业重复扣除利息费用，导致少缴纳土地增值税。

案例分析 5

某房地产重复扣除利息费用少缴纳土地增值税的分析

一、案情介绍

某房地产企业某项目取得土地使用权成本为5000万元，房地产开发成本为3000万元，其中"开发成本——开发间接费用"中利息支出50万元、"财务费用——利息支出"20万元，假设发生的利息费用能够按转让房地产项目计算分摊并提供金融机构证明，则该房地产企业在土地增值税清算时，扣除的利息费用和其他开发费用为（50+20）+（5000+3000）×5%＝470（万元）。假设凡不能按转让房地产项目计算分摊利息支出或不能提供金融机构证明的，则该房地产企业在土地增值税清算时，扣除的利息费用和其他开发费用为（5000+3000）×10%＝800（万元）。

请分析该房地产企业以上有关利息和其他开发费用的税务处理正确与否。

二、涉税分析

根据《国家税务总局关于土地增值税清算有关问题的通知》（国税函〔2010〕220号）第三条第（四）项规定："土地增值税清算时，已经计入房地产开发成本的利息支出，应调整至财务费用中计算扣除。"基于此规定，该房地产企业计入土地增值税扣除项目的房地产开发成本为 3000-50＝2950（万元）。

凡能够按转让房地产项目计算分摊并提供金融机构证明的，按照第一种方式计算可扣除的房地产开发费用为（50+20）+（5000+3000-50）×5%＝467.5（万元）。因此，本案例中的房地产企业多扣除利息和其他开发费用成本 3.5 万元，从而少缴纳了土地增值税。

凡不能按转让房地产项目计算分摊利息支出或不能提供金融机构证明的，按照第二种方式计算可扣除房地产开发费用为（5000+3000-50）×10%＝795（万元）。因此，本案例中的房地产企业多扣除利息和其他开发费用成本 5 万元，从而少缴纳了土地增值税。

四、扩大"开发间接费用"的扣除范围

由于计入"开发成本"核算的"开发间接费用"在计算土地增值税时可以作为加计 20%扣除的基数，从而达到增加土地增值税的扣除成本，少缴纳土地增值税的目的。因此，在房地产企业土地增值税清算时，依照税法的规定，允许扣除的"开发间接费用"是有一定的范围界定。房地产企业在会计核算中的"开发间接费用"的范围比土地增值税清算中允许扣除的"开发间接费用"的范围更广。如果房地产企业按照会计核算中的"开发间接费用"在土地增值税清算中进行扣除，显然是多扣除成本，致使房地产企业少缴纳土地增值税。因此，税务征管部门要审查房地产企业在土地增值税清算时，是否存在多扣除"间接开发费用"问题。

（一）房地产企业土地增值税清算中允许扣除的"开发间接费用"范围

《土地增值税暂行条例实施细则》（财法字〔1995〕第 006 号）第九条规定："**开发间接费用，是指直接组织、管理开发项目发生的费用，包括工资、职工福利费、折旧费、修理费、办公费、水电费、劳动保护费、周转房摊销等。**"如果不是该八项费用，但与直接组织和管理项目有关所发生的其他费用，例如，与项目相关的其他费用如职工教育经费、通信费、交通差旅费、租赁费、管理服务费、样板间支出、利息支出、保安费用等，在进行土地增值税清算时，能否扣除？要视具体情况而定。

（二）房地产企业会计核算"开发间接费用"的企业会计制度规定

房地产企业在会计核算时，通常把《土地增值税暂行条例实施细则》（财法字〔1995〕第 006 号）规定的八项费用和与开发项目相关的其他费用如职工教育经费、通信费、交通差旅费、租赁费、管理服务费、样板间支出、利息支出、保安费用等，都在"开发间接费用"科目核算。因此，房地产企业在会计核算中的"开发间接费用"的范围比土地增值税清算中允许扣除的"开发间接费用"的范围更广。

（三）税务征管部门重点审查以下八项费用在土地增值税清算中的处理

1. 样板间支出的处理：视具体情况而定

第一，租用房屋装修为样板间，其装修支出应在"销售费用"科目核算，不能在土地增值税前扣除。

第二，将开发商品装修为样板间，并在以后年度销售的情况下，其装修费支出与销售精装修商品房核算一致，应在"开发成本"科目核算；在销售时，在土地增值税前扣除。

第三，将开发商品装修为样板间，在以后年度不销售作为固定资产入账的情况下，则相关的装修费应计入固定资产价值，其折旧作为期间费用入账，不能在土地增值税前扣除。

综合以上分析，样板间支出只有在销售完成后，才能确定是否可以扣除。

2. 周转房摊销的处理：可以在土地增值税前扣除

周转房摊销是指将开发商品或自有房屋用于安置拆迁户的摊销费或折旧费，实践中的房地产企业租用房屋安置拆迁户所支付的房屋租金，租用房屋根据拆迁户的要求进行装修、工程改造、布线等发生的支出，应计入"开发成本——开发间接费用——周转房摊销"科目，在土地增值税前扣除。

3. 项目管理人员工资及福利费：可以在土地增值税前扣除

给直接组织、管理项目的人员支付的工资及福利费，在提供项目管理人员名单及劳务合同的情况下，可以在土地增值税前扣除。但列支规划部、采购部、预算部、保安部等部门人员的工资及福利费，一般不可以作为间接开发费扣除。

4. 通信费：视具体情况而定

项目工程部安装电话，发生的电话费可以作为其他开发间接费列支，但项目管理人员报销的手机费难以与项目直接相关，不能列支在开发间接费，在土地增值税前扣除。

5. 交通差旅费支出：视具体情况而定

项目管理人员直接坐出租车发生的交通费可以列支开发间接费，但报销的私车加油费难以区分与项目直接相关，不能列支在开发间接费，在土地增值税前扣除。

6. 保安服务费：视具体情况而定

项目公司与保安公司签订的保安服务费，主要判断是否直接与项目管理有关，如有关可以作为开发间接费入账，不相关则不能计入开发间接费。

7. 模型制作费：不可以在土地增值税前扣除

一般模型是为销售而制作的，属于销售费用，不能计入开发间接费。不可以在土地增值税前扣除。

8. 职工教育经费和业务招待费：不可以在土地增值税前扣除

按会计制度相关规定，职工教育经费、业务招待费，不能直接归集于开发产品的成本，作为期间费用核算，其原理与印花税的处理一致，不可以在土地增值税前扣除。

五、土地成本扣除凭证不合规

在土地成本扣除的土地增值税清算中，房地产企业以不合法有效的土地成本凭证作为土地增值税清算时的土地扣除成本，从而导致少缴纳土地增值税，具体分析如下：

（一）房地产企业不合法有效的土地成本凭证的类型

实践调研中发现，房地产企业在计算土地增值税时，提供不合法有效的土地成本凭证主要体现为三类：一是土地评估价值报告；二是母公司中标土地，成立子公司开发，提供母公司抬头的土地出让收据；三是自然人中标土地，成立公司开发，提供自然人（往往是后成立的开发公司的股东或老板）抬头的土地出让收据。

（二）扣除土地价款的相关法律依据

根据《中华人民共和国土地增值税暂行条例实施细则》（财法字〔1995〕6号）第七条第（一）项的规定，"房地产企业在计算土地增值税允许扣除的'取得土地使用权所支付的金额'是指纳税人为取得土地使用权所支付的地价款和按国家统一规定交纳的有关费用"。同时，根据《房地产开发企业销售自行开发的房地产项目增值税征收管理暂行办法》（国家税务总局公告2016年第18号）第五条第四款、第六条和国税发〔2006〕187号第四条第（一）项的规定，支付的土地价款，是指向政府、土地管理部门或受政府委托收取土地价款的单位直接支付的土地价款，扣除取得土地使用权所支付的金额须提供合法有效凭证，不能提供合法有效凭证的，不得在土地增值税前进行扣除，而支付的土地价款应当取得省级以上（含省级）财政部门监（印）制的财政票据。

（三）房地产企业计算土地增值税允许扣除的土地成本的税务要求

根据以上税收法律依据的规定，房地产企业在计算土地增值税时，允许在土地增值税前扣除土地成本的税务要求：必须是取得省级以上（含省级）财政部门监（印）制的财政票据。

（四）房地产企业以三种不合法有效的土地成本凭证作为土地增值税清算时的土地扣除成本，从而少缴纳土地增值税

实践中，为了少缴纳土地增值税，不少房地产企业存在以下三种不合法有效的土地成本凭证在土地增值税前进行扣除，以达到少缴纳土地增值税的目的：

（1）通过对土地进行评估，然后凭评估报告的土地评估价值计入"开成发本——土地成本"科目。

（2）母公司中标土地，成立子公司开发，提供母公司抬头的土地出让收据，在子公司土地增值税清算时进行扣除。

（3）自然人中标土地，成立公司开发，提供自然人（往往是后成立的开发公司的股东或老板）抬头的土地出让收据，在开发公司土地增值税清算时进行扣除。

以上三种不合法有效的土地成本扣除依据，在土地增值税清算时进行扣除，增加了土地扣除金额，使房地产企业少缴纳了土地增值税。

六、将软装成本计入"开发成本"少缴纳土地增值税

实践中，不少房地产企业为了节约土地增值税，通过注册一个装修公司，开发精装房销售。装修公司与房地产企业签订装修合同，不仅提供硬装修业务而且也提供软装修业务，装修公司将硬装修和软装修成本统一开发票给房地公司计入"开发成本——建安成本"科目。房地产公司在计算土地增值税时，将不能在土地增值税前扣除的"软装修成本"进行了扣除，实现了少缴纳土地增值税的目的。该种做法是一种漏税行为，与现行税法的规定相悖。具体原因如下：

（一）土地增值税前不可以扣除"装饰费用"

国税发〔2006〕187号第四条第（四）项规定：**"房地产开发企业销售已装修的房屋，其装修费用可以计入房地产开发成本。"**基于此规定，房地产企业在土地增值税前扣除的开发成本中，明确指出可以扣除"装修费用"。但是，该条没有明确指出允许扣除"装饰费用"。"装修费用"和"装饰费用"是完全不同的概念，"装饰费用"主要体现为"软装费用"，"软装"的构成元素如下：

（1）家具，包括支撑类家具、储藏类家具、装饰类家具。如沙发、茶几、床、餐桌、餐椅、书柜、衣柜、电视柜等。

（2）饰品，一般为摆件和挂件，包括工艺品摆件、陶瓷摆件、铜制摆件、铁艺摆件、挂画、插画、照片墙、相框、漆画、壁画、装饰画、油画等。

（3）同时还兼顾着渲染环境气氛和提升室内情调。

（4）布艺织物，包括窗帘、床上用品、地毯、桌布、桌旗、靠垫等。好的布艺设计不仅能提高室内的档次，使室内更趋于温暖，更能体现一个人的生活品位。

（5）花艺及绿化造景，包括装饰花艺、鲜花、干花、花盆、艺术插花、绿化植物、盆景园艺、水景等。

我国税法上没有关于"装修"的定义，只有对"装饰"有定义，根据财税〔2016〕36号文件的附件：《销售服务、无形资产、不动产注释》的规定，装饰服务是指对建筑物、构筑物进行修饰装修，使之美观或者具有特定用途的工程作业。基于此规定，"装饰"对建筑物与构筑物进行装饰和美化

的工程作业，适用装饰业务的前提——存在独立完全的建筑物或者构筑物。

我国建筑法对"装修"有严格的定义。根据《建筑法释义》对第二条的释义：建筑装修活动，如果是建筑过程中的装修，则属于建造活动的组成部分，适用本法规定，不必单独列出。对已建成的建筑进行装修，如果涉及建筑物的主体或承重结构变动的，则应按照本法第四十九条的规定执行；不涉及主体或承重结构变动的装修，不属于本法调整范围。此外，对不包括建筑装修内容的建筑装饰活动，因其不涉及建筑物的安全性和基本使用功能，完全可以因使用者的爱好和审美情趣的不同而各有不同，不需要以法律强制规范，因此本法的调整范围不包括建筑装饰活动。《住宅室内装饰装修管理办法》建设部令（2002）110号规定：本办法所称住宅室内装饰装修，是指住宅竣工验收合格后，业主或者住宅使用人（以下简称装修人）对住宅室内进行装饰装修的建筑活动。

基于以上法律规定，建筑法规将"装修"分成了三部分：

（1）与建造活动一起进行的初装修，这类工程属于建筑法调整范围。属于建筑安装工程的组成部分。也就是满足建筑物基本使用或者交付状态的初始装修，即建筑工程的装饰装修分项工程。

（2）涉及主体或承重结构变动的装修，这类工程属于建筑法调整范围。属于建筑安装工程的组成部分。也就是《企业所得税法》中所称的"改建支出"。

（3）竣工验收合格后住宅室内的装修。这类工程不属于建筑法调整范围，也不属于建筑安装工程的组成部分，是以业主或使用人进行的第二次装饰装修。实质上这种"装修"工程不属于《建筑法》的"建筑工程"的范围，属于"建设工程"的范围。

依据《建筑法释义》第四十九条和财法〔1995〕6号"建筑安装工程费，是指以出包方式支付给承包单位的建筑安装工程费，以自营方式发生的建筑安装工程费"，国税发〔2006〕187号第四条第四款"房地产开发企业销售已装修的房屋，其装修费用可以计入房地产开发成本"的规定，只是特指属于建筑安装工程的"组成部分与建造活动一起进行的初装修和涉及主体或承重结构变动"装修工程费用，并不包括竣工验收合格后住宅室内的装修工程费用和不能构成附属设施和附着物的动产设施费用。

（二）装修工程中含有的动产设施不可以作为建筑装修成本在土地增值税税前扣除

根据《商品住宅装修一次到位实施导则的通知》（建住房〔2002〕190号）规定，住宅装修工程中不含不能构成不动产附属设施和附着物的家具、电器等动产设施。根据《关于固定资产进项税额抵扣问题的通知》（财税〔2009〕113号）的规定，附属设备和配套设施是指给排水、采暖、卫生、通风、照明、通信、煤气、消防、中央空调、电梯、电气、智能化楼宇设备和配套设施。《关于印发〈建筑安装工程费用项目组成〉的通知》（建标〔2003〕206号）规定，建筑安装工程费由直接费、间接费、利润和税金组成。直接费由直接工程费和措施费组成。直接工程费是指施工过程中耗费的构成工程实体的各项费用，包括人工费、材料费、施工机械使用费。材料费是指施工过程中耗费的构成工程实体的原材料、辅助材料、构配件、零件、半成品的费用。根据建标〔2003〕206号规定，只有构成工程实体的材料费才构成建筑安装工程费的内容。而精装修所用家电、家具不构成工程实体，不符合土地增值税扣除项目，因此不能作为成本项目扣除。

（三）结论

通过以上分析，房地产开发公司为了扩大开发成本，增加土地增值税加计扣除的基数，往往委托装饰公司装修，同时购买家具家电，将购买家具家电的价款由装饰公司开具建筑装饰业发票，作为房地产开发公司装饰成本计入开发成本中，并在土地增值税计算中作为加计扣除的基数，通过"装饰"手段达到减少税收的目的，显然是扩大成本、少缴纳土地增值税的漏税行为。

七、将不属于土地增值税扣除范围的支出项目予以扣除

（一）土地增值税税前扣除的成本扣除范围

根据《土地增值税暂行条例》（国务院令第138号）第六条的规定："计算增值额的扣除项目包括：（一）取得土地使用权所支付的金额；（二）开发土地的成本、费用；（三）新建房及配套设施的成本、费用，或者旧房及建筑物的评估价格；（四）与转让房地产有关的税金；（五）财政部规定的其

他扣除项目，但是，'与转让房地产有关的税金'不包括允许在销项税额中计算抵扣的增值税。"①"财政部规定的其他扣除项目"是指从事房地产开发的纳税人可按（取得土地使用权所支付的金额+开发土地和新建房及配套设施成本或房地产开发成本）×(1+20%) 扣除。②

（二）企业所得税税前扣除的成本扣除范围

企业实际发生的与取得收入有关的、合理的支出，包括成本、费用、税金、损失和其他支出，准予在计算应纳税所得额时扣除。③有关的支出是指与取得收入直接相关的支出；合理的支出是指符合生产经营活动常规，应当计入当期损益或者有关资产成本的必要和正常的支出。④

（三）能在企业所得税税前扣除但不能在土地增值税税前扣除的项目

1. 违约金

房地产企业销售开发产品未按照规定的时间交房而给予购房者的违约金支出；房地产企业支付给建筑承包商的违约金支出；房地产企业支付给材料供应商的违约金支出。这些支出虽然与房地产企业的开发经营有关的合理支出，但是不属于土地增值税税前扣除的成本范围，不可以在土地增值税税前扣除。

2. 土地闲置费

《国家税务总局关于印发〈房地产开发经营业务企业所得税处理办法〉的通知》（国税发〔2009〕31号）第二十七条规定，开发产品计税成本支出的内容如下：

土地征用费及拆迁补偿费。指为取得土地开发使用权（或开发权）而发生的各项费用，主要包括土地买价或出让金、大市政配套费、契税、耕地占用税、土地使用费、土地闲置费、土地变更用途和超面积补交的地价及相关税费、拆迁补偿支出、安置及动迁支出、回迁房建造支出、农作物补偿费、危房补偿费等。

《国家税务总局关于土地增值税清算有关问题的通知》（国税函〔2010〕220号）第四条规定，房地产开发企业逾期开发缴纳的土地闲置费不得

---

① 国家税务总局公告 2016 年第 70 号第三条；〔2016〕43 号文件第三条第二款。
② 《土地增值税暂行条例实施细则》第七条第（六）项。
③ 《企业所得税法》（主席令 2007 年第 63 号）第八条。
④ 《企业所得税法实施条例》（国务院令第 512 号）第二十七条。

扣除。

根据上述规定，土地闲置费可以作为开发成本在企业所得税前据实扣除，但不能在土地增值税前扣除。

根据以上对成本扣除范围的分析，在土地增值税清算时，如果房地产企业将不属于土地增值税扣除的成本范围进行扣除，则是多扣除成本从而少缴纳土地增值税。

八、将 20 年以内使用无产权车库的建设成本予以扣除

（一）相关法律依据分析

国防资产属国家所有①，人民防空工程平时由投资者使用管理，收益归投资者所有。② 因此，房地产企业将地下人防设施改造成车库的，产权归国家所有，收益归房地产企业所有。

《合同法》第二百一十四条规定，租赁期限不得超过 20 年，超过 20 年的，超过部分无效。租赁期限届满，当事人可以续订租赁合同，但约定的租赁期限自续订之日起不得超过 20 年。基于此法律规定，法律只能保护无产权车库拥有 20 年的租赁使用权，超过 20 年的，法律不予保护。

根据财税〔2016〕36 号文件附件：《销售服务、无形资产、不动产注释》的规定，转让建筑物有限产权或者永久使用权，视同销售缴纳土地增值税。

（二）房地产企业收取购买者 20 年以内非人防设施改造的无产权车库使用费的车库成本不可以在土地增值税税前进行扣除

《土地增值税暂行条例》（国务院令第 138 号）第二条规定，转让国有土地使用权、地上的建筑物及其附着物（以下简称转让房地产）并取得收入的单位和个人，为土地增值税的纳税义务人（以下简称纳税人），应当依照本条例缴纳土地增值税。基于此规定，缴纳土地增值税的前提条件是发生转让国有土地使用权、地上的建筑物及其附着物并取得收入，而对于无产权的地下人防设施改造的车库，向购房者收取 20 年以内的车库使用费，实质上

---

① 《物权法》（主席令第 62 号）第五十二条。
② 《人民防空法》第一章第五条。

是房地产企业将无产权的车库出租给购房者使用，其收取的车库使用费实质上是一次性收取购房者的 20 年以内的租金，而不是转让无产权车库的销售收入。

因此，房地产企业收取购买者 20 年以内无产权车库使用费的经济行为是租赁行为，不是销售行为，不符合征收土地增值税的征收条件：发生转让国有土地使用权或转让建筑物有限产权或者永久使用权。

根据《国家税务总局关于房地产开发企业土地增值税清算管理有关问题的通知》（国税发〔2006〕187 号）第四条第（三）项的规定，房地产开发企业开发建造的与清算项目配套停车场（库）按以下原则处理：

（1）建成后无偿移交给政府、公用事业单位用于非营利性社会公共事业的，其成本、费用可以扣除。

（2）建成后有偿转让的，应计算收入，并准予扣除成本、费用。

《国家税务总局关于房地产开发企业土地增值税清算管理有关问题的通知》（国税发〔2006〕187 号）第三条第（二）项规定："**房地产开发企业将开发的部分房地产转为企业自用或用于出租等商业用途时，如果产权未发生转移，不征收土地增值税，在税款清算时不列收入，不扣除相应的成本和费用。**"

根据以上规定，对于无产权车库的成本是否可以在土地增值税税前扣除，分以下三种情况处理：

（1）如果房地产企业将人防设施改造成无产权的车库，向购房者收取 20 年以内的车库使用费，则基于人防设施产权是国家所有的规定，房地产企业将人防设施无偿移交给国防委员会，房地产企业建设人防设施的建设成本在土地增值税税前扣除，但是将人防设施改造成车库的改造成本不可以在土地增值税税前扣除。

（2）如果房地产企业将非人防设施改造成无产权的车库，向购房者收取 20 年以内的车库使用费，则房地产企业将无产权车库的建设成本不可以在土地增值税税前扣除。

（3）名为租赁实为销售的地下车位，即房地产企业将地下车位租赁给业主，与业主签订租赁协议，协议规定业主预付租金，使用车库 20 年后，车库归业主所有，其性质与销售无实质区别。因此，这种租赁应开具销售不动产发票，按销售不动产缴纳土地增值税。

（三）分析结论

因此，基于以上分析，房地产企业将人防设施改造成车库的改造成本和非人防设施改造成无产权车库的建设成本在土地增值税税前扣除，是一种扩大开发成本，少缴纳土地增值税的行为是一种漏税行为。

九、有产权的地下车库未分摊土地成本

一般而言，如果地下建筑面积属于计容面积，则地下建筑应该分摊土地成本；如果地下车位建筑面积不属于计容面积，则不需要分摊土地成本。同时，国家相关主管建设部门在审批销售许可证时，如果将地下车库建筑面积纳入容积率计算，则办理地下车库销售许可证，销售的车库可以办理产权证书；否则，地下车库不可以办理产权证书。从全国情况来看，地下车位的建筑面积基本上是不计入容积率的，因此，按照配比原则，地下车位不需要分摊土地成本。在税务征管实践中发现，地方税务机关要求房地产企业销售有产权的地下车库收入进行土地增值税清算时，只按照建筑面积法给予分摊建筑成本，没有分摊土地成本，致使房地产企业地下车库少缴纳土地增值税。由于地下车库分为无产权的地下车库和有产权的地下车库，地下车库到底要不要分摊土地成本，在税法上没有明确的规定，导致全国各地税务机关执法口径不统一。具体分析如下：

（一）容积率是土地成本归集的内在因素

容积率又称建筑面积毛密度，是指一个小区的地上总建筑面积与用地面积的比率。对于开发商来说，容积率决定地价成本在房屋中占的比例。容积率的计算公式如下：

容积率＝项目用地范围内地上总建筑面积（但必须是正负 0 标高以上的建筑面积）÷项目总用地面积

《国土资源部关于严格落实房地产用地调控政策促进土地市场健康发展有关问题的通知》（国土资发〔2010〕204 号）第四条规定："**经依法批准调整容积率的，国土主管部门应当按照批准调整时的土地市场楼面地价核定应补缴的土地出让价款。**"基于此文件规定，容积率是土地成本归集的内在因素，如果调整容积率，必然涉及出让金的补缴。因为土地出让金的计算通常与土地使用性质、土地面积、土地容积率等因素相关联，所以容积率决定了

未来土地上可以建设的房屋面积，直接影响开发商的收益。

(二) 地下车库 (位) 会影响容积率

根据《建筑工程建筑面积计算规范》(GB/T50353—2013) 的规定，建筑物顶部有围护结构的楼梯间、水箱间、电梯机房、结构 (设备管道) 转换层，底层车库、杂物间等。当层高在 2.2 米及以上的按全面积计入容积率，若层高不足 2.2 米的按 1/2 面积计入容积率。基于此规定，地下车库会影响建筑容积率，地下车库 (位) 如果影响容积率，应当分摊土地成本，如果未影响容积率，不应当分摊土地成本。但绝大多数地方政府规划部门在审批时并未将地下车库 (位) 面积计入容积率，所以地下车库 (位) 面积通常属于总建筑面积，但不属于计容面积。

例如，《湖北省地方税务局关于进一步规范土地增值税征管工作的若干意见》(鄂地税发〔2013〕44 号) 规定："**房地产开发项目在取得土地使用权时，申报建设规划含地下建筑，且将地下建筑纳入项目容积率的计算范畴，并列入产权销售的，其地下建筑物可分摊项目对应的土地成本。如交纳土地出让金的非人防地下车库，在整个开发项目的土地使用证中会标明地下车库的土地使用年限和起止日期，同时取得'车库销售许可证'，在计算地下车库土地增值税扣除项目时可分摊土地成本。其他不纳入项目容积率计算范畴或不能提供与取得本项目土地使用权有关联证明的地下建筑物，不得进行土地成本分摊。**"

(三) 可售地下车库 (位) 分摊土地成本对于土地增值税的影响

地下车库 (位) 如果对外销售，无论有无独立产权，通常界定为不动产转让，参与正常土地增值税清算，而且在清算中和商铺、写字楼、公寓等并入其他商品房类别统一计算增值额。对于房地产企业的开发项目而言，地下车库 (位) 分摊土地成本最终对于土地增值税必然产生影响，如果分摊，更多土地成本被计入了其他商品房扣除项目中；如果不分摊，则更多土地成本被计入了住宅扣除项目中。至于哪个部分在清算中更需要分摊成本，对土地增值税是有较大差异甚至是重大影响的。

(四) 分析结论

通过以上政策分析，得出以下结论：

第一，在地方政府规划部门在审批房地产企业开发项目时，如果地下车库建筑面积不计入容积率，地下车库就不分摊土地成本；如果地下车库建筑面积计入容积率，则地下车库就分摊土地成本，其中的土地成本包括取得土地使用权所支付的金额以及土地征用及拆迁补偿费。

第二，房地产企业销售有产权的地下车库，该车库建筑面积一定计入了容积率，在土地增值税清算时，地下车库一定要分配土地成本。

第三，房地产企业销售将无产权的地下车库（位），与业主签订长期租赁合同（20 年租赁期限），到期后续租或赠送免费使用期限，该车库建筑面积一定没有计入容积率，在土地增值税清算时，地下车库不分配土地成本，只分配建筑成本。

第 二 节

企业所得税税前扣除凭证的税务稽查重点

根据《企业所得税税前扣除凭证管理办法》（国家税务总局公告 2018 年第 28 号）文件的规定，企业所得税税前扣除凭证（以下简称税前扣除凭证）是指企业在计算企业所得税应纳税所得额时，证明与取得收入有关的、合理的支出实际发生，并据以税前扣除的各类凭证。按照来源划分，税前扣除凭证分为内部凭证和外部凭证，内部凭证是指企业自制用于成本、费用、损失和其他支出核算的会计原始凭证，外部凭证是指企业发生经营活动和其他事项时，从其他单位、个人取得的用于证明其支出发生的凭证，包括但不限于发票（包括纸质发票和电子发票）、财政票据、完税凭证、收款凭证、分割单等。税前扣除凭证在企业所得税前扣除遵循的"真实性、合法性和合理性"（"三性"原则）和共同成本分摊的税前扣除凭证是税务稽查的重点。

一、税前扣除凭证的"真实性、合法性、关联性"稽查

《企业所得税税前扣除凭证管理办法》（国家税务总局公告 2018 年第 28 号）第四条规定："税前扣除凭证在管理中遵循真实性、合法性、关联性原则。真实性是指税前扣除凭证反映的经济业务真实，且支出已经实际发生；

合法性是指税前扣除凭证的形式、来源符合国家法律、法规等相关规定；关联性是指税前扣除凭证与其反映的支出相关联且有证明力。"根据此税收政策规定，税前扣除凭证在企业所得税前扣除，必须要满足"真实性、合法性、关联性"原则。税务机关稽查税前扣除凭证"真实性、合法性、关联性"的要点分析如下：

（一）税前扣除凭证"真实性"的税务稽查要点

"真实性"是指税前扣除凭证反映的经济业务真实，且支出已经实际发生，即"真实性"＝经济业务真实＋支出已经实际发生。基于此规定，税务稽查部门对税前扣除凭证"真实性"的稽查要点体现在两个方面：一是经济业务的真实发生；二是经济业务的支出实际发生。

1. 能证明"经济业务真实"的各种法律凭证

真实性是基础，若企业的经济业务及支出不具备真实性，就不可以企业所得税税前扣除。实践中证明业务真实的法律凭证主要体现如下：

（1）合同、协议。

（2）公司内部的文件、会议纪要和制度。

（3）房地产企业开发项目的立项、规划书、招标文件、设计图纸。

（4）出库单或发货单、销售清单、验货确认单。

（5）建筑企业项目部农民工出勤考勤表、工程监理师或业主签字的签证报告、工程造价清单、工程计量确认单、工程进度结算和工程最终决算书。

（6）书面的咨询报告。

有些支出虽然发生，但是不是真实性的支出是不可以在企业所得税税前扣除的。例如，以下不具备真实性的支出就不可以在企业所得税前扣除：

（1）不少企业给第三方税点购买发票入账。

（2）企业采购原材料时，给予供应商税点要求供应商多开金额部分的发票。

（3）建筑企业项目部虚列农民工人数造的工资表入账。

（4）企业利用培训公司、造价事务所、会计师事务所、税务师事务所、咨询公司等中介机构虚签合同开具发票入账。

2. 能证明"支出已经实际发生"的凭证

（1）相关税法依据分析。国家税务总局公告 2018 年第 28 号第二条规定："本办法所称税前扣除凭证，是指企业在计算企业所得税应纳税所得额时，证明与取得收入有关的、合理的支出实际发生，并据以税前扣除的各类凭证。"

《中华人民共和国企业所得税法》（中华人民共和国主席令第 23 号）第八条规定，企业实际发生的与取得收入有关的、合理的支出，包括成本、费用、税金、损失和其他支出，准予在计算应纳税所得额时扣除。《中华人民共和国企业所得税法实施条例》（中华人民共和国国务院令 474 号）第二十七条规定："《中华人民共和国企业所得税法》第八条所称有关的支出，是指与取得收入直接相关的支出。《企业所得税法》第八条所称合理的支出，是指符合生产经营活动常规，应当计入当期损益或者有关资产成本的必要和正常的支出。"

基于此规定，企业发生的支出在企业所得税税前扣除时必须是实际支出。因此，如果经济业务真实，但实际没有发生支出的成本，就不可以在企业所得税税前扣除。在实际操作过程中，以下支出在企业所得税汇算清缴前没有支出是不准税前扣除的：

第一，企业预提并在下一年度 5 月 31 日之前没有支付的职工工资。

根据《国家税务总局关于企业工资薪金和职工福利费等支出税前扣除问题的公告》（国家税务总局公告 2015 年第 34 号）第二条的规定，企业在年度汇算清缴结束前向员工实际支付的已预提汇缴年度工资薪金，准予在汇缴年度按规定扣除。

第二，没有实际缴纳只是计提的除企业所得税和允许抵扣的增值税以外的各项税金及其附加。

《中华人民共和国企业所得税法》规定："第八条　企业实际发生的与取得收入有关的、合理的支出，包括成本、费用、税金、损失和其他支出，准予在计算应纳税所得额时扣除。《中华人民共和国企业所得税法实施条例》规定：第三十一条企业所得税法第八条所称税金，是指企业发生的除企业所得税和允许抵扣的增值税以外的各项税金及其附加。"基于此规定，实际发生税金是指实际缴纳并取得相应的完税凭证，没有实际缴纳只是计提的企业所得税和允许抵扣的增值税以外的各项税金及其附加不可以在企业所得税税前扣除。

第三，企业计提的职工福利费、教育经费、工费经费和"五险一金"没有发生支付不准在企业所得税税前扣除。

国家税务总局关于企业工资薪金及职工福利费扣除问题的通知（国税函〔2009〕3 号）第一条规定："《中华人民共和国企业所得税法实施条例》第三十四条所称的'合理工资薪金'，是指企业按照股东大会、董事会、薪酬委员会或相关管理机构制定的工资薪金制度规定实际发放给员工的工资薪金。"基于此税法规定,只是计提没有实际缴纳的职工福利费、教育经费、工费经费和"五险一金"不可以在企业所得税税前扣除。

但是,对房地产企业预提的三项(应付)费用税前扣除不以实际发生为原则,这是税法的特别规定。

国税法〔2009〕31号文件第三十二条规定:"除以下几项预提(应付)费用外,计税成本均应为实际发生的成本。

(一)出包工程未最终办理结算而未取得全额发票的,在证明资料充分的前提下,其发票不足金额可以预提,但最高不得超过合同总金额的10%。

(二)公共配套设施尚未建造或尚未完工的,可按预算造价合理预提建造费用。此类公共配套设施必须符合已在售房合同、协议或广告、模型中明确承诺建造且不可撤销,或按照法律法规规定必须配套建造的条件。

(三)应向政府上交但尚未上交的报批报建费用、物业完善费用可以按规定预提。物业完善费用是指按规定应由企业承担的物业管理基金、公建维修基金或其他专项基金。"

通过以上分析,企业所得税税前扣除的税前扣除凭证必须同时具备三个条件:一是业务真实;二是支出实际发生;三是实际发生的支出必须与企业取得的收入直接相关的必要的正常的支出。

(2)"支出已经实际发生"的支出凭证。"支出已经实际发生"是指通过现金支付、银行转账支付、支票承兑支付、汇票贴现支付、实际支付和第三方受托支付等支出形式,实际已经支付一部分款项或支付全部款项。没有实际发生支出的业务就不构成"业务的真实性"。支出实际发生的凭证主要体现如下:银行对账单、汇票、支票、收付款收据、微信支付、支付宝支付等第三方支付记录、受托代为支付的三方委托支付协议书和实际缴纳除企业所得税和允许抵扣的增值税以外的各项税金及其附加的完税凭证。

案例分析 6

某房地产企业指定分包方中票款不一致的涉税分析

一、案情介绍

房地产企业甲与建筑企业乙签订总承包合同1000万元(含增值税),同时甲指定建筑企业乙与其属于同一法人代表的具有分包资质的建筑企业丙签订分包合同 300 万元（含增值税），在工程款支付上，房地产企业甲直接将分包工程款依次支付给丙公司，分包方将发票开具给总包方乙公司，总包方将发票开具给房地产公司甲，具体如图 3-1 所示。

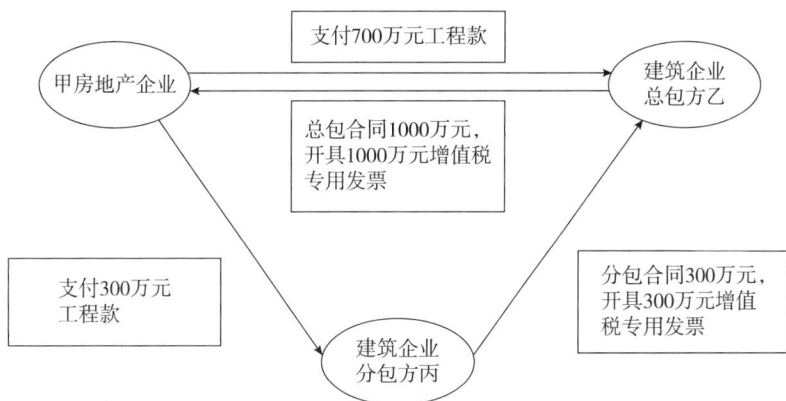

图 3-1 案例流程

二、涉税分析

1. 法律依据

根据国家税务总局公告 2018 年第 28 号文件第二条的规定，税前扣除凭证，是指企业在计算企业所得税应纳税所得额时，证明与取得收入有关的、合理的支出实际发生，并据以税前扣除的各类凭证。

《国家税务总局关于加强增值税征收管理若干问题的通知》（国税发〔1995〕192 号）第一条第（三）项规定："**纳税人购进货物或应税劳务，支付运输费用，所支付款项的单位，必须与开具抵扣凭证的销货单位、提供劳务的单位一致，才能够申报抵扣进项税额，否则不予抵扣。**"

该房地产企业甲收到建筑企业乙开具的 1000 万元增值税专用发票，只支付 700 万元给建筑企业乙；房地产企业甲支付 300 万元给分包方丙，建筑企业丙开具 300 万元增值税专用发票给总包方乙，出现了资金流、票流、劳物流不统一，与票款不一致的问题。也出现了乙企业有丙开具的税前扣除凭证——发票，但是乙没有实际发生资金支付给丙的现象。

因此，总包方乙和房地产企业甲不可以抵扣增值税进项税额，乙不可以在企业所得税前扣除 300 万元成本，甲不可以在企业所得税前扣除 300 万元成本，也不可以抵扣增值税进项税额。

2. 应对策略

由于支出实际发生的凭证主要如下：银行对账单、汇票、收付款收据、第三方支付记录，为了规避票款不一致和"三流"不统一导致的不能抵扣增值税进项税额，有两种应对策略：

（1）在总承包合同的基础上，业主、总包方和分包方必须签订"业主代发分包方工程款的三方补充协议"，协议中有三个当事人：业主、总承包方、分包方。协议中必须明确"业主支付分包方工程款"模式（业主是分包方工程款的直接支付义务人）具体如下：

一、分包商应按经总承包商和业主确认的工程量金额，向总承包商开具工程款增值税专业用发票，总承包商则应向业主单独开具等额的并标明分包工程名称的工程款增值税专业用发票。

二、业主按总承包商向其开具的发票金额，在扣除照管费或管理费（如约定由分包商支付）后，将剩余款项直接支付给分包商。

三、业主将扣减的照管费（如约定由分包商支付）支付给总承包商。

（2）总承包商与业主房地产公司签订总承包合同时，在工程款结算和支付条款中明确：业主代替总承包商支付分包商工程款；在发票开具条款中明确：总承包商开具增值税发票给业主时，在增值税发票的备注栏中打印"含业主代总承包商支付分包方××××工程款"字样。同时，承包商与分包商签订专业分包合同时，在工程款结算和支付条款中注明：业主代替总承包商支付分包商工程款；在发票条款中，分包商在开具发票给总承包商时，在备注栏中打印"本工程款已经由业主代总承包商支付"字样。

（二）税前扣除凭证"合法性"的税务稽查要点

根据国家税务总局公告 2018 年第 28 号第四条的规定，合法性是指税前扣除凭证的形式、来源符合国家法律、法规等相关规定。基于此规定，"形式、来源符合国家法律、法规等相关规定"是指税前扣除凭证形式合法、来源合法。

1. 稽查税前扣除凭证的形式合法性

形式合法是指税前扣除凭证（发票）开具的内容、时间、对象等要合法，要符合国家法律、法规的有关开票的规定。实际操作中的税前扣除凭证，例如，发票的形式合法主要是开具的发票必须符合以下规定：

（1）《中华人民共和国发票管理办法实施细则》第二十一条所称不符合规定的发票是指开具或取得的发票是应经而未经税务机关监制，或填写项目不齐全，内容不真实，字迹不清楚，没有加盖发票专用章，伪造，作废以及其他不符合税务机关规定的发票。

（2）《增值税发票开具指南》第二章第一节第二条第二款规定："所有单位和从事生产、经营活动的个人在购买商品、接受服务以及从事其他经营活动支付款项，应当向收款方取得发票。取得发票时，不得要求变更品名和金额。"

（3）《国家税务总局关于增值税发票管理若干事项的公告》（国家税务总局公告 2017 年第 45 号）第一条规定："自 2018 年 1 月 1 日起，纳税人通过增值税发票管理新系统开具增值税发票（包括增值税专用发票、增值税普通发票、增值税电子普通发票）时，商品和服务税收分类编码对应的简称会自动显示并打印在发票票面'货物或应税劳务、服务名称'或'项目'栏次中。"

（4）《国家税务总局关于增值税发票开具有关问题的公告》（国家税务总局公告 2017 年第 16 号）规定："第一条　自 2017 年 7 月 1 日起，购买方为企业的，索取增值税普通发票时，应向销售方提供纳税人识别号或统一社会信用代码；销售方为其开具增值税普通发票时，应在'购买方纳税人识别号'栏填写购买方的纳税人识别号或统一社会信用代码。不符合规定的发票，不得作为税收凭证。本公告所称企业，包括公司、非公司制企业法人、企业分支机构、个人独资企业、合伙企业和其他企业。第二条　销售方开具增值税发票时，发票内容应按照实际销售情况如实开具，不得根据购买方要求填开与实际交易不符的内容。"

（5）《纳税人跨县（市、区）提供建筑服务增值税征收管理暂行办法》（国家税务总局公告 2016 年第 17 号）第六条规定："纳税人按照上述规定从取得的全部价款和价外费用中扣除支付的分包款，应当取得符合法律、行政法规和国家税务总局规定的合法有效凭证，否则不得扣除。其中合法有效凭证是从分包方取得的 2016 年 5 月 1 日后开具的，备注栏注明建筑服务发生地所在县（市、区）、项目名称的增值税发票。"

（6）《国家税务总局关于全面推开营业税改征增值税试点有关税收征收管理事项的公告》（国家税务总局公告 2016 年第 23 号）第四条第（三）项规定："提供建筑服务，纳税人自行开具或者税务机关代开增值税发票时，应在发票的备注栏注明建筑服务发生地县（市、区）名称及项目名称。"

（7）《国家税务总局关于营改增后土地增值税若干征管规定的公告》（国家税务总局公告 2016 年第 70 号）第五条规定："营改增后，土地增值税纳税人接受建筑安装服务取得的增值税发票，应按照《国家税务总局关于全面推开营业税改征增值税试点有关税收征收管理事项的公告》（国家税务总局公告 2016 年第 23 号）规定，在发票备注栏注明建筑服务发生地县（市、区）名称及项目名称，否则不得计入土地增值税扣除项目金额。"

（8）《国家税务总局关于全面推开营业税改征增值税试点有关税收征收管理事项的公告》（国家税务总局公告 2016 年第 23 号）第四条第（四）项规定："销售不动产，纳税人自行开具或者税务机关代开增值税发票时，应在发票'货物或应税劳务、服务名称'栏填写不动产名称及房屋产权证书号码（无房屋产权证书的可不填写），'单位'栏填写面积单位，备注栏注明不动产的详细地址。"第（五）项规定："出租不动产，纳税人自行开具或者税务机关代开增值税发票时，应在备注栏注明不动产的详细地址。"

2. 稽查税前扣除凭证的来源合法性

税前扣除凭证来源合法是指发票等税前扣除凭证本身来源合法。例如，企业从税务机关依法领购并有资格开具的增值税发票。因此，虚构业务开具的发票和购买的发票不得在企业所得税税前扣除。

（三）税前扣除凭证的关联性稽查要点

国家税务总局公告 2018 年第 28 条第四条规定："关联性是指税前扣除凭证与其反映的支出相关联且有证明力。"基于此规定，"关联性" = 与其反映的支出相关联+有证明力，特别强调税前扣除凭证要有证明力。没有证明力的税前扣除凭证不可以在企业所得税税前扣除。因此，税前扣除凭证的关联性稽查要点是：①稽查与企业取得收入有关联的支出凭证的证明效力。在稽查实践中主要通过稽查合同、协议等法律凭证证明支出的真实性。②实际发生的支出及其对应的税前扣除凭证是相互关联。在税务稽查实践中，主要稽查企业获得的采购业务的增值税发票上填写的货物或服务的名称、数量、单价必须与企业实际采购货物或服务的名称、数量、单价保持一致。

例如，房地产开发企业向其他单位或个人支付的拆迁补偿费用的凭证如何有证明力？根据《财政部、国家税务总局关于明确金融 房地产开发 教育辅助服务等增值税政策的通知》（财税〔2016〕140 号）第七条的规定，房地产开发企业中的一般纳税人销售其开发的房地产项目（选择简易计税方法的房地产老项目除外），在取得土地时向其他单位或个人支付的拆迁补偿费用也允许在计算销售额时扣除。纳税人按上述规定扣除拆迁补偿费用时，应提供拆迁协议、拆迁双方支付和取得拆迁补偿费用凭证等能够证明拆迁补偿费用真实性的材料。基于此规定，拆迁补偿协议、拆迁双方支付和取得拆迁补偿费用的付款和收款收据就是房地产企业支付拆迁补偿费税前扣除凭证的证明。

二、违约金、赔偿金和共同成本分摊的税务稽查重点

违约金、赔偿金和共同成本分摊支出是企业所得税税前扣除的一项重要成本支出。税务稽查部门对违约金、赔偿金和共同成本分摊支出的稽查重点是：①合同未履行和合同履行过程中发生的违约金、赔偿金支出在企业所得税税前扣除要不要发票凭证。②共同成本分摊支出在企业所得税税前扣除要不要发票凭证。

（一）违约金、赔偿金税前扣除凭证的三种税务处理

1. 合同未履行，经营业务未实际发生，购买方或者销售方支付违约金的税前扣除凭证处理

（1）法律依据。国家税务总局公告 2018 年第 28 号第八条规定，税前扣除凭证按照来源分为内部凭证和外部凭证。内部凭证：指企业自制用于成本、费用、损失和其他支出核算的会计原始凭证。外部凭证：指企业发生经营活动和其他事项时，从其他单位、个人取得的用于证明其支出发生的凭证，包括但不限于发票（包括纸质发票和电子发票）、财政票据、完税凭证、收款凭证、分割单等。

国家税务总局公告 2018 年第 28 号第十条规定，企业在境内发生的支出项目不属于应税项目的，对方为单位的，以对方开具的发票以外的其他外部凭证作为税前扣除凭证；对方为个人的，以内部凭证作为税前扣除凭证。

（2）分析结论。

第一，合同未履行、经营业务未实际发生、购买方或者销售方支付违约金不属于应税项目。

第二，收到违约金和赔偿金的一方不需要给支付违约金和赔偿金的一方开具发票。

第三，支付违约金和赔偿金的一方的税前扣除凭证为：以签订的合同、支付凭证或判决书等其他生效的法律文书作为凭证在企业所得税税前扣除。

2. 合同正常履行，经营业务实际发生，由购买方支付赔偿款的税前扣除凭证处理

（1）法律依据。

第一，根据《中华人民共和国增值税暂行条例》及其实施细则的规定，销售额为纳税人发生应税销售行为收取的全部价款和价外费用。价外费用包括价外向购买方收取的违约金和赔偿金。

第二，国家税务总局公告 2018 年第 28 号第九条规定，企业在境内发生的支出项目属于增值税应税项目（以下简称"应税项目"）的，对方为已办理税务登记的增值税纳税人，其支出以发票（包括按照规定由税务机关代开的发票）作为税前扣除凭证；对方为依法无须办理税务登记的单位或者从事小额零星经营业务的个人，其支出以税务机关代开的发票或者收款凭证及内部凭证作为税前扣除凭证，收款凭证应载明收款单位名称、个人姓名及身份证号、支出项目、收款金额等相关信息。

（2）分析结论。根据以上税法规定，合同正常履行，经营业务实际发生的情况下，税务处理如下：

第一，销售方向购买方收取的赔偿款属于价外费用，应并入销售额计算缴纳增值税并开具发票。

第二，合同正常履行、经营业务实际发生、由购买方支付赔偿款的税前扣除凭证为销售方向购买方开具的增值税发票。

3. 合同正常履行，经营业务实际发生，由销售方支付赔偿款的税前扣除凭证处理

（1）法律依据。国家税务总局公告 2018 年第 28 号第十条规定，企业在境内发生的支出项目虽不属于应税项目，但按税务总局规定可以开具发票的，可以发票作为税前扣除凭证。如《国家税务总局关于增值税发票管理若干事项的公告》（国家税务总局公告 2017 年第 45 号）附件《商品和服务税收分类编码表》中规定的不征税项目等。根据《国家税务总局关于营改增试点若干征管问题的公告》（国家税务总局公告 2016 年第 53 号）规定，使用"未发生销售行为的不征税项目"编码，发票税率栏应填写"不征税"，不得开具增值税专用发票。

（2）分析结论。合同已经履行，销售方或服务提供方因质量不符合规定等原因，给购货方造成一定损失，处理方式一般有以下两种：

第一，签订赔偿协议，按合同约定向购买方支付一定金额的赔偿款。在这种情形下，销售方虽支付了赔偿款，但购买方无销售商品、提供服务等经营行为，销售方仍然无法取得增值税发票。在此种情况下，其税前扣除凭证为外部凭证。

第二，签订折扣折让协议，按合同约定通过折扣折让方式减少销售方收取的货款金额。在这种情形下，应通过开具红字发票处理，以发票作为税前扣除凭证。

（二）共同成本分摊的税前扣除凭证处理

1. 共同接受应纳增值税劳务（简称"应税劳务"）发生支出进行分摊的税前扣除凭证处理

《企业所得税税前扣除凭证管理办法》（国家税务总局公告2018年第28号）第十八条第一款规定："企业与其他企业（包括关联企业）、个人在境内共同接受应纳增值税劳务（以下简称"应税劳务"）发生的支出，采取分摊方式的，应当按照独立交易原则进行分摊，企业以发票和分割单作为税前扣除凭证，共同接受应税劳务的其他企业以企业开具的分割单作为税前扣除凭证。"

例如，甲、乙、丙公司共同使用同一层租用的办公楼，但是甲公司与出租房丁公司签订办公楼租赁合同，使用方是甲、乙、丙公司，三个公司约定各自承担1/3的租金。合同约定承租方是甲公司，由甲公司全权负责租赁过程中的事项，则丁公司必须开具发票给甲公司，甲公司以丁公司开具给其的租赁发票和甲、乙、丙之间的租金分割表作为税前扣除凭证在企业所得税税前进行扣除，而乙和丙公司就凭甲公司开给乙和丙的租金分割表作为税前扣除凭证。当然甲、乙、丙之间必须签订租金分摊协议，甲将丁开具给甲的租赁发票进行复印，加盖发票专用章，给乙和丙各一份，乙和丙将分摊协议和发票复印件存档备查。

2. 共同接受非应税劳务发生的支出的税务处理

《企业所得税税前扣除凭证管理办法》（国家税务总局公告2018年第28号）第十八条第二款规定："企业与其他企业、个人在境内共同接受非应税劳务发生的支出，采取分摊方式的，企业以发票外的其他外部凭证和分割单作为税前扣除凭证，共同接受非应税劳务的其他企业以企业开具的分割单作为税前扣除凭证。"

例如，甲公司与乙公司分别是建筑企业总承包方和专业分包方，在同一标段施工工程中，压坏当地道路，村委会要求甲公司给予赔偿现金。甲公司与村委会签订施工道路压坏赔偿协议书，协议中约定：赔偿费用由甲公司和乙公司共同承担。然后甲公司与乙公司签订道路压坏赔偿分摊协议书，约定各自承担的赔偿比例。村委会给甲公司开具收款收据，甲公司以与村委会签订的赔偿协议书和村委会开具的收款收据作为税前扣除凭证，而乙公司以甲公司开给其赔偿费用分割单作为税前扣除凭证，当然乙公司要以甲公司与其签订的赔偿费用分摊协议和甲公司与村委会签订的赔偿协议的复印件（加盖甲公司合同章）存档备查。

3. 企业租用（包括企业作为单一承租方租用）办公、生产用房等资产发生的水、电、燃气、冷气、暖气、通讯线路、有线电视、网络等费用分摊的税务处理

《企业所得税税前扣除凭证管理办法》（国家税务总局公告2018年第28号）第十九条规定："企业租用（包括企业作为单一承租方租用）办公、生产用房等资产发生的水、电、燃气、冷气、暖气、通讯线路、有线电视、网络等费用，出租方作为应税项目开具发票的，企业以发票作为税前扣除凭证；出租方采取分摊方式的，企业以出租方开具的其他外部凭证作为税前扣除凭证。"

三、小额零星业务支出和非应税项目支出的税前扣除凭证的稽查重点

小额零星业务支出是指个人从事"应税项目"（缴纳增值税项目）经营业务的销售额不超过增值税相关政策规定的起征点的支出。非应税项目支出是指企业在境内发生的"不属于应税项目"（不缴纳增值税项目）的支出。这两项支出在企业所得税税前扣除的税前扣除凭证要不要发票是税务稽查的重点。

（一）小额零星业务支出的税前扣除凭证稽查要点

1. 稽查小额零星业务支出的判断标准和适用的纳税主体

根据国家税务总局公告2018年第28号文件第九条第二款的规定，小额零星经营业务的判断标准是个人从事应税项目经营业务的销售额不超过增值税相关政策规定的起征点。

《财政部关于修改〈中华人民共和国增值税暂行条例实施细则〉和〈中华人民共和国营业税暂行条例实施细则〉的决定》（财政部令第65号）第一条规定，将《中华人民共和国增值税暂行条例实施细则》第三十七条第二

款修改为："增值税起征点的幅度规定如下：

（一）销售货物的，为月销售额 5000~20000 元；

（二）销售应税劳务的，为月销售额 5000~20000 元；

（三）按次纳税的，为每次（日）销售额 300~500 元。"

根据《财政部　国家税务总局关于全面推开营业税改征增值税试点的通知》（财税〔2016〕36 号）文件附件 1：《营业税改征增值税试点实施办法》第五十条规定："增值税起征点幅度如下：

（一）按期纳税的，为月销售额 5000~20000 元（含本数）。

（二）按次纳税的，为每次（日）销售额 300~500 元（含本数）。"

特别注意的是：文件中的"按期"纳税适用于办理了税务登记或临时税务登记的个体工商户，"按次"纳税适用于自然人。

《中华人民共和国增值税暂行条例实施细则》第九条规定："**条例第一条所称个人，是指个体工商户和其他个人。**"《财政部　国家税务总局关于全面推开营业税改征增值税试点的通知》（财税〔2016〕36 号）文件附件：《营业税改征增值税试点实施办法》第四十九条规定："**增值税起征点不适用于认定为一般纳税人的个体工商户。**"基于此规定，增值税起征点适用的纳税主体是小规模纳税人的个体工商户和自然人。

小额零星业务支出的判断标准是：办理了税务登记或临时税务登记的个体工商户的小额零星业务支出标准是按月销售额 2 万元以内；自然人的小额零星业务支出标准是按次销售额 500 元以内。

2. 稽查小额零星经营业务支出的税前扣除凭证的合法性

依据国家税务总局公告 2018 年第 28 号文件第九条第二款的规定："企业在境内发生的支出项目属于增值税应税项目（以下简称'应税项目'）的，对方为依法无需办理税务登记的单位或者从事小额零星经营业务的个人，其支出以税务机关代开的发票或者收款凭证及内部凭证作为税前扣除凭证，收款凭证应载明收款单位名称、个人姓名及身份证号、支出项目、收款金额等相关信息。"

《税务登记管理办法》（国家税务总局令第 36 号）第二条规定："企业，企业在外地设立的分支机构和从事生产、经营的场所，个体工商户和从事生产、经营的事业单位；除国家机关、个人和无固定生产、经营场所的流动性农村小商贩以外的其他纳税人，均应当按规定办理税务登记。即国家机关、个人和无固定生产、经营场所的流动性农村小商贩依法无需办理税务登记的单位。"

基于此规定，发生增值税应税项目的小额零星经营业务支出的税前扣除凭证有以下两种：

（1）以税务机关代开的发票作为税前扣除凭证。

（2）以收款凭证及内部凭证或小额零星业务支出收款收据作为税前扣除凭证，收款凭证应载明收款单位名称、个人姓名及身份证号、支出项目、收款金额等相关信息。

在税务实践处理中，小额零星经营业务支出的税前扣除凭证具体为以下两种：

（1）按次支付500元以下给自然人劳动报酬的税前扣除凭证。

如果劳动者的劳动报酬按次支付在500元（含500元）以下时，则根据国家税务总局公告2018年第28号第九条第二款的规定，用人单位按次支付500元以下的金额是小额零星业务支出，获得劳动报酬的劳动者不需要去税务局代开发票给用人单位作为成本核算依据，而是以零星小额业务支出收款收据作为成本核算依据，作为税前扣除凭证。

小额零星经营业务收款收据　　　付款日期：

付款单位名称			
纳税人识别号			
支出项目	金额	代扣代缴	实收金额
收款人名称			
纳税人识别号			

收款人（签章）

收款日期

（2）按月20000元（含20000元）给小规模纳税人的个体工商户的税前扣除凭证。

如果按期纳税的个体工商户每月提供相同的劳务，用人单位每月发放个体工商户的劳动报酬在20000元以下时，则根据国家税务总局公告2018年第28号第九条第二款的规定，用人单位按月支付20000元以下的金额是小额零星业务支出，按月获得劳动报酬的个体工商户不需要去税务局代开发票给用人单位作为成本核算依据，而是以"小额零星经营业务收款收据"作为成本核算依据和税前扣除凭证。

（二）不属于应税项目（非应税项目）支出税前扣除凭证的税务稽查要点

《中华人民共和国增值税法》第十二条第（三）项规定，因征收征用而取得补偿，是非应税项目，不征增值税。国家税务总局公告 2018 年第 28 号第十条规定："**企业在境内发生的支出项目不属于应税项目的，对方为单位的，以对方开具的发票以外的其他外部凭证作为税前扣除凭证；对方为个人的，以内部凭证作为税前扣除凭证。**"基于此规定，不属于应税项目的支出的税前扣除凭证处理：

第一，对方为单位的，以对方开具的发票以外的其他外部凭证作为税前扣除凭证。即不属于应税项目，对方不开发票，开收款收据之类的即可。

第二，对方为个人的，以内部凭证作为税前扣除凭证。即不属于应税项目，对方开收款收据。

例如，建筑工地上的拆迁补偿费、扰民噪声费、青苗补偿费、工地赔偿费，不属于应税项目的支出，按照以下内部凭证作为税前扣除凭证。

（1）建筑企业与被拆迁者签订补偿协议，协议中明确约定补偿或赔偿金额。

（2）建筑企业必须收集被补偿者的身份证复印件。

（3）要求编制赔偿支付清单，领款者必须在清单上签字捺手印。

另外，企业发生以下成本支出是属于不征增值税项目支出，以内部收款凭证或收款收据作为企业所得税税前扣除的凭证。

（1）采购方从销售方收到的违约金和罚款。

（2）建设单位或业主从建筑企业总承包方工程款中扣留的罚款和违约金。

（3）建筑企业总承包方从建筑企业专业分包方或劳务公司工程进度款或劳务款中扣留的罚款和违约金。

（4）股权转让方收到股权购买方支付的股权转让款。

（5）房地产企业支付给被拆迁人的政策性拆迁补偿款。

（6）销售方为鼓励采购方提前或及时支付销售款而给予的销售折扣，在财务上体现的是财务费用。

（7）建筑企业为发包方提前或及时支付工程款而给予的销售折扣，在财务上体现的是财务费用。

第 三 节

建筑企业工程项目成本中人工费、 材料费、 机械台班费成本比例的税务稽查重点

基于控制建筑企业人为增加材料费用在总工程项目成本中的比例，减少人工费用或机械台班费用在工程项目总成本中的比例，达到材料费用可以多抵扣增值税进项税额和少缴纳企业所得税的目的，税务稽查部门经常会关注建筑企业工程项目成本中的人工费、材料费、机械台班费的比例。为此，房地产和建筑企业的合同、结算书、工程造价清单成为工程项目成本的税务稽查重点。

一、建筑企业工程项目成本中人工费、材料费、机械台班费成本的合理比例

建筑企业工程成本中的人工费、材料费、机械台班费成本在企业总成本中没有明确的固定比例，税务稽查机关对建筑企业工程成本中的人工费、材料费、机械费在企业总成本的占比也没有明确的要求。但是，人工费、材料费、机械台班费在某一项工程项的总成本中有明确的固定比例，税务机关稽查某一项建筑工程成本时，对人工费、材料费、机械台班费在总成本中的占比有一定的要求。具体的比例是该建设项目发包方提供的工程造价清单中不含增值税的人工费、材料费、机械台班费各占不含增值税的人工费、材料费、机械台班费成本总和的比例。

二、税务稽查重点一：各种成本类合同

《中华人民共和国合同法》（中华人民共和国主席令第 15 号）第十条和第十一条规定，当事人订立合同，有书面形式、口头形式和其他形式。法

律、行政法规规定采用书面形式的，应当采用书面形式。当事人约定采用书面形式的，应当采用书面形式。书面形式是指合同书、信件和数据电文（包括电报、电传、传真、电子数据交换和电子邮件）等可以有形地表现所载内容的形式。根据《中华人民共和国印花税法暂行条例》（中华人民共和国国务院令第 11 号）第一条第（一）项的规定，购销、加工承揽、建设工程承包、财产租赁、货物运输、仓储保管、借款、财产保险、技术合同或者具有合同性质的凭证是印花税的应税凭证。《中华人民共和国印花税暂行条例施行细则》（〔1988〕财税字第 255 号）第四条规定：**"条例第二条所说的合同，是指根据《中华人民共和国经济合同法》《中华人民共和国涉外经济合同法》和其他有关合同法规订立的合同。"**具有合同性质的凭证，是指具有合同效力的协议、契约、合约、单据、确认书及其他各种名称的凭证。

在税务稽查实践中，查成本必查发票，查发票必查合同，重点稽查工程项目中的各类设备、材料采购合同、劳务分包合同、设备租赁合同。稽查合同的缘由如下：

（一）合同是隐藏税收风险的"温床"

经济合同签订得好坏或适当与否，在某种程度上与企业的税收风险有一定的关系。通过实践调研发现，经济合同往往是企业税收风险的隐藏之地。一般而言，合同中隐藏着两种税收风险：一是合同的价格条款约定不当使企业多缴纳税收；二是合同的约定条款与国家相关法律的规定相悖从而承担多缴纳的风险。基于此，如果合同没有签订好，其中隐藏的税收风险除非通过双方协调一致能够进行合同的修改和修订，否则税收风险无法规避，给企业产生不必要的税收成本。因此，企业在签订合同时务必注意合同中可能潜在的税收风险，尽量在合同签订环节规避隐藏的税收风险。

（二）合同与发票开具相匹配

"合同与发票开具相匹配"有两层含义：一是发票记载标的物的金额、数量、单价、品种必须与合同中约定的金额、数量、单价、品种相一致；二是发票上的开票人和收票人必须与合同上的收款人和付款人或销售方和采购方或者劳务提供方和劳务接受方相一致。如果不符合以上两层含义的发票，一定是虚开发票或有问题的发票，必将产生不能抵税的风险，甚至触犯刑法落入虚开普通发票或虚开增值税发票的罪名。因此，如果企业开具的发票与交易合同不匹配，则不可以在土地增值税、企业所得税税前扣除，也不可以抵扣增值税进项税额。

（三）企业的税务处理与合同相匹配

税务处理是指企业缴纳多少税和企业什么时候缴纳税。因此，企业缴纳多少税不是财务算出来的，而是经济业务合同本身的履行就决定了企业未来什么时候缴税和缴纳多少税。《国家税务总局关于土地增值税清算有关问题的通知》（国税函〔2010〕220号）第一条规定："未开具发票或未全额开具发票的，以交易双方签订的销售合同所载的售房金额及其他收益确认收入。销售合同所载商品房面积与有关部门实际测量面积不一致，在清算前已发生补、退房款的，应在计算土地增值税时予以调整。"基于此规定，不能凭借企业开具发票的金额判断企业的收入，而应该查看企业的交易合同，未开具发票或未全额开具发票的，以交易双方签订的销售合同所载的售房金额及其他收益确认收入。

三、稽查重点二：工程项目成本中人工费、材料费、机械台班费成本比例

稽查建筑企业工程项目成本中人工费、材料费、机械台班费成本合理比例的策略，概括如下：

（一）稽查建筑施工合同与材料、设备采购合同

主要稽查建筑施工合同中"材料或设备供应"条款约定的"施工企业（乙方）购买的材料、设备的型号、品种、规格和技术标准"与建筑材料或设备采购合同中约定的"买方（施工企业）采购设备、材料的型号、品种、规格和技术标准"是否不一致。

（二）稽查建筑施工合同与发包方的工程造价清单

主要稽查建筑施工合同中"材料或设备供应"条款约定的"施工企业（乙方）购买的材料、设备的型号、品种、规格和技术标准"是否在发包方提供的工程造价清单里面。如果在工程造价清单里面，则施工企业采购设备、材料的型号、品种、规格和技术标准与工程造价清单里面的设备、材料的型号、品种、规格和技术标准是否不一致。

（三）材料、设备采购合同与乙方采购材料、设备的会计账务处理

税务稽查机关主要稽查材料、设备采购合同与施工方的会计账务处理是否相匹配。采购业务是否符合"四流合一"，如果不符合"四流合一"，则采购业务可能涉嫌虚构业务，涉嫌虚开发票或购买发票增加成本。

第四节

建筑企业、房地产企业差额征税调减成本的税务稽查重点

根据我国现行税法的规定，"建筑企业差额征税"是指当选择简易计税方法计征增值税的建筑企业承包方发生专业分包或劳务分包的情况下，允许承包方销售额扣除分包额作为销售额计算增值税。"房地产企业差额征税"是指选择一般计税计征增值税的房地产企业计征增值税时，允许其销售额扣除已售建筑面积住宅的土地价款作为销售额计算增值税。根据财会〔2016〕22 号文件的规定，建筑企业差额征税允许抵扣的税额必须调减"工程施工"，房地产企业差额征税允许抵扣的税额必须调减"主营业务成本"。因此，税务机关必须重点稽查建筑、房地产企业差额征税允许抵扣的税额是否调减成本。

一、建筑企业差额征税调减"工程施工"成本的税务稽查

1. 简易计税使用的会计核算科目：简易计税

根据财政部《关于印发〈增值税会计处理规定〉的通知》（财会〔2016〕22 号）的规定，二级科目"简易计税"明细科目，核算一般纳税人采用简易计税方法发生的增值税计提、扣减、预缴、缴纳等业务。因此，选择简易计税的建筑企业发生分包业务时，其扣除分包额差额征收增值税，应缴纳的增值税额在"简易计税"会计科目核算。

2. 建筑企业差额征税调减"工程施工"的账务处理

根据财会〔2016〕22 号文件的规定，按现行增值税制度规定企业发生相关成本费用允许扣减销售额的，发生成本费用时，按应付或实际支付的金额，借记"主营业务成本""存货""工程施工"等科目，贷记"应付账款""应付票据""银行存款"等科目。待取得合规增值税扣税凭证且纳税义务发生时，按照允许抵扣的税额，借记"应交税费——应交增值税（销项税额抵减）"或"应交税费——简易计税"科目（小规模纳税人应借记"应交税费——应交增值税"科目），贷记"主营业务成本""存货""工程施工"等科目。二级科目"预交增值税"核算一般纳税人转让不动产、提供不动产经营租赁服务、提供建筑服务、采用预收款方式销售自行开发的房地产项目等，按现行增值税制度规定应预缴的增值税额。

企业预缴增值税时：

借：应交税费——预交增值税

　　贷：银行存款

月末，企业将"预交增值税"明细科目余额转入"未交增值税"明细科目：

借：应交税费——未交增值税

　　贷：应交税费——预缴增值税

基于以上会计核算规定，建筑企业差额征税调减"工程施工"的账务处理为：

借：应交税费——简易计税

　　贷：工程施工——合同成本

案例分析 7

建筑企业总分包差额征税业务的财税处理

一、案情介绍

山东的甲公司承包了山西一个合同值为 1000 万元（含增值税）的工程项目，并把其中 300 万元（含增值税）的部分项目分包给具有相应资质的乙公司，工程完工后，该工程项目最终结算值为 1000 万元（含增值税）。假设该项目属于老项目，甲、乙公司均采取简易计税。甲公司完成工程累计发生合同成本500万元。请分析甲公司如何进行会计核算？

二、总包方甲公司的会计核算（单位：万元）

（1）完成合同成本时：

借：工程施工——合同成本 　　　　　　　　　　　　　　 500

　　　贷：原材料等 　　　　　　　　　　　　　　　　　　 500

（2）收到总承包款时：

借：银行存款 　　　　　　　　　　　　　　　　　　　 1000

　　贷：工程结算 　　　　　　　　　　　　　　　　　 970.87

　　　　应交税费——简易计税 　　　　　　　　　　　　 29.13

（3）分包工程结算时：

借：工程施工——合同成本 　　　　　　　　　　　　　　 300

　　贷：应付账款——乙公司 　　　　　　　　　　　　　 300

（4）全额支付分包工程款并取得分包方开具的增值税普通发票时：

借：应付账款——乙公司 　　　　　　　　　　　　　　　 300

　　贷：银行存款 　　　　　　　　　　　　　　　　　　 300

（5）甲公司差额征税调减"工程施工"成本的账务处理时：

借：应交税费——简易计税 　　　　　　　　　　　　　 8.74

　　贷：工程施工——合同成本 　　　　　　　　　　　 8.74

（6）甲公司确认该项目收入与费用时：

借：主营业务成本 　　　　　　　　　　　　　　　　 791.26

　　工程施工——合同毛利 　　　　　　　　　　　　 179.61

　　贷：主营业务收入 　　　　　　　　　　　　　　 970.87

（7）工程结算与工程施工对冲结平：

借：工程结算 　　　　　　　　　　　　　　　　　　 970.87

　　贷：工程施工——合同成本 　　　　　　　　　　 791.26

　　　　　　　　——合同毛利 　　　　　　　　　　 179.61

（8）向项目所在地山西国税局预缴税款＝（1000−300）÷(1+3%)×3%＝20.38（万元）的账务处理：

借：应交税费——预缴增值税 　　　　　　　　　　　 20.38

　　贷：银行存款 　　　　　　　　　　　　　　　　 20.38

借：应交税费——未交增值税　　　　　　　　　　　　20.38
　　贷：应交税费——预缴增值税　　　　　　　　　　　20.38

三、税务处理：全额开票，差额计税

发票备注栏要注明建筑服务发生地所在县（市、区）及项目名称。简易计税的情况下，一般预缴税款等于向机构所在地主管税务机关纳税申报的税额。甲纳税申报按差额计算税额：（1000-300）÷(1+3%)×3%＝20.38（万元）。

建筑施工采用简易计税方法时，发票开具采用差额计税但全额开票，这与销售不动产、劳务派遣、人力资源外包服务、旅游服务等差额开票不同，甲公司可全额开具增值税专用发票。发票上填写：税额为29.12万元［1000÷(1+3%)×3%］，销售金额为970.88万元（1000-29.12）。

二、房地产企业土地成本差额征税的税务稽查重点

房地产企业享受土地成本差额征收增值税的税收政策，涉及房地产企业所得税税前扣除的土地价款、拆迁补偿费用、拆迁安置房支出的真实性、合法凭证和企业所得税缴纳的多少。税务机关重点稽查两方面的内容：一是房地产企业土地成本差额征税是否调减"主营业务成本"而不是"开发成本"；二是证明房地产企业土地价款、拆迁补偿费真实性的法律凭证。

（一）房地产企业土地成本差额征税是否调减"主营业务成本"而不是"开发成本"

1. 会计核算依据

《增值税会计处理的规定》（财会〔2016〕22号）规定，按现行增值税制度规定企业发生相关成本费用允许扣减销售额的，发生成本费用时，按应付或实际支付的金额，借记"主营业务成本""存货""工程施工"等科目，贷记"应付账款""应付票据""银行存款"等科目。待取得合规增值税扣税凭证且纳税义务发生时，按照允许抵扣的税额，借记"应交税费——应交增值税（销项税额抵减）"或"应交税费——简易计税"科目（小规模纳税人应借记"应交税费——应交增值税"科目），贷记"主营业务成本""存货""工程施工"等科目。

2. 抵减销售额差额征税的土地成本的账务处理

基于以上规定，房地产企业扣除土地价款差额计征增值税的账务处理如下：

（1）房地产企业支付土地出让金、征地和拆迁补偿费用、土地前期开发费用时的账务处理：

借：开发成本——土地成本/土地征用拆迁补偿费

　　贷：银行存款

（2）房地产企业交房结转收入扣除土地出让金、征地和拆迁补偿费用、土地前期开发费用，抵减销项税额，冲减"主营业务成本"的账务处理：

借：应交税费——应交增值税（销项税额抵减）

　　贷：主营业务成本

3. 房地产企业土地成本差额征税调减"主营业务成本"而不是"开发成本"科目的原因

（1）是由房地产企业在计算销售额中允许扣除的土地价款（包括拆迁补偿费用、土地前期开发费用）的计算方法决定的。

房地产企业在计算销售额中允许扣除的土地价款（包括拆迁补偿费用、土地前期开发费用）按照以下方法计算：

当房地产企业一次性购地，分次开发，可供销售建筑面积无法一次全部确定的，按以下顺序计算当期允许扣除分摊土地价款：

首先，计算出已开发项目所对应的土地出让金，计算公式如下：

已开发项目所对应的土地出让金、土地前期开发费用和拆迁补偿费用＝土地价款×(已开发项目占地面积÷开发用地总面积)

其次，按照以下公式计算当期允许扣除的土地价款：

当期允许扣除的土地价款＝（当期销售房地产项目建筑面积÷房地产项目可供销售建筑面积)×已开发项目所对应的土地出让金、土地前期开发费用和拆迁补偿费用

当期销售房地产项目建筑面积是指当期进行纳税申报的增值税销售额对应的建筑面积。房地产项目可供销售建筑面积是指房地产项目可以出售的总建筑面积，不包括销售房地产项目时未单独作价结算的配套公共设施的建筑面积。

最后，按上述公式计算出的允许扣除的土地价款要按项目进行清算，且其总额不得超过支付的土地出让金总额。

另外，从政府部门取得的土地出让金返还款，不得从支付的土地价款中

扣除。

从以上计算方法可知，当期允许从销售额中扣除的土地价款是指"当期已经销售的房地产项目建筑面积"所分担的不包括销售房地产项目时未单独作价结算的配套公共设施建筑面积的可供销售建筑面积的土地成本。而"开发成本——土地成本"是含有未销售房地产项目的建筑面积和未单独作价结算的配套公共设施的建筑面积。

（2）是由土地成本核算的会计制度和税法允许从销售额中扣除的土地成本规定所决定的。

由于"开发成本——土地成本"科目要在已经销售和未销售的房地产项目中进行分摊。"主营业务成本"科目是针对已经销售的房地产项目从"开发产品"科目结转的"开发成本"。而《房地产开发企业销售自行开发的房地产项目增值税征收管理暂行办法》（国家税务总局公告2016年第18号）第四条、第五条第四款和《营业税改征增值税试点有关事项的规定》（财税〔2016〕36号）第一条第（三）项第10点明确规定，允许从销售额中扣除的土地成本差额计征增值税的土地成本只限于"已经销售的房地产开发项目的建筑面积"且"不包括销售房地产项目时未单独作价结算的配套公共设施建筑面积"所对应的土地成本。

4. 如何理解"当期允许扣除的土地价款"或者说"当期允许扣除的土地价款"的范围

根据《财政部 国家税务总局关于明确金融房地产开发教育辅助服务等增值税政策的通知》（财税〔2016〕140号）第七条的规定，房地产企业销售自行开发的房地产项目，在计算增值税的销售额时，在计算销售额时从全部价款和价外费用中扣除土地价款的范围包括以下两项：

（1）房地产企业向政府部门支付的征地和拆迁补偿费用、土地前期开发费用和土地出让收益（也称土地出让金）。

（2）向其他单位或个人支付的拆迁补偿费用。

5. 房地产开发企业计算销售额时扣除的拆迁补偿费用包括"拆迁安置房支出"

（1）拆迁补偿支出的形式。

按现行拆迁补偿法规，拆迁补偿应该是政府拆迁补偿，这样补偿金就全部进入地价了。但实际上，由开发商直接补偿的情况还不少，所以，支付给个人或其他单位的也算，这样的规定是务实的。《国有土地上房屋征收与补偿条例》（国务院令第590号）第二十一条规定，被征收人可以选择货币补偿，也可以选择房屋产权调换。房地产企业的拆迁补偿形式可归纳为三种：一是货币补偿，即拆迁人将被拆除房屋的价值以货币结算方式补偿给被拆除房屋的所有人。二是安置房屋补偿，即拆迁人以易地建设或原地建设的房屋补偿给被拆除房屋的所有人，也就是我们常说的"拆一还一"实物补偿形式。三是安置房补偿与货币补偿相结合，即拆迁人将被拆除房屋的价值优先以安置房补偿，不足的部分以货币补偿给被拆除房屋的所有人。

（2）安置房补偿入账金额的确定。

第一，对于房地产企业来说，如果被拆迁户选择货币补偿方式，该项支出作为"拆迁补偿费"计入开发成本中的土地成本；如果被拆迁户选择就地安置房屋补偿方式，相当于被拆迁户用房地产企业支付的货币补偿资金向房地产企业购入房屋，要确认土地成本中的"拆迁补偿费支出"，即以按公允价值或同期同类房屋市场价格计算的金额以"拆迁补偿费"的形式计入开发成本的土地成本。

第二，对补偿的房屋同时应视同对外销售确认收入。视同销售收入应按其公允价值或参照同期同类房屋的市场价格确定，同时应按照同期同类房屋的成本确认视同销售成本。

第三，主管税务机关有权对价格明显偏低或者偏高且不具有合理商业目的的，或者发生财税〔2016〕36号文件第十四条所列行为而无销售额的，按照自身近期同类、别人近期同类、组成计税价的顺序确定销售额。若主管税务机关有对补偿的房屋视同对外销售的价格进行调整，那么以安置房屋补偿方式的土地成本中的"拆迁补偿费支出"也自然要进行相应的调整。

（3）安置房补偿金额到底能否在计算销售额时扣除？

财税〔2016〕140号规定，房地产开发企业中的一般纳税人销售其开发的房地产项目（选择简易计税方法的房地产老项目除外），在取得土地时向其他单位或个人支付的拆迁补偿费用也允许在计算销售额时扣除。既然"拆一还一"实物补偿与货币补偿一样，都可以作为"拆迁补偿费"计入开发成本中的土地成本，那么安置房补偿入账金额也应允许在计算销售额时扣除。

6. 房地产企业差额计征土地增值税中扣除土地价款（包括土地出让金、征地拆迁补偿费和土地前期开发费用）的发票开具

《关于全面推开营业税改征增值税试点有关税收征收管理事项的公告》（国家税务总局公告2016年第23号）第四条第二款规定："**按照现行政策规定适用差额征税办法缴纳增值税，且不得全额开具增值税发票的（财政部、国家税务总局另有规定的除外），纳税人自行开具或者税务机关代开增值税**

专用发票时，通过新系统中差额征税开票功能开具增值税发票。"由此可见，只有财政部、国家税务总局明确规定"适用差额征税办法缴纳增值税，且不得全额开具增值税发票"的，才需要通过新系统差额征税开票功能开具增值税发票。对于房地产开发企业销售额中扣除土地价款，现行政策未规定不得全额开具增值税发票。因此，房地产企业开发的新老项目扣除土地款差额征税情况下适用一般计税方法的增值税一般纳税人，全额开具增值税专用发票。

（二）证明房地产企业土地价款、拆迁补偿费真实性的法律凭证

根据财税〔2016〕140号第七条第二款和国家税务总局公告2016年第18号第五条第五款的规定，房地产企业销售自行开发的房地产项目，在计算增值税的销售额时，在计算销售额时从全部价款和价外费用中扣除土地价款的税收风险主要体现在以下两个方面：

（1）不能提供证明土地价款和拆迁补偿款真实性的材料，导致房地产企业不能扣除拆迁补偿费用，从而多交增值税。

（2）在计算当期允许扣除的土地价款时，将销售房地产项目时未单独作价结算的配套公共设施的建筑面积计入房地产项目可供销售建筑面积之内，从而少扣除土地价款，使房地产企业多交增值税。

因此，税务机关在核实土地价款时，必须稽查房地产企业是否具有以下证明拆迁补偿款、土地价款真实性的法律证据：

第一，向政府部门支付的征地和拆迁补偿费用、土地前期开发费用和土地出让收益，必须取得省级以上（含省级）财政部门监（印）制的财政票据。

第二，房地产开发企业（包括多个房地产开发企业组成的联合体）受让土地向政府部门支付土地价款后，财政部门监制的财政票据开给房地产公司，设立项目公司对该受让土地进行开发，项目公司按规定扣除房地产开发企业向政府部门支付的土地价款，必须同时符合下列条件：①房地产开发企业、项目公司、政府部门三方签订变更协议或补充合同，将土地受让人变更为项目公司。②政府部门出让土地的用途、规划等条件不变的情况下，签署变更协议或补充合同时，土地价款总额不变。③项目公司的全部股权由受让土地的房地产开发企业持有。

第三，向其他单位或个人支付的拆迁补偿费用，必须提供拆迁协议、拆迁双方支付和取得拆迁补偿费用凭证等能够证明拆迁补偿费用真实性的材

料。包括：①将政府拆迁文件或公告、被拆迁人姓名、联系方式、身份证号码、被拆迁建筑所在路段及门牌号码、拆迁面积、补偿标准、补偿金额、被拆迁人签章等档案资料。②房地产企业与每一位被拆迁人签订的拆迁补偿协议，每一位被拆迁人签字的身份证复印件，由每一位被拆迁人签字并捺有手印的拆迁补偿款清单。③被拆迁人签字的收款收据或有银行盖章的支付拆迁补偿款的支付凭证。④如果存在被拆迁人是承租人并获得拆迁补偿款，则还需要提供出租人与承租人签订的租赁合同复印件。

第 ⑤ 节

建筑企业所得税核定改查账征收涉及亏损、 费用处理的稽查重点

随着国地税的合并，许多现有的核定征收企业所得税的建筑企业将转为查账征收方式征收企业所得税。在企业所得税征收方式从核定征收转为查账征收后，建筑企业在核定征收企业所得税期间，账面上的企业亏损能否在转为查账征收后的期间进行弥补？核定征收期间的成本费用能否在查账征收期间进行抵扣企业所得税？这是企业所得税核定改为查账征收的建筑企业不可回避的税务稽查重点问题。

一、稽查核定征收年度的企业亏损是否在转为查账征收年度弥补亏损

(一) 税收政策依据

《企业所得税核定征收办法 (试行)》(国税发〔2008〕30 号) 第三条规定："纳税人具有下列情形之一的，核定征收企业所得税：(一) 依照法律、行政法规的规定可以不设置账簿的；(二) 依照法律、行政法规的规定应当设置但未设置账簿的；(三) 擅自销毁账簿或者拒不提供纳税资料的；(四) 虽设置账簿，但账目混乱或者成本资料、收入凭证、费用凭证残缺不

全，难以查账的；（五）发生纳税义务，未按照规定的期限办理纳税申报，经税务机关责令限期申报，逾期仍不申报的；（六）申报的计税依据明显偏低，又无正当理由的。"

《企业所得税核定征收办法（试行）》（国税发〔2008〕30号）第四条规定："税务机关应根据纳税人具体情况，对核定征收企业所得税的纳税人，核定应税所得率或者核定应纳所得税额。具有下列情形之一的，核定其应税所得率：（一）能正确核算（查实）收入总额，但不能正确核算（查实）成本费用总额的；（二）能正确核算（查实）成本费用总额，但不能正确核算（查实）收入总额的；（三）通过合理方法，能计算和推定纳税人收入总额或成本费用总额的。纳税人不属于以上情形的，核定其应纳所得税额。"

《中华人民共和国企业所得税法实施条例》（中华人民共和国国务院令第512号）第十条规定："企业所得税法第五条所称亏损，是指企业依照企业所得税法和本条例的规定将每一纳税年度的收入总额减除不征税收入、免税收入和各项扣除后小于零的数额。"

根据以上规定，无论采用核定应税所得率方法，还是采用核定应纳所得税额方法，被核定企业核算的收入和成本费用数据，至少有一项是不真实的，其所形成的亏损乃至向以后年度结转到的亏损额也是不真实的，不真实的亏损额不可以在以后年度的税前利润进行弥补。例如，《广州市地方税务局企业所得税核定征收工作指引》（穗地税发〔2008〕173号）第二十一条规定，由核定征收方式改为查账征收方式的纳税人，其核定征收年度的亏损不得在查账征收年度结转弥补。

（二）分析结论：核定征收年度的亏损不得在查账征收期间的税前利润进行弥补

企业所得税征收方式从核定征收转为查账征收后，核定征收期间的成本、收入核算不真实所形成的亏损不可以在转为查账征收期间的税前利润进行弥补。

二、稽查核定征收年度发生的费用支出，是否在转为查账征收年度的企业所得税税前扣除

《中华人民共和国企业所得税法实施条例》（中华人民共和国国务院令第512号）第九条规定："企业应纳税所得额的计算，以权责发生制为原则，

属于当期的收入和费用，不论款项是否收付，均作为当期的收入和费用；不属于当期的收入和费用，即使款项已经在当期收付，均不作为当期的收入和费用。"由于在按收入总额核定税率和按核定定额征收企业所得税的情况下，其成本费用支出额、扣除额都是不真实的。根据收入费用配比原则，对在核定征收期间虚增或者应转未转、少转的成本费用不能结转到查账征收期间扣除，具体内容如下：

（1）已列支应扣除未扣除的成本费用不能结转到查账征收期间扣除。如在核定征收期间未提足的固定资产、无形资产、生产性生物资产折旧以及商品生产或者购进成本、开办费、新产品新技术研究开发费及其加计扣除部分、待摊费用、广告和业务宣传费、职工教育经费支出等。

（2）虚列的成本费用不能结转到查账征收期间扣除。包括无凭证和以非法凭证列支的成本费用，如白条、非法发票和不符合规定的发票、非资产评估机构出具的评估报告等。

（3）应列支未列支的期间费用不能结转到查账征收期间扣除。包括已开具发票未列支和实际业务已发生但未开具发票也未列支两部分，如管理费用、销售费用、财务费用以及应由已售出货物或已提折旧负担的应计入成本的采购费用、运输费用、维护维修费用等。

6

（建筑）劳务公司的税务稽查
重点及应对策略

目前，建筑劳务公司无论是否有建筑劳务资质都可以与建筑总承包方、建筑承包方、建筑专业分包方等劳务发包方签订劳务分包合同，并开具3%的增值税专用（普通）发票。建筑劳务公司应该配备劳务负责人和聘请农民工到建筑工地项目部进行劳务管理，根据安全和质量管理标准，按照劳务分包合同的约定，完成劳务发包方发包的劳务工程量。可是，有的（建筑）劳务公司在劳务分包过程中，往往疏于管理，陷入了虚开增值税发票的犯罪深渊。因此，税务机关对（建筑）劳务公司重点从以下三个方面进行稽查：一是建筑企业挂靠（建筑）劳务公司开具劳务发票的稽查；二是（建筑）劳务公司向建筑企业开具发票的稽查；三是（建筑）劳务公司农民工的工资列支、个税申报和社保费用缴纳的稽查。

第 一 节

建筑企业挂靠劳务公司开具发票的
税务稽查及应对策略

一、建筑企业挂靠劳务公司开具发票的税务稽查重点：虚开发票

"建筑企业挂靠劳务公司虚开劳务发票"是指建筑企业工地上的农民工和劳资专管员都是建筑企业聘请的人员，只是挂靠一家劳务公司向其开具增值税专用（普通）发票，然后给予劳务公司一定管理费用的一种开票行为。这种开票涉及虚开发票的行为，具有一定的税收法律风险，是税务稽查机关稽查的重点。

（一）建筑企业挂靠劳务公司开具劳务发票的错误流程

笔者实践调研发现，建筑公司挂靠劳务公司开具增值税专用发票的现有操作流程如下：

第一步：建筑公司与挂靠的劳务公司签订劳务分包合同。

第二步：建筑公司将劳务费用通过对公账户转入劳务公司账户，劳务公

司扣除税点费用后，将剩下的劳务款从公司账户提出给建筑公司老板的个人银行卡。

第三步：劳务公司向建筑公司开具 3% 的增值税专用发票。

第四步：建筑公司对项目部的农民工在银行开立工资卡，建筑公司老板每月通过自己的本人银行卡将农民工工资汇入民工工资卡；或者建筑公司老板每月通过自己的个人银行卡汇入包工头本人银行卡，包工头再发给农民工本人。

第五步：劳务公司没有对项目进行劳务管理，将建筑公司向劳务公司提交的身份证复印件编制的农民工工资成本都是每人每月 5000 元。

第六步：通过第五步造的农民工工资成本不够冲成本时，劳务公司利用以前在劳务公司工作过的农民工身份证复印件，将剩下不够的人工成本继续编制工资表入成本，致使劳务公司的毛利润和应缴纳的税费刚好是向建筑企业收取的管理费。

（二）建筑企业挂靠劳务公司开具增值税专用发票的税收法律风险

1. 增值税进项税抵扣增值税销项税件的条件

在税收征管实践中，增值税进项税抵扣增值税销项税额必须满足"四流或三流"合一的条件。这"四流"中的合同流和物流（劳务流）必须是真实的，而不是假合同流或假物流。也就是说，一项销售行为或劳务行为同时满足，销售方（劳务提供方）、增值税专用发票的开具方、款项的收款方是同一民事主体，或者说是，满足"劳务流（物流）、资金流和票流""三流一致"或满足"合同流、劳务流（物流）、资金流和票流""四流一致"（因为物流或劳务流中隐含了合同流）的采购行为（劳务行为）的条件，则增值税进项税额就可以在增值税销项税额中进行抵扣。

2. 建筑企业挂靠劳务公司开具增值税专用发票的法律风险

根据《最高人民法院关于适用〈全国人民代表大会常务委员会关于惩治虚开、伪造和非法出售增值税专用发票犯罪的决定〉的若干问题的解释》（法发〔1996〕30 号）的规定，有货物购销或者提供或接受了应税劳务但为他人、为自己、让他人为自己、介绍他人开具数量或者金额不实的增值税专用发票；根据《中华人民共和国发票管理办法》第二十二条的规定，为他人、为自己开具与实际经营业务情况不符的发票是虚开发票行为。根据《国家税务总局关于纳税人对外开具增值税专用发票有关问题的公告》（国家税务总局公告 2014 年第 39 号）的规定，对外开具增值税专用发票同时符合以下情形的，不属于对外虚开增值税专用发票。

（1）纳税人向受票方纳税人销售了货物，或者提供了增值税应税劳务、应税服务。

（2）纳税人向受票方纳税人收取了所销售货物、所提供应税劳务或者应税服务的款项，或者取得了索取销售款项的凭据。

（3）纳税人按规定向受票方纳税人开具的增值税专用发票相关内容，与所销售货物、所提供应税劳务或者应税服务相符，且该增值税专用发票是纳税人合法取得并以自己名义开具的。

基于以上税收政策的规定，挂靠的劳务公司给建筑公司开具增值税专用发票（发票流）、收到了建筑公司通过对公账户支付劳务款（资金流）、挂靠的劳务公司与建筑公司签订劳务分包合同（合同流）和挂靠的劳务公司与建筑公司结算劳务款（劳务流），虽然表面上符合"四流合一"，但是存在以下问题：

一是劳务公司没有参与工程项目部的农民工管理。

二是劳务公司与农民工、包工头（班组长）、劳资专管员没有签订劳动合同或劳务承包合同。

三是劳务公司成本列支中不少农民工不是项目部实际进行施工的农民工本人，而是虚列的农民工人数和名单。

因此，建筑企业挂靠劳务公司开具发票，以上实务操作存在的税收法律风险是：

一是劳务公司虚开增值税发票罪（为他人虚开），建筑企业构成恶意取得增值税专用发票罪（让他人为自己虚开）。

根据《最高人民法院关于虚开增值税专用发票定罪量刑标准有关问题的通知》（法〔2018〕226号）第二条规定，虚开的税款数额在五十万元以上的，认定为刑法第二百零五条规定的"数额较大"；虚开的税款数额在二百五十万元以上的，认定为刑法第二百零五条规定的"数额巨大"。《中华人民共和国刑法》（中华人民共和国主席令第30号）第二百零五条第二款规定："对单位判处罚金，并对其直接负责的主管人员和其他直接责任人员，处三年以下有期徒刑或者拘役；虚开的税款数额较大或者有其他严重情节的，处三年以上十年以下有期徒刑；虚开的税款数额巨大或者有其他特别严重情节的，处十年以上有期徒刑或者无期徒刑。"

二是劳务公司利用别人身份证造工资表，将面临被税务机关处罚的税收风险。

在金税三期系统全额申报个人所得税的情况下，如果劳务公司利用曾经在公司工作过现已离岗的农民工身份证复印件做工资表，在个税系统中申报农民工个税时，该农民工在就职的另外一家单位给其申报个税时，就发现劳务公司利用其身份证造工资表的事实。只要该农民工向劳务公司所在地税务局举报，就会遭到税务局的行政处罚。

二、建筑企业挂靠劳务公司开具发票的税务稽查应对策略

（一）建筑企业挂靠劳务公司开票适用的工程项目

根据建筑企业工程项目是否办理农民工工资专用账户和实名制管理进行分类，建筑企业可以分为以下三大类：

第一类建筑工程项目：既办理农民工工资专用账户又办理农民工实名制管理的项目。主要是房建工程和市政工程。

2019 年 3 月 1 日开始实施的《建筑工人实名制管理办法（试行）》（建市〔2019〕18 号）第三条规定，本办法适用于房屋建筑和市政基础设施工程。2012 年 5 月 1 日实施的《保障农民工工资支付条例》（中华人民共和国国务院令第 724 号）第三十一条和《国务院办公厅关于全面治理拖欠农民工工资问题的意见》（国办发〔2016〕1 号）第三条第（八）项规定，在建筑领域推行农民工工资专用账户管理，将农民工工资和非人工工程款分账管理。因此，房建工程和市政工程必须是既要办理农民工工资专用账户又要办理农民工实名制管理的工程项目。

第二类建筑工程项目：既不要办理农民工工资专用账户又不要办理农民工实名制管理的项目。主要是地下管道工程、煤矿建设工程、石油化工煤气建设工程、绿化工程、拆迁工程、爆破工程、家庭室内装修工程等，以及以下不需要办理《建筑工程施工许可证》的工程项目：工程投资额在 30 万元以下或者建筑面积在 300 平方米以下的建筑工程，文物保护的纪念建筑物和古建筑等的修缮，抢险救灾及其他临时性房屋建筑和农民自建低层住宅的建筑活动。

第三类建筑工程项目：必须办理农民工工资专用账户但不要办理农民工实名制管理的项目。主要是国家交通工程、水利水电工程、国家电网工程。

从以上三类建筑工程项目的划分来看，建筑公司挂靠劳务公司开具发票

主要适用于第二类、第三类建筑工程项目，第一类建筑工程项目完全不适用挂靠劳务公司开具发票入成本。

（二）建筑企业第二类、第三类工程项目挂靠劳务公司开票应对税务稽查策略：财税法风险管控十九步法

1. 财税法风险管控的指导思想和基本原则

第一，建筑企业第二类、第三类工程项目挂靠劳务公司开票应对税务稽查的指导思想：建筑企业将建筑劳务外包给劳务公司，劳务公司必须按照自营项目进行合法的劳务管理。农民工工资在劳务公司进行成本核算。

第二，建筑企业第二类、第三类工程项目挂靠劳务公司开票应对税务稽查的基本原则：真实交易合法原则。

必须将建筑企业挂靠劳务公司开具发票的违法行为变成合法的、有真实劳务交易行为的开票行为，劳务公司与建筑企业签订劳务分包合同后，必须要视同劳务公司承包的劳务工程项目，按照自营项目进行工程劳务管理，依法会计核算，根据与建筑企业之间的劳务结算款和劳务工程量计量向建筑企业开具增值税发票。

2. 法律风险管控策略九步法

第一步：建筑企业与劳务公司签订劳务分包合同，劳务分包合同约定以下两条法律风险规避条款：

第一条是"农民工工资支付"条款。该条款可从以下两个约定中任选一种：

（1）劳务公司聘请的农民工工资由建筑公司通过其设立的农民工工资专用账户（第三类建筑项目）或其基本账户（第二类建筑项目）代发到农民工本人工资卡或以现金形式（第二类建筑项目）发到农民工本人手中。具体的农民工工资和劳务公司的劳务款发放办法如下：

每次劳务款结算完，扣除每次结算价格3%的质量保证金后的余额，在建筑企业（甲方）收到劳务公司（乙方）提供合法合规且在"备注栏"中注明"建筑服务发生地所在县（市、区）和项目名称"的建筑服务增值税发票时和劳务公司（乙方）提供给甲方的经每一位农民工本人签字捺手印并由劳务公司（乙方）负责人签字的"农民工工资表""农民工工时考勤表"和农民工身份证复印件时，如果是第二类建筑项目，则建筑企业（甲方）通过设立的农民工工资专用账户将农民工工资划入农民工的工资卡；如果是第三类建筑项目，则建筑企业（甲方）通过现金支付形式将农民工工资发放到

农民工本人手中。然后扣除建筑企业（甲方）代发的农民工工资，剩下的劳务分包款，建筑企业（甲方）采用银行承兑汇票形式或银行转账支付形式，通过建筑企业（甲方）的基本户转入劳务公司（乙方）的基本户。

（2）建筑公司将劳务结算进度款直接以公对公形式支付到劳务公司银行账户（第二类工程项目），劳务公司收到建筑公司支付的劳务进度款，必须优先支付给农民工，不得拖欠或挪用、滞留农民工工资。具体的发放办法如下：

每次劳务款结算完，扣除每次结算价格3%的质量保证金后的余额，在建筑企业（甲方）收到劳务公司（乙方）提供合法合规且在"备注"栏中注明"建筑服务发生地所在县（市、区）和项目名称"的建筑服务增值税发票时，分两次进行支付，第一次支付的金额为劳务进度结算款的80%。第一次支付款到账后，劳务公司（乙方）首先用于支付所有农民工工资，建筑企业（甲方）收到劳务公司（乙方）提供经农民工本人签字捺手印并由劳务公司（乙方）负责人签字的工资发放表或银行代发农民工工资清单的复印件和农民工身份证复印件给建筑企业（甲方）后，并由劳务公司管理人员在工程项目所在地工区醒目处张贴公示5个工作日后，如果建筑企业（甲方）未接到农民工的任何投诉，则建筑企业（甲方）将剩余的20%劳务进度结算款支付给劳务公司（乙方）。若接到投诉劳务公司（乙方）拖欠农民工工资或伪造工资表等，建筑企业（甲方）有权暂停对劳务公司（乙方）的任何支付，直接扣除劳务公司（乙方）的工程款向农民工支付工资。

第二条是"发票开具"条款。该条款约定：劳务公司向建筑企业开具3%的增值税专用（普通）发票；劳务公司向建筑企业开具发票时，在增值税发票的"备注"栏注明"建筑工程所在地的县、市（区）和项目的名称"的字样。如果建筑公司通过其设立的农民工工资专用账户或通过其基本账户代发劳务公司农民工工资，则"发票开具"条款还必须约定：劳务公司向建筑企业开具增值税发票时，必须在增值税发票的"备注"栏注明"含建筑企业通过农民工工资专用账户或通过其基本账户代发农民工工资×××元"的字样。

例如，某建筑公司与挂靠的劳务公司签订劳务分包合同1000万元工程所在地和项目名称为：江西省宁都县翠微路桥项目。该建筑公司给该劳务公司6个点的税费和管理费用，劳务公司给建筑公司开1000万元（含增值税），则劳务合同的签订要点如下：

一是在劳务分包合同中"劳务人员工资发放办法"条款中明确"注明

建筑企业代发劳务公司农民工工资"。

二是在劳务分包合同中的"发票开具"条款中约定：劳务公司给建筑公司开劳务发票时必须在发票"备注栏"中写明两点：

（1）建筑企业通过农民工工资专用账户或通过其基本账户代发农民工工资 940 万元。

（2）江西省宁都县翠微路桥项目。

第二步：如果建筑公司通过其设立的农民工工资专用账户或通过其基本账户代发劳务公司农民工工资，则建筑公司与劳务公司必须签订一份"劳务公司委托建筑公司代发农民工工资协议"。

第三步：建筑企业聘用的农民工、班组长与劳务公司签订劳动合同（在劳动合同中的"合同期限"条款中选择约定"固定期限的劳动合同"）将或建筑企业聘用的班组长与劳务公司签订专业作业劳务分包合同（承包合同）。

第四步：劳务公司办公室必须出一份文件：关于组建×××工程项目部的通知，通知里明确担任项目部负责人、劳资专管员、班组长的姓名、身份证号码（项目部负责人、劳资专管员和班组长都是建筑公司聘用的人）。

第五步：劳务公司办公室下达项目部负责人、劳资专管员、班组长任命书，项目部负责人、劳资专管员和班组长都是建筑公司聘用的人。

第六步：劳务公司项目负责人每月底必须将本月已经完成的劳务工程量计量确认单递交给建筑企业项目负责人签字确认。

第七步：劳务公司项目负责人每个月与建筑企业进行工程劳务款进度结算（第三类建筑项目）或根据劳务分包合同约定的结算时间节点进行劳务款进度结算（第二类建筑项目），双方负责人必须在进度结算书上签字盖章确认。

第八步：劳务工程竣工后，建筑企业与劳务公司必须进行最终劳务款决算，双方项目负责人在劳务款决算书上签字盖章确认。

第九步：建立农民工工资发放公示制度。劳务公司项目负责人每月必须将农民工的工资表在工地项目部的"公示栏"张贴"农民工工资发放公示表"，样本格式如图 6-1、图 6-2 所示，并附上工资名单进行公示，公示期不得少于 5 日。

农民工工资发放公示表

_____项目_____标段工友们：

我公司将与近日委托姓名：_____ 项目经理，身份证号码：

_____，联系电话：_____，以现金形式发放你

们在本项目自__年__月__日至__年__月__日结算的劳务工资款。本次

发放工资劳务款名单如下，如对工资或劳务款核算存在异议，请及时

向本公司项目部投诉反映。

×× （建筑企业）劳资监督员姓名： 联系电话：

×× （建筑企业）办公室监督员姓名： 联系电话：

×× （建筑企业）财务部监督员姓名： 联系电话：

图 6-1 通过现金发放工资的发放公示表

农民工工资发放公示表

_____项目_____标段工友们：

我公司将于近日通过银行汇款方式发放你们在本项目

自__年__月__日至__年__月__日结算的劳务工资款。本次发

放工资名单如下，如对工资核算存有异议的，请及时向本

公司项目部投诉反映。

×× （建设单位）劳资监督员姓名： 联系电话：

×× （施工总承包企业）劳资管理员姓名： 联系电话：

×× （用工主体/分包企业）劳资管理员姓名： 联系电话：

工资名单

序号	工种	工人姓名	本次工资核算截止日期	备注
1				
2				
3				
4				
5				
6				
7				

说明：1. 在本名单中如有不属于本班组工人的，请工友向项目部投诉，避免有人冒领工资。

2. 本公示名单需加盖用工主体单位公章。

图 6-2 通过农民工工资专用账户或银行账户发放工资的发放公示表

3. 税务风险管控策略四步法

第一步：如果建筑企业聘用的农民工、班组长与劳务公司签订劳动合同，则工程作业人员（包括农民工）的个人所得税申报缴纳地点在工程作业所在地的税务局。班组长和劳务公司聘用农民工的个税处理方法如下：

（1）班组长和农民工个税的处理方法：核定征收工程项目部作业人员个人所得税。如果劳务工程所在地税务主管部门针对跨省异地施工或省内异地施工的劳务公司按照劳务公司经营收入或劳务公司不含增值税的开票金额的一定比例，例如广东省、江苏省是0.4%，浙江省是0.5%，青岛市是0.5%，湖北省是0.6%，深圳市是0.2%，代征工程项目的管理人员、技术人员和其他工作人员（包括农民工）的个人所得税，则劳务公司必须索取税务局开具的一份"中华人民共和国税收完税证明"，特别提醒：该"中华人民共和国税收完税证明"上的第二列"税种"栏填写"个人所得税"，第三列"品目名称"栏填写"工资薪金所得"字样，而不是填写"个人承包承租经营所得"。根据国家税务总局公告2015年第52号文件的规定，劳务公司在公司注册地凭借农民工工地上真实的工资表（注意：不要都是每月每人5000元，而是真实的工资数额）做工资成本，不需要在工程所在地税务局通过个税申报系统进行全员全额申报农民工个人所得税。

> **温馨提示**
>
> 工程所在地税务局代征工程项目部的管理人员、技术人员和其他工作人员（包括农民工）的个人所得税后，建筑企业和劳务公司的项目部班组长、项目负责人的工资在项目部发放，社保费用在公司注册地缴纳，建筑公司和劳务公司不要单独在公司注册地另行通过个税申报系统申报其个人所得税。

（2）农民工个税的处理方法：查账征收农民工个人所得税。如果劳务工程所在地税务主管部门针对跨省异地施工或省内异地施工的劳务公司没有按照劳务公司经营收入或劳务公司不含增值税的开票金额的一定比例，代征工程项目的管理人员、技术人员和其他工作人员（包括农民工）的个人所得税，则劳务公司依照《中华人民共和国个人所得税法》和国家税务总局公告2015年第52号文件的规定，劳务公司对农民工的工资必须在工程项目所在地的税务局通过个税申报系统实行全员全额预缴个人所得税。但是由于农民工流动频繁和工作时间长短不一，导致劳务公司实施农民工全员全额申报个人所得税工作的烦琐，因此，建议按照以下两种方法进行处理：

1）如果农民工工资标准预计每月 5000 元以下的，则劳务公司在与农民工签订劳动合同时，"工资结算和支付"条款要么约定日工资制，要么约定计件工资制，劳务公司每月向工程所在地税务局，通过个税申报系统进行全员全额零申报农民工个人所得税。

2）如果农民工工资标准预计每月超过 5000 元以上，年收入低于 12 万元（含 12 万元）的，则实行"日工资制或计件工资制+绩效考核"的薪酬制度。即劳务公司与农民工签订劳动合同时，在"工资结算和支付"条款中约定日工资或计件工资标准（每日或每件基本工资+每日或每件绩效考核奖），农民工工资由月基本工资和月绩效考核奖组成，每月由建筑企业通过农民工工资专用账户（第三类建筑项目）或由劳务公司通过现金或银行（第二类建筑项目）发放基本工资，每月底考核一次，每月考核绩效奖于 12 月 31 日前进行一次性总考核结算后，由劳务公司通过现金或银行发放给农民工本人。劳务公司每个月向工程所在地税务局，就发放或预提农民工的基本工资通过个税申报系统进行全员全额零申报农民工个人所得税。当农民工离开劳务公司或 12 月 31 日前离开劳务公司时，劳务公司将农民工的绩效考核奖一次性发给农民工本人。该绩效奖直接用农民工本人签字捺手印的支付明细单入项目成本，不申报个人所得税。理由分析如下：

《财政部关于个人所得税法修改后有关优惠政策衔接问题的通知》（财税〔2018〕164 号）第一条第（一）项规定居民个人取得全年一次性奖金，符合《国家税务总局关于调整个人取得全年一次性奖金等计算征收个人所得税方法问题的通知》（国税发〔2005〕9 号）规定的，在 2021 年 12 月 31 日前，不并入当年综合所得，也可以选择并入当年综合所得计算纳税。自 2022 年 1 月 1 日起，居民个人取得全年一次性奖金，应并入当年综合所得计算缴纳个人所得税。如果不并入当年综合所得计税纳税，则以全年一次性奖金收入除以 12 个月得到的数额，按照本通知所附按月换算后的综合所得税率表（以下简称月度税率表），确定适用税率和速算扣除数，单独计算纳税。计算公式为：

应纳税额=全年一次性奖金收入×适用税率−速算扣除数

基于此税法政策规定，自 2022 年 1 月 1 日起，居民（农民工）个人取得全年一次性奖金（年度绩效考核奖），必须并入当年综合所得计算缴纳个人所得税。

《财政部 税务总局关于个人所得税综合所得汇算清缴涉及有关政策问题的公告》（财政部 税务总局公告2019年第94号）第一条规定："**2019年1月1日至2020年12月31日居民个人取得的综合所得，年度综合所得收入不超过12万元且需要汇算清缴补税的，或者年度汇算清缴补税金额不超过400元的，居民个人可免予办理个人所得税综合所得汇算清缴。居民个人取得综合所得时存在扣缴义务人未依法预扣预缴税款的情形除外。**"基于此规定，2019~2020年的两年内，只要劳务公司每月给农民工全员全额预扣预缴申报农民工个人所得税，农民工获得的绩效考核奖没有申报个人所得税，需要汇算清缴补税。

例如，某建筑劳务公司承包一工程劳务项目，聘请了100位农民工，劳务公司与100位农民工签订了"以完成一定工作任务的期限"的劳动合同，时间是2019年2月1日至2019年11月30日，实行日工资制，每日工资300元（每日基本工资200元，每日绩效考核奖100元），每月实际工作天数为25天，工作时间为10个月，则每月发放农民工工资5000元，在工程所在地税务局通过个税申报系统零申报个人所得税0元，每月绩效奖2500元到农民工离开或年底结算清楚，一次性给予农民工本人。由于一次性支付农民工本人的每人绩效奖为25000元（10个月×2500），劳务公司不申报个税，用支付明细列入成本。根据《财政部 税务总局关于个人所得税综合所得汇算清缴涉及有关政策问题的公告》（财政部 税务总局公告2019年第94号）第一条的规定，农民工一年收入75000元小于120000元，收到绩效奖25000元，劳务公司没有申报个税，依法要进行个人所得税汇算清缴。但是在2019年度和2020年度符合"免予办理个人所得税综合所得汇算清缴"的条件：年度综合所得收入不超过12万元且需要汇算清缴补税。

第二步：如果在工程所在地税务局没有按照经营收入的一定比例代征项目作业人员个税的情况下，则建筑企业聘用的班组长与劳务公司签订劳务承包合同或专业作业劳务分包合同，班组长聘请农民工从事工程劳务作业。工程作业人员（包括农民工）的个人所得税申报缴纳地点在工程作业所在地的税务局。班组长和劳务公司聘用农民工的个税处理方法：班组长或包工头拿着专业作业劳务分包合同（承包合同）、身份证、劳务款结算单到工程劳务所在地税务局代开发票，当地税务局按照"经营所得"而不是"劳务报酬所得"税目代开发票，按照不含增值税的开票金额一定比例（如江西、内蒙古、广西、云南、贵州为1.3%，四川为1.2%，深圳市为0.8%）代征个人所得税。

（1）包工头或班组长获得的专业作业分包所得，在税法上是"经营所得"而不是"劳务报酬所得"。

1）"经营所得"和"劳务报酬所得"的税法界定。《中华人民共和国个人所得税法实施条例》第六条第（二）项规定："**劳务报酬所得，指个人从事劳务取得的所得，包括从事设计、装潢、安装、制图、化验、测试、医疗、法律、会计、咨询、讲学、新闻、广播、翻译、审稿、书画、雕刻、影视、录音、录像、演出、表演、广告、展览、技术服务、介绍服务、经纪服务、代办服务以及其他劳务取得的所得。**"《中华人民共和国个人所得税法实施条例》第六条第（五）项规定："**经营所得，是指：个人通过在中国境内注册登记的个体工商户、个人独资企业、合伙企业从事生产、经营活动取得的所得；个人依法取得执照，从事办学、医疗、咨询以及其他有偿服务活动取得的所得；个人承包、承租、转包、转租取得的所得；个人从事其他生产、经营活动取得的所得。**"

基于以上规定，新的《个人所得税法》对"劳务报酬"税目采用了列举法，对"劳务报酬"征收个人所得税的范围列举了 26 项，凡是不属于《个人所得税法》中列举的 26 项的劳务所得就不是"劳务报酬所得"，不能按照"劳务报酬"征收个人所得税。但是，税收执法中很难区分"劳务报酬所得"中的"个人从事其他劳务取得的所得"与"经营所得"中的"个人从事其他生产、经营活动取得的所得"，两者有何区别？分析如下：

第一，税法规定的"劳务报酬所得"是指民法规定的"自然人"个人从事《中华人民共和国个人所得税法实施条例》第六条第（二）项所列举的 26 项劳务所取得的所得。

《中华人民共和国民法总则》（中华人民共和国主席令第 66 号）第十三条规定，自然人从出生时起到死亡时止，具有民事权利能力，依法享有民事权利，承担民事义务。基于此规定，民法上规定的"自然人"是个人，首先是具有自然生物属性的人，从出生开始就获得了民事主体资格。

《中华人民共和国增值税法》第六条第二款规定："**本法所称个人，是指个体工商户和自然人。**"

《中华人民共和国个人所得税法实施条例》中的"个人"是指自然人和个体工商户业主、个人独资企业投资者、合伙企业合伙人。因为根据《中华人民共和国民法总则》（中华人民共和国主席令第 66 号）第一百零二条的规定，非法人组织是不具有法人资格，但是能够依法以自己的名义从事民事活动的组织。非法人组织包括个人独资企业、合伙企业、不具有法人资格的专业服务机构等。

《中华人民共和国企业所得税法》（中华人民共和国主席令第23号）第一条规定，个人独资企业、合伙企业不适用本法。《中华人民共和国个人所得税法实施条例》第六条第（五）项规定，个人通过在中国境内注册登记的个体工商户、个人独资企业、合伙企业从事生产、经营活动取得的所得属于"经营所得"。

基于以上法律规定，《中华人民共和国个人所得税法实施条例》中的"个人"包括自然人、个体工商户业主、个人独资企业投资者、合伙企业合伙人，而个体工商户业主、个人独资企业投资者、合伙企业合伙人取得的所得属于"经营所得"，因此，《中华人民共和国个人所得税法实施条例》第六条第（二）项，劳务报酬所得，指个人从事劳务取得的所得中的"个人"是指自然人个人而不是一个组织或团队。

第二，什么是个人从事其他劳务取得的所得？

综观《合同法》可以发现，劳务关系被分拆在承揽合同、技术合同、居间合同、运输合同、建筑施工合同、委托合同等合同关系规定中。因此，从事劳务活动是指从事《合同法》规定的承揽、技术、居间、运输、建筑施工、委托等活动。进而"劳务报酬所得"除了《中华人民共和国个人所得税法实施条例》第六条第（二）项所列举的前25项"劳务报酬所得"项目外，还指自然人个人从事《合同法》规定的承揽、技术、居间、运输、建筑施工、委托等活动取得的报酬。基于此分析，《中华人民共和国个人所得税法实施条例》第六条第（二）项列举的26项"劳务报酬所得"项目中的最后一项"个人从事其他劳务取得的所得"是指自然人本人单独从事本条所列举的前25项劳务之外所取得的所得。

第三，什么是个人从事其他生产、经营活动取得的所得？

基于个体工商户从事生产、经营活动取得的所得是"经营所得"的规定，《个人所得税法》规定的"个人从事生产、经营活动"中的"个人"是指"自然人"，不包括"个体工商户"。问题是何为"生产、经营活动"，《安全生产法实施条例》（草案征求意见稿）第八十条规定，生产经营活动是指生产、经营、建设活动，既包括主体性活动，也包括辅助性活动。生产经营单位是指从事生产、经营、建设活动的企业、个体经济组织及其他单位。依据《关于贯彻执行〈中华人民共和国劳动法〉若干问题的意见》第一条规定，个体经济组织是指一般雇工在七人以下的个体工商户。基于此法律规定，"个人从事其他生产、经营活动"是指自然人个人从事生产、经营、建设活动，生产、经营指将资金投入企业对产品（劳务）按照供产销的方式进行的经营活动。因此，"个人从事生产、经营"活动的核心是自然人要有资金成本投入，参与经营管理取得利润或承担亏损的活动。

第四，班组长或包工头与劳务公司或建筑企业签订的劳务专业作业分包合同是"个人从事的生产、经营活动"。

基于以上对"个人从事其他劳务所取得的所得"和"个人从事其他生产、经营活动取得的所得"的分析，班组长或包工头必须要有自己的成本投入，其聘请的农民工的工资和提供劳务服务期间的生活费必须由班组长承担，其与劳务公司签订的专业作业劳务分包合同有可能亏损、有可能盈利，班组长或包工头要加强对农民工的管理、指导、监督活动，必须按照承包合同约定的质量、安全、技术标准向劳务公司交付成果。如果出现质量、安全、技术不达标问题，班组长或包工头必须承担法律责任。

因此，在建筑劳务公司与包工头或班组长签订劳务专业作业分包合同的情况下，班组长或包工头带领的农民工从事某一专业作业劳务，其从劳务公司取得的所得，不属于"劳务报酬"所得，而属于"个人从事其他生产、经营活动取得的所得"，即属于"经营所得"的范畴。

第五，是否办理营业执照不可以作为"劳务报酬所得"和"经营所得"的分水岭。

首先，《个体工商户个人所得税计税办法》（国家税务总局令第35号）第三条对个体工商户进行了范围的界定："A. 依法取得个体工商户营业执照，从事生产经营的个体工商户；B. 经政府有关部门批准，从事办学、医疗、咨询等有偿服务活动的个人；C. 其他从事个体生产、经营的个人。"基于此规定，个体工商户的范围中包括了不办理营业执照的"其他从事个体生产、经营的个人"。这与《中华人民共和国个人所得税法实施条例》第六条第（五）项规定的"经营所得"第四项中的"个人从事其他生产、经营活动取得的所得"高度重合。

其次，根据《建筑安装业个人所得税征收管理暂行办法》（国税发〔1996〕127号）的规定，承包建筑安装业各项工程作业的承包人取得的所得，应区别不同情况计征个人所得税：经营成果归承包人个人所有的所得，或按照承包合同（协议）规定，将一部分经营成果留归承包人个人的所得，按对企事业单位的承包经营、承租经营所得项目征税；以其他分配方式取得的所得，按工资、薪金所得项目征税。从事建筑安装业的个体工商户和未领取营业执照承揽建筑安装业工程作业的建筑安装队和个人，以及建筑安装企业实行个人承包后工商登记改变为个体经济性质的，其从事建筑安装业取得的收入应依照个体工商户的生产、经营所得项目计征个人所得税。基于此规定，班组长和包工头带领农民工从事建筑劳务的某一专业作业活动是国税发〔1996〕127 号中所规定的"未领取营业执照承揽建筑安装业工程作业的建筑安装队"。

最后，《国家税务总局关于个人对企事业单位实行承包经营、承租经营取得所得征税问题的通知》（国税发〔1994〕179 号）指出："A. 承包、承租人对企业经营成果不拥有所有权，仅是按合同（协议）规定取得一定所得的，其所得按工资、薪金所得项目征税，适用 5%~45% 的 9 级超额累进税率。B. 承包、承租人按合同（协议）的规定只向发包、出租方交纳一定费用后，企业经营成果归其所有的，承包、承租人取得的所得，按对企事业单位的承包经营、承租经营所得项目，适用 5%~35% 的 5 级超额累进税率征税。"

因此，根据以上规定，是否办理营业执照不可以作为"劳务报酬所得"和"经营所得"的分水岭。

2）分析结论。结合以上法律政策规定，分析结论如下：

第一，个人办理工商营业执照而产生的收入属于经营所得。

第二，个人依法取得执照，从事办学、医疗、咨询等有偿服务活动的个人取得的所得属于经营所得。

第三，对于无营业执照又未经批准的，个人从事企事业单位的承包、承租、转包、转租取得的所得属于经营所得。

第四，属于《中华人民共和国个人所得税法实施条例》第六条第（二）项列举的 26 项范围内的属于劳务报酬所得。

第五，在建筑劳务公司与包工头或班组长签订劳务专业作业分包合同的情况下，班组长或包工头带领的农民工从事某一专业作业劳务，其从劳务公司取得的所得，不属于"劳务报酬"所得，而属于"个人从事其他生产、经营活动取得的所得"，即属于"经营所得"的范畴。

（2）自然人取得"劳务报酬"所得和在税务局代开发票的方法。由于"劳务报酬"所得是"综合所得"的范围，根据国家税务总局公告 2018 年第 62 号文件的规定，属于"综合所得"中的"劳务报酬"所得由付款方按照"累计预扣法"，按月预扣预缴劳务报酬的个人所得税。因此，自然人取得"劳务报酬"所得，在税务局代开发票时，税务局不代征个人所得税，具体的代开发票的方法如下：

当自然人发生"劳务报酬"所得且"劳务报酬"所得超过增值税起征点（根据《中华人民共和国增值税暂行条例》的规定，自然人增值税起征点是：按月支付在20000元以下，按次支付500元以下）以上的，获得"劳务报酬"所得的自然人必须到劳务发生所在地的税务局代开发票给付款单位。在税务局代开发票时，必须在发票的"备注栏"标明"个人所得税由付款方代开代缴或预扣预缴"的字样。

（3）自然人取得"经营所得"在税务局代开发票的方法。在建筑劳务公司与包工头或班组长签订劳务专业作业分包合同的情况下，班组长或包工头带领的农民工从事某一专业作业劳务，其从劳务公司取得的所得，不属于"劳务报酬"所得，而属于"经营所得"的范畴。在税务局代开发票时，税务局不代征个人所得税，具体的代开发票的方法如下：

第一，在税务局代开发票时，必须按照不含增值税的开票金额，依据当地所在省税务局代征一定比例（如广西和江西为1.3%）的个人所得税；

第二，在税务局代开发票时，必须在发票上的"税收分类与编码栏"中填写"建筑服务——工程劳务"或"其他建筑服务——塔吊作业、钢构作业、土石方作业、抹灰作业、水电安装作业、幕墙玻璃作业等"，且发票的"备注栏"标明"工程项目所在地的市、县（区）和项目的名称"的字样。

第三步：建筑劳务公司收到包工头或班组长代开的发票时，按照差额征税的规定，全额给承包单位开具增值税发票，按照"（劳务公司收取承包单位的所有款项和价外费用-包工头或班组长的专业作业分包额）÷（1+3%）×3%"差额计征增值税。

第四步：社保费用的处理。

（1）建筑企业的社保费用处理。由于建筑企业与劳务公司签订劳务分包合同，对于建筑企业而言，建筑企业只承担其派往施工项目部的管理人员、技术人员的社保费用。不承担农民工的社保费用。

（2）劳务公司的社保费用分两种情况处理。

第一种情况：如果建筑企业聘用的农民工、班组长与劳务公司签订了劳动合同，则农民工、班组长的社保费用按照灵活就业协议（因为农民工和班组长与劳务公司签订劳动合同时，在劳务合同中的"劳动合同期限"条款约定：以完成一定工作任务的劳动期限，是灵活就业协议的一种）的社保费用进行处理。所谓的"灵活就业"是指临时工、季节工、小时工。根据《中华人民共和国社会保险法》的规定，灵活就业人员，用工单位不缴纳医疗、保险、失业保险，只缴纳工伤保险，但是在建筑领域，工伤保险是在办理工程施工许可证时，由建筑企业总承包方一次性按照合同总额的一定比例（2%）缴纳了，总承包方发生专业分包和劳务分包后，建筑专业分包方和劳务公司不再缴纳工伤保险。

同时根据《中华人民共和国社会保险法》的规定，如果灵活就业人员要缴纳养老和医疗保险，则到本人户口所在地社保所缴纳城乡居民社保或农村村民社保（新农合和新农保）。农民工缴纳新农合和新农保后，将缴费凭证复印件交到劳务公司存档备查。或者劳务公司在劳动合同中约定：劳务公司承担农民工缴纳新农合和新农保的费用，农民工缴纳后，将缴费凭证交回劳务公司进行报销。

第二种情况：如果建筑企业聘用的班组长与劳务公司签订劳务承包合同或专业作业劳务分包合同，班组长聘请农民工从事工程劳务作业。则班组长到工程所在地的税务局按照"经营所得"代开发票给劳务公司入成本，税务局依法按照不含增值税金额的一定比例代征个人所得税。由于劳务公司与班组长签订的是劳务承包合同或劳务专业作业分包合同，不是劳动合同，不缴纳社保费用。另外，农民工是班组长聘用的人员，班组长是自然人，没有成立公司，不构成社保登记的条件，班组长不给农民工缴纳社保费用。

4. 财务管控策略六步法

第一步：与劳务公司签订劳动合同或劳务专业作业分包合同的建筑企业聘用的班组长或劳资专管员，每个月要做好农民工工资考勤表和农民工资表，一式两份，并经农民工本人签字捺手印，递交给劳务公司做账。

第二步：与劳务公司签订劳动合同或劳务专业作业分包合同的建筑企业聘用的班组长或劳资专管员，要收集工地上每一位农民工的身份证复印件，经农民工本人签字捺手印后提供给劳务公司做账。

第三步：界定劳务公司的会计核算凭证。

（1）财务核算凭证依据的原则。签订劳动合同的核算凭证是工资表和考勤表；签订劳务分包合同、劳务承包合同的核算凭证是承包方或分包方开具的发票、劳务款结算单、劳务工程量计量单。

（2）劳务公司的两种会计核算凭证。

第一种会计核算凭证：如果建筑企业聘用的农民工、班组长与劳务公司签订劳动合同的情况下，则建筑公司不以农民工工资表和考勤表作为成本核算依据，而以劳务公司开给建筑企业的劳务发票、劳务公司与建筑企业之间的劳务工程量计量确认单、劳务款结算单作为会计核算凭证。建筑劳务公司以农民工本人签字捺手印的"农民工工资表""农民工工时考勤表"和身份证复印件作为会计核算凭证。

第二种会计核算凭证：如果建筑企业聘用的班组长与劳务公司签订劳务承包合同或专业作业劳务分包合同，班组长聘请农民工从事工程劳务作业，则建筑公司不以农民工工资表和考勤表作为成本核算依据，而以劳务公司开给建筑企业的劳务发票、劳务公司与建筑企业之间的劳务工程量计量确认单、劳务款结算单作为会计核算凭证。劳务公司以班组长代开的发票、劳务公司与班组长之间的劳务工程量计量确认单，劳务款结算单作为会计核算凭证。

第四步：在农民工工资由建筑企业通过农民工工资专用账户或劳务公司的银行账户发放到农民工本人银行卡的情况下，则劳务公司班组长必须给每一位农民工在农民工工资专用账户的开户银行或劳务公司基本账户的开户银行办理农民工工资卡，并将工资卡绑定农民工本人手机号，然后发放到农民工本人手中。

第五步：在农民工工资由建筑企业通过农民工工资专用账户发放到农民工本人银行卡的情况下，劳务公司财务部人员必须审核农民工工资表、农民工工时考勤表、与劳务公司签订劳动合同的农民工花名册、农民工身份证复印件等凭证上的农民工人员名单真实无误后，并在"农民工工资发放公示表"经过了投诉期限后，将盖好财务专用章或公章的每月农民工资表交给建筑企业代发农民工工资。

第六步：建筑企业通过农民工工资专用账户发放农民工工资后，必须将银行盖章的一联代发工资凭证交给劳务公司作为支付农民工工资的凭证，进行会计核算。

第 三 节

劳务公司列支农民工工资成本的税务稽查重点

农民工工资成本列支的稽查重点如下：一是农民工工资专用账户代发劳务公司农民工工资的税务稽查；二是劳务公司直接发放农民工工资的稽税；

三是劳务公司班组长（包工头）代开发票列支农民工工资费用的稽查。以上三类人工费用成本列支税务稽查的核心是劳务公司列支农民工工资的农民工是否是建筑工程项目部工地上提供建筑劳务的农民工；是否存在虚列农民工人数造工资表做大人工费用；是否存在虚列劳务分包合同让班组长（包工头）到工程所在地税务局代开发票。

一、农民工工资专用账户代发劳务公司农民工工资的稽查重点

根据《建筑工人实名制管理办法（试行）》（建市〔2019〕18 号）第三条的规定，只有房屋建筑和市政基础设施工程才要实施农民工实名制管理，其他建筑项目不实施农民工实名制管理。同时根据《国务院办公厅关于全面治理拖欠农民工工资问题的意见》（国办发〔2016〕1 号）第二条第（五）项和第三条第（八）项的规定，施工总承包单位应当开设农民工工资专用账户，用于支付该工程建设项目农民工工资。基于以上政策规定，实行农民工工资专用账户的施工总承包单位承包的建筑项目有可能是必须实施农民工实名制管理的项目也有可能是不需要实施农民工实名制管理的项目。因此，建筑企业总承包方通过其设立的农民工工资专用账户代发劳务公司农民工工资分为两种情况：一是既实施农民工工资专用账户又实施农民工实名制管理项目的代发劳务公司农民工工资；二是必须实施农民工工资专用账户但不实施农民工实名制管理项目代发劳务公司农民工工资。

根据《企业所得税税前扣除凭证管理办法》（国家税务总局公告 2018 年第 28 号）第四条、第十二条和《国家税务总局关于企业工资薪金和职工福利费等支出税前扣除问题的公告》（国家税务总局公告 2015 年第 34 号）第二条的规定，税前扣除凭证应遵循真实性、关联性、合法性，企业取得不符合国家法律、法规等相关规定的其他外部凭证（简称"不合规其他外部凭证"），不得作为税前扣除凭证在企业所得税前进行扣除。企业在年度汇算清缴结束前向员工实际支付的已预提汇缴年度工资薪金，准予在汇缴年度按规定扣除。基于以上规定，建筑企业总承包方通过其设立的农民工工资专用账户代发劳务公司农民工工资稽查重点如下：

（一）劳务公司与农民工签订劳动合同情况下的税务稽查重点

（1）检查劳务公司上传工程所在地建设局农民工服务信息平台上的农民工姓名与劳务公司签订劳动合同的农民工花名册、农民工本人签字捺手印的

农民工工资表、农民工工时考勤表、身份证复印件、农民工工资专用账户代发农民工工资的银行付款凭证上的农民工姓名是否一致。

（2）检查劳务公司与农民工签订劳动合同中约定的日工资标准、计件工资标准是否与农民工工资表中的日工资标准和计件工资标准一致。

（3）检查全员全额申报农民工工资个税申报表中的农民工人数、农民工姓名、工资总额是否与农民工工资专用账户代发农民工工资的银行付款凭证上的农民工人数、农民工姓名、工资总额一致。

（二）劳务公司与班组长（包工头）签订的专业作业劳务分包合同的税务稽查重点

当建筑企业总承包方承包的是必须实施农民工工资专用账户，但不实施农民工实名制管理的建筑项目，且在工程所在地税务局没有按照建筑企业、劳务公司经营收入的一定比例代征工程项目部作业人员个人所得税时，劳务公司可以与班组长（包工头）签订专业作业劳务分包合同，由包工头（班组长）聘请农民工完成其分包的专业作业劳务。在这种合同劳务关系下，税务稽查要点如下：

（1）检查劳务公司支付给班组长（包工头）的工程劳务款总额与班组长（包工头）在工程所在地税务局代开发票的开票金额是否相等。

（2）检查劳务公司支付给班组长（包工头）的工程劳务款总额与劳务公司、班组长（包工头）之间的劳务款决算书上的决算总金额、劳务工程量计量确认单与专业作业劳务分包合同约定的单价计算的劳务款总金额是否相等。

（3）检查劳务公司享受从劳务发包方收取的销售额和价外费用扣除支付给班组长（包工头）劳务款差额计征增值税时，班组长（包工头）在工程劳务所在地税务局代开的发票是否在发票"备注"栏注明"建筑服务发生地县（市、区）名称及项目名称"字样。否则，根据国家税务总局公告2016年第17号文件的规定，劳务公司不可以享受差额征收增值税的税收优惠政策。

（4）检查劳务公司与班组长（包工头）签订专业作业劳务分包合同中的专业作业劳务是否是劳务公司与建筑企业总承包方、建筑企业专业承包方、建筑企业专业分包方签订劳务分包合同中约定的劳务作业中的一部分。否则，劳务公司与班组长（包工头）签订专业作业劳务分包合同是假合同。

二、劳务公司直接发放农民工工资的税务稽查重点

（一）劳务公司直接发放农民工工资适用的两类建筑工程项目

目前，在建筑劳务管理实践中，劳务公司直接发放农民工工资适用以下两类建筑项目：

（1）既不实施农民工工资专用账户又不实施农民工实名制管理的建筑项目。如根据国家规定不需要办理施工许可证的建设项目、拆迁工程、爆破工程、室内家装装修装饰工程、户外墙面涂料粉刷工程、土石方工程、园林绿化工程、煤矿建设工程、石油化学建设工程。

（2）必须实施农民工工资专用账户但不实施农民工实名制管理的项目。如国家水利水电建设工程项目、国家交通建设工程项目、国家电网新建、改建建设工程项目。

如果劳务公司与建筑企业总承包方签订劳务分包合同的建筑项目是第一类建筑项目，则劳务公司与农民工签订合同的形式有以下两种：

一种是如果工程项目所在地税务局对劳务公司、建筑企业依照其承包该工程项目经营收入的一定比例代征工程项目作业人员个人所得税的情况下，则劳务公司与农民工会签订"以完成一定工作任务的合同期限"的劳动合同。

另一种是如果工程项目所在地税务局不对劳务公司、建筑企业依照其承包该工程项目经营收入的一定比例代征工程项目作业人员个人所得税的情况下，则劳务公司与农民工不签订劳动合同，而是劳务公司与班组长（包工头）签订专业作业劳务分包合同，班组长（包工头）雇用农民工干活。

（二）劳务公司直接发放农民工工资的三种形式

劳务公司直接发放农民工工资分为三种情况：一是劳务公司通过其开户银行将农民工工资发放到农民工本人与其手机绑定的银行卡。二是劳务公司直接将农民工工资以公对私的形式划拨给各班组长（包工头）个人银行卡，然后由班组长（包工头）以现金形式发放到农民工本人手中。三是劳务公司直接发现金到农民工本人手中。

（三）劳务公司直接发放农民工工资的税务稽查重点

（1）如果劳务公司是与农民工签订劳动合同的用工形式，则劳务公司直接发放农民工工资是税务稽查重点。

第一，检查劳务公司与农民工签订劳动合同的农民工花名册与农民工本人签字捺手印的农民工工资表、农民工工时考勤表、身份证复印件上的农民工姓名是否一致。

第二，检查劳务公司与农民工签订劳动合同中约定的日工资标准、计件工资标准与农民工工资表中的日工资标准和计件工资标准是否一致。

第三，检查全员全额申报农民工工资个税申报表中的农民工人数、农民工姓名、工资总额是否与农民工工资专用账户代发农民工工资的银行付款凭证上的农民工人数、农民工姓名、工资总额一致。

（2）劳务公司与班组长（包工头）签订的专业作业劳务分包合同的税务稽查重点。

第一，检查劳务公司支付给班组长（包工头）的工程劳务款总额与班组长（包工头）在工程所在地税务局代开发票的开票金额是否相等。

第二，检查劳务公司支付给班组长（包工头）的工程劳务款总额与劳务公司、班组长（包工头）之间的劳务款决算书上的决算总金额、劳务工程量计量确认单与专业作业劳务分包合同约定的单价计算的劳务款总金额是否相等。

第三，检查劳务公司享受从劳务发包方收取的销售额和价外费用扣除支付给班组长（包工头）劳务款差额计征增值税时，班组长（包工头）在工程劳务所在地税务局代开的发票是否在发票"备注"栏注明"建筑服务发生地县（市、区）名称及项目名称"字样。否则，根据国家税务总局2016年公告第17号文件的规定，劳务公司不可以享受差额征收增值税的税收优惠政策。

第四，检查劳务公司与班组长（包工头）签订专业作业劳务分包合同中的专业作业劳务是否是劳务公司与建筑企业总承包方、建筑企业专业承包方、建筑企业专业分包方签订劳务分包合同中约定的劳务作业中的一部分。否则，劳务公司与班组长（包工头）签订专业作业劳务分包合同是假合同。

第 三 节

劳务公司支付农民工工资的个税稽查重点

一、农民工工资个税的扣缴义务人和缴纳地点

（一）农民工工资个税的缴纳地点：施工项目所在地税务局

根据《国家税务总局关于建筑安装业跨省异地工程作业人员个人所得税征收管理问题的公告》（国家税务总局 2015 年公告第 52 号）第一条的规定，建筑企业跨省异地工程作业人员的个人所得税缴纳地点在施工项目所在地的税务局。

（二）农民工工资个税的扣缴义务人

1. 税法依据分析

（1）从税法的角度来分析。《中华人民共和国个人所得税法》第九条规定："个人所得税以所得人为纳税人，以支付所得的单位或者个人为扣缴义务人。"《个人所得税扣缴申报管理办法（试行）》（国家税务总局公告 2018 年第 61 号）第二条："扣缴义务人，是指向个人支付所得的单位或者个人。"第六条："扣缴义务人向居民个人支付工资、薪金所得时，应当按照累计预扣法计算预扣税款，并按月办理扣缴申报。"基于此规定，给农民工支付劳动报酬的单位或个人为农民工个税的扣缴义务人，但是支付农民工劳动报酬的单位一定是与农民工签订劳动合同的用人单位。由于劳务公司与设立农民工工资专用账户的建筑企业签订了"委托代付农民工工资协议"，由建筑企业代付农民工工资的行为是民事上的委托行为，实质上还是劳务公司支付农民工工资的行为。因此，设立农民工工资专用账户的建筑企业不是农民工工资个税的扣缴义务人。

（2）从劳动合同法的角度来分析。《中华人民共和国劳动合同法》第二

条规定："中华人民共和国境内的企业、个体经济组织、民办非企业单位等组织（以下称用人单位）与劳动者建立劳动关系，订立、履行、变更、解除或者终止劳动合同，适用本法。"《劳务派遣暂行规定》第二条规定："劳务派遣单位经营劳务派遣业务，企业（以下称用工单位）使用被派遣劳动者，适用本规定。"第五条规定："劳务派遣单位应当依法与被派遣劳动者订立 2 年以上的固定期限书面劳动合同。"《企业会计准则 9 号——职工薪酬》第三条规定："本准则所称职工，是指与企业订立劳动合同的所有人员，含全职、兼职和临时职工，也包括虽未与企业订立劳动合同但由企业正式任命的人员。"基于以上规定，用人单位是指与劳动者签订劳动合同的单位，用工单位是使用劳动者的单位，劳动合同对应劳动关系，劳动关系对应应付职工薪酬（工资）。

根据用人单位与劳动者之间用工关系的性质，企业的用工关系可以分为劳动关系和劳务关系，劳动关系是用人单位与劳动者签订劳动合同建立用工的法律关系，劳务关系是指用人单位与劳动者签订劳务合同建立用工的法律关系。因此，设立农民工工资专用账户的建筑企业与劳务公司签订劳务分包合同，劳务公司与农民工签订劳动合同的用工关系是：建筑企业是用工单位，建筑企业与劳务公司之间是劳务关系；劳务公司是用人单位，劳务公司与农民工之间构成劳动关系。

2. 分析结论

劳务公司支付农民工工资有两种方法：一是劳务公司委托设立农民工工资专用账户的建筑企业代发农民工工资；二是劳务公司直接发放农民工工资。基于以上分析，在两种支付农民工工资方法中，农民工工资个税的扣缴义务人体现为以下三种情况：

第一，如果设立农民工工资专用账户的建筑企业与劳务公司签订劳务分包合同，劳务公司与农民工签订劳动合同，则建筑企业是用工单位，不是农民工工资个税的扣缴申报义务人；劳务公司是用人单位，是农民工工资个税的扣缴义务人。

第二，如果劳务公司与班组长或包工头签订专业作业劳务分包合同，班组长或包工头雇用农民工从事专业作业劳务，则劳务公司与班组长或包工头之间构成劳务关系，而不是劳动关系，劳务公司就不是农民工工资的个税扣缴义务人，班组长或包工头是农民工工资个税的扣缴义务人。班组长或包工头在工程劳务所在地税务局按照"经营所得"税目代开发票时，依法扣缴按照不含增值税的开票金额的一定比例（各地税务局规定的比例有差异，一般为 1% ~ 1. 3%）。

第三，如果设立农民工工资专用账户的建筑企业没有与劳务公司发生劳务分包行为，而是建筑企业与农民之间签订劳动合同，则建筑企业与农民工之间构成劳动关系，是农民工工资个税的扣缴义务人。

二、施工项目作业人员核定征收个税的税务稽查重点

（一）施工项目作业人员个税的两种征收方式

根据国家税务总局公告 2015 年第 52 号文件的规定，建筑企业、劳务公司工程项目部作业人员（包括项目部管理人员、技术人员和农民工）的个税征收方式分为核定征收和查账征收两种。"核定征收个税"是指工程劳务项目所在地的税务局对建筑企业、劳务公司承包该工程项目经营收入的一定比例代征该项目作业人员的个税；"查账征收个税"是指工程劳务项目所在地的税务局没有对建筑企业、劳务公司承包该工程项目经营收入的一定比例代征该项目作业人员的个税，而是要求建筑企业、劳务公司对作业人员工资收入必须在工程项目所在地税务局实行全员全额申报个人所得税。

（二）项目作业人员实行全员全额申报个税的，项目所在地税务局不得核定征收个税

根据国家税务总局公告 2015 年第 52 号第二条和第四条的规定，跨省或本省内跨市（县、区）异地施工单位应就其所支付的工程作业人员工资、薪金所得，向工程作业所在地税务机关办理全员全额扣缴明细申报。凡实行全员全额扣缴明细申报的，工程作业所在地税务机关不得核定征收个人所得税。因此，如果建筑企业或劳务公司对包括农民工在内的项目作业人员已经实行全员全额申报个税的，则项目所在地税务局不得核定征收个人所得税。

（三）建筑企业（劳务公司）机构所在地税务局不得对异地工程作业人员重复征收个税

根据国家税务总局公告 2015 年第 52 号第三条和第四条的规定，总承包企业、分承包企业和劳务派遣公司机构所在地税务机关需要掌握异地工程作业人员工资、薪金所得个人所得税缴纳情况的，跨省或本省内跨市（县、区）异地工程作业所在地税务机关应及时提供。总承包企业、分承包企业和

劳务派遣公司机构所在地税务机关不得对异地工程作业人员已纳税工资、薪金所得重复征税。

（四）核定征收施工项目作业人员个税的稽查重点

税务机关对施工项目作业人员核定征收个税的稽查重点是检查建筑企业或劳务公司是否存在重复申报个税，检查劳务公司企业所得税前扣除的农民工工资成本列支的税务凭证是否是农民工本人签字捺手印的"农民工工资表"、"农民工工时考勤表"、身份证复印件、劳动合同。

如果施工项目作业人员的个税，在施工项目所在地税务局采用了核定征收方式，则劳务公司支付给施工项目部的农民工和管理技术人员的工资必须如实编制工资表入劳务公司成本，在企业所得税前扣除，劳务公司根本不需要向公司注册地税务局或施工项目所在地税务局，实施全员全额明细申报包括农民工在内的项目部作业人员的个人所得税。

例如，注册地在北京海淀区的某劳务公司，在广州白云区承包了一项劳务工程项目，合同额是 1 亿元。广东省税务局规定，除了深圳市之外，所有外来施工企业必须按照其经营收入的 0.4% 在项目所在地税务局核定征收项目部作业人员的个人所得税。该劳务公司在广州市白云区项目所在地税务局已经按照经营收入的 0.4% 核定征收缴纳了 40 万元个人所得税，税务局给劳务公司开具了"中华人民共和国税收完税证明"（个人所得税完税证明）。该劳务公司不需要向北京海淀区税务局全员全额申报广州市白云区项目部作业人员包括农民工的个人所得税，对项目部作业人员的工资如实编制工资表入劳务公司成本，在企业所得税前进行扣除即可。

三、查账征收项目作业人员个人所得税的纳税申报：是否进行了全员全额扣缴申报个人所得税

《国家税务总局关于建筑安装业跨省异地工程作业人员个人所得税征收管理问题的公告》（国家税务总局公告 2015 年第 52 号）第二条规定："**跨省异地施工单位应就其所支付的工程作业人员工资、薪金所得，向工程作业所在地税务机关办理全员全额扣缴明细申报。凡实行全员全额扣缴明细申报的，工程作业所在地税务机关不得核定征收个人所得税。**"基于此规定，劳务公司承接的工程劳务项目所在地税务局在没有按照工程项目经营收入的一定比例代征项目部作业人员个人所得税的情况下，劳务公司项目部作业人员

包括农民工的个人所得税必须在工程项目所在地税务局进行全员全额扣缴申报。具体分析如下：

（一）农民工工资薪金是扣缴义务人实施全员全额扣缴申报个税的应税所得范围

《个人所得税扣缴申报管理办法（试行）》（国家税务总局公告 2018 年第 61 号）第二条规定："**扣缴义务人应当依法办理全员全额扣缴申报。全员全额扣缴申报，是指扣缴义务人应当在代扣税款的次月十五日内，向主管税务机关报送其支付所得的所有个人的有关信息、支付所得数额、扣除事项和数额、扣缴税款的具体数额和总额以及其他相关涉税信息资料。**"

根据《中华人民共和国个人所得税法实施条例》（中华人民共和国国务院令第 707 号）第六条第（一）项规定："**工资、薪金所得，是指个人因任职或者受雇取得的工资、薪金、奖金、年终加薪、劳动分红、津贴、补贴以及与任职或者受雇有关的其他所得。**"因此，工资、薪金所得是实行个人所得税全员全额扣缴申报的应税所得范围。

（二）农民工工资薪金在劳务公司企业所得税前扣除的必备条件一：劳务公司在企业所得税汇算清缴年度前（每年 5 月 31 日之前）实际支付

在劳务公司与农民工签订劳动合同的情况下，如果农民工工作时间短，则农民工提供的建筑劳务服务是临时工、季节工性质（相当于灵活性就业人员）；如果农民工提供工作时间是一个月以上一年以内，则农民工提供的建筑劳务服务是全日制用工性质。无论是临时工、季节工还是全日制用工的农民工，劳务公司在企业所得税前扣除的工资薪金成本都必须具备一个条件：实际支付了农民工工资。

《中华人民共和国企业所得税法实施条例》（中华人民共和国国务院令第 714 号）第九条规定："**企业应纳税所得额的计算，以权责发生制为原则，属于当期的收入和费用，不论款项是否收付，均作为当期的收入和费用；不属于当期的收入和费用，即使款项已经在当期收付，均不作为当期的收入和费用。本条例和国务院财政、税务主管部门另有规定的除外。**"基于此规定，劳务公司应给予农民工的工资只要是工程项目当年度发生的人工成本，即使没有支付，没有全员全额申报农民工个人所得税，根据权责发生制原则，也应该在当年度的企业所得税前扣除。本条例中还规定"本条例和国务院财政、税务主管部门另有规定的除外"，因此，劳务公司支付给农民工工资，在没有履行全员全额申报个人所得税的情况下，能否在企业所得税前扣除呢？还得依据"国务院财政、税务主管部门的另有规定"，这些"另有规定"是指以下文件的规定。

《国家税务总局关于企业所得税应纳税所得额若干税务处理问题的公告》（国家税务总局公告 2012 年第 15 号）第一条规定："**企业因雇用季节工、临时工、实习生、返聘离退休人员用工所实际发生的费用，应区分为工资薪金支出和职工福利费支出，并按《企业所得税法》规定在企业所得税前扣除。**"

《国家税务总局关于企业工资薪金和职工福利费等支出税前扣除问题的公告》（国家税务总局公告 2015 年第 34 号）第二条规定："**企业在年度汇算清缴结束前向员工实际支付的已预提汇缴年度工资薪金，准予在汇缴年度按规定扣除。**"

基于以上规定，劳务公司预提农民工工资在企业所得税汇算清缴年度前（每年 5 月 31 日之前）进行扣除必须具备一个关键性条件：劳务公司必须在企业所得税汇算清缴年度前（每年 5 月 31 日之前）实际支付给农民工。换句话说，劳务公司每年度发生的农民工工资，只要在企业所得税汇算清缴年度前（每年 5 月 31 日之前）实际支付给农民工，就可以在劳务公司企业所得税前扣除。

（三）农民工工资薪金在劳务公司企业所得税前扣除的必备条件二：劳务公司依法履行农民工工资薪金的个税扣缴申报

《中华人民共和国企业所得税法实施条例》（中华人民共和国国务院令第 714 号）第三十四条规定："**企业发生的合理的工资薪金支出，准予扣除。**"

《国家税务总局关于企业工资薪金及职工福利费扣除问题的通知》（国税函〔2009〕3 号）第一条规定："**《实施条例》第三十四条所称的'合理工资薪金'，是指企业按照股东大会、董事会、薪酬委员会或相关管理机构制订的工资薪金制度规定实际发放给员工的工资薪金。**"税务机关在对工资薪金进行合理性确认时，可按以下原则掌握：

（1）企业制定了较规范的员工工资薪金制度。

（2）企业所制定的工资薪金制度符合行业及地区水平。

（3）企业在一定时期所发放的工资薪金是相对固定的，工资薪金的调整是有序进行的。

（4）企业对实际发放的工资薪金，已依法履行了代扣代缴个人所得税义务。

（5）有关工资薪金的安排，不以减少或逃避税款为目的。

（四）劳务公司未履行农民工工资个税扣缴申报的责任：将承担应扣未扣税款 50% 以上三倍以下的罚款

《中华人民共和国税收征管法》第六十九条规定："**扣缴义务人应扣未扣税款的，由税务机关向纳税人追缴税款，对扣缴义务人处应扣未扣税款百分之五十以上三倍以下的罚款。**"

（五）农民工取得工资薪金所得，劳务公司未扣缴税款的纳税申报：农民工应自行办理个税汇算纳税申报

《中华人民共和国个人所得税法》第十条第（三）项规定："**取得应税所得，扣缴义务人未扣缴税款的，纳税人应依法办理纳税申报。**"

根据《国家税务总局关于个人所得税自行纳税申报有关问题的公告》（国家税务总局公告 2018 年第 62 号）第一条、第三条第（一）项的规定，居民个人取得的综合所得，扣缴义务人未扣缴税款的，居民个人应当依法办理汇算清缴的纳税申报，应当在取得所得的次年 3 月 1 日至 6 月 30 日内，向任职、受雇单位所在地主管税务机关办理个税汇算清缴的纳税申报，并报送《个人所得税年度自行纳税申报表》。纳税人有两处以上任职、受雇单位的，选择向其中一处任职、受雇单位所在地主管税务机关办理个税汇算清缴的纳税申报。

《国家税务总局关于办理 2019 年度个人所得税综合所得汇算清缴事项的公告》（国家税务总局公告 2019 年第 44 号）第六条规定："**个人所得税汇算清缴纳税申报的办理方式可以从以下三种方法中任选一种：（一）自行办理年度汇算。（二）通过取得工资薪金或连续性取得劳务报酬所得的扣缴义务人代为办理。（三）委托涉税专业服务机构或其他单位及个人（以下称'受托人'）办理，受托人需与纳税人签订授权书。**"

（六）分析结论

如果工程劳务项目所在地的税务局没有对建筑企业、劳务公司承包该工程项目经营收入的一定比例代征该项目作业人员的个人所得税，则建筑企

业、劳务公司对作业人员，特别是农民工的工资薪金收入必须在工程项目所在地税务局实行全员全额扣缴申报个人所得税。只有同时符合以下两个必备条件，农民工工资成本才可以在劳务公司、建筑企业的企业所得税前进行扣除：

一是劳务公司或建筑企业在企业所得税汇算清缴年度前（每年5月31日之前）实际支付了农民工工资。

二是劳务公司或建筑企业依法对农民工工资薪金所得实施了全员全额扣缴申报个人所得税。

第 四 节

劳务公司发票开具和农民工
社保费用的稽查重点

劳务公司发票开具主要分为向建筑企业开具劳务分包发票和劳务派遣发票。在这两种发票开具中，有些劳务公司为了达到少缴纳增值税或享受劳务派遣业务差额征税增值税优惠政策的目的，而违反了《劳务派遣暂行规定》和《中华人民共和国劳动合同法》的规定，向建筑企业开具劳务派遣发票。也有的劳务公司在利益的诱惑下，给予建筑企业只收税点卖劳务发票的行为。随着社保费用的征收权移交给税务局，如果劳务公司与农民工签订的全日制劳动合同，构成雇佣和被雇佣的法律关系，劳务公司涉及农民工的社保费用、残保基金和工会经费的缴纳问题。以上都是税务机关开展税务稽查的重点。

一、劳务公司向建筑企业开具发票的稽查重点

劳务公司向建筑企业开具发票的稽查重点涉及劳务公司向建筑企业开具建筑劳务发票的稽查和劳务公司向建筑企业开具劳务派遣发票的稽查两个方面。

（一）劳务公司向建筑企业开具建筑劳务发票的稽查重点

1. 劳务公司向劳务发包方开具的劳务发票"备注"栏是否注明"建筑服务发生地县（市、区）名称及项目名称"字样

根据《增值税发票开具指南》第三章第三节第一条和《国家税务总局关于全面推开营业税改征增值税试点有关税收征收管理事项的公告》（国家税务总局 2016 年公告第 23 号）第四条第（三）项的规定，提供建筑服务，纳税人自行开具或者税务机关代开增值税发票时，应在发票的"备注"栏注明"建筑服务发生地县（市、区）名称及项目"名称。同时根据《企业所得税税前扣除凭证管理办法》第十二条和《国家税务总局关于增值税发票开具有关问题的公告》（国家税务总局公告 2017 年第 16 号）第一条的规定，企业取得填写不规范等不符合规定的发票不得作为企业所得税税前扣除凭证，不符合规定的发票，不得作为增值税进项税额抵扣的税收凭证。因此，如果建筑劳务发包方取得劳务公司开具的劳务发票上的备注栏没有注明建筑服务发生地县（市、区）名称及项目名称，则不可以在企业所得税前进行扣除，不可以抵扣增值税进项税额。

2. 农民工工资专户代发劳务公司农民工工资情况下的劳务发票上的开票金额与相关的付款金额凭证是否一致

建筑企业总承包方通过其设立的农民工工资专用账户代发分包方或劳务公司农民工工资的情况下，由于人工费用与工程材料款相分离支付，导致了建筑企业总承包方付给劳务公司或专业分包方的劳务工程款总金额与劳务公司向建筑企业总承包方和专业分包方开具劳务发票的开票金额不一致。为了规避资金流与发票流的不一致，重点稽查劳务公司向建筑企业开具劳务发票上的"备注"栏是否注明"含建筑企业总承包方通过农民工工资专用账户代发农民工工资×××元"字样。如果劳务发票"备注"栏没有注明"含建筑企业总承包方通过农民工工资专用账户代发农民工工资×××元"字样，则必须稽查劳务公司与建筑企业总承包方是否签订了"劳务公司委托建筑企业总承包方代付农民工工资委托书"。

（二）劳务公司向建筑企业开具劳务派遣发票的三个稽查重点

劳务派遣服务是指劳务派遣公司为了满足用工单位对于各类灵活用工的需求，将员工派遣至用工单位，接受用工单位管理并为其工作的服务。根据《劳务派遣暂行规定》和《中华人民共和国劳动合同法》的规定，劳务公司必须要有劳务派遣资质才可对外开具劳务派遣发票，另外开具劳务派遣发票有严格的规定。因此，税务稽查机关主要稽查以下三个重点：

1. 开具劳务派遣发票的劳务公司是否具备劳务派遣资质

《中华人民共和国劳动合同法》（2012 年修订版）第五十七条规定："经营劳务派遣业务应当具备下列条件：

（一）注册资本不得少于人民币二百万元；

（二）有与开展业务相适应的固定的经营场所和设施；

（三）有符合法律、行政法规规定的劳务派遣管理制度；

（四）法律、行政法规规定的其他条件。

经营劳务派遣业务，应当向劳动行政部门依法申请行政许可；经许可的，依法办理相应的公司登记。未经许可，任何单位和个人不得经营劳务派遣业务。"

基于以上法律的规定，如果劳务公司没有取得劳动行政部门颁发的《劳务派遣经营业务许可证》而从事劳务派业务，与建筑企业签订劳务派遣协议，则是一种违法行为，理应没有资格向建筑企业开具劳务派遣发票，按照财税〔2017〕47 号文件第二条的规定，可以选择简易计税方法，享受差额征收增值税的税收优惠政策。

2. 无劳务派遣资质的劳务公司对外开具劳务派遣发票是否有效

《企业所得税税前扣除凭证管理办法》（国家税务总局 2018 年公告第 28 号）第四条规定："税前扣除凭证在管理中遵循真实性、合法性、关联性原则。真实性是指税前扣除凭证反映的经济业务真实，且支出已经实际发生；合法性是指税前扣除凭证的形式、来源符合国家法律、法规等相关规定；关联性是指税前扣除凭证与其反映的支出相关联且有证明力。"基于此税法条款的规定，如果没有取得劳务派遣资质的劳务公司向建筑企业或其他企业开具劳务派遣发票，则对于接受劳务派遣发票的建筑企业或其他企业而言，其取得的劳务派遣发票不符合《中华人民共和国劳动合同法》（2012 年修订版）第五十七条有关劳务派遣公司必须取得劳动行政部门行政许可的规定。因此，建筑企业或其他企业接受无劳务派遣资质劳务公司开具的劳务派遣发票不可以在企业所得税前进行扣除。

3. 具有劳务派遣资质的劳务公司与用工单位签订劳务派遣协议的开具劳务派遣发票是否具有合法性

（1）建筑企业（用工单位）使用劳务公司（用人单位）的劳动派遣者必备的两个条件：

第一，用工单位使用的被派遣劳动者数量不得超过用工单位用工总量的10%。《劳务派遣暂行规定》（人力资源和社会保障部令第22号）第四条规定："**用工单位应当严格控制劳务派遣用工数量，使用的被派遣劳动者数量不得超过其用工总量的10%。**"前款所称用工总量是指用工单位订立劳动合同人数与使用的被派遣劳动者人数之和。计算劳务派遣用工比例的用工单位是指依照劳动合同法和劳动合同法实施条例可以与劳动者订立劳动合同的用人单位。

第二，劳务派遣员工只能在"临时性、辅助性、替代性"岗位任职。根据《劳务派遣暂行规定》（人力资源和社会保障部令第22号）第三条和《中华人民共和国劳动合同法》（中华人民共和国主席令第七十三号）第66条的规定，用工单位只能在临时性、辅助性或者替代性的工作岗位上使用被派遣劳动者（只有"三性"岗位才能使用劳务派遣工）。前款规定的临时性工作岗位是指存续时间不超过6个月的岗位；辅助性工作岗位是指为主营业务岗位提供服务的非主营业务岗位；替代性工作岗位是指用工单位的劳动者因脱产学习、休假等原因无法工作的一定期间内，可以由其他劳动者替代工作的岗位。

（2）劳务派遣合同用工费用的两种签订方式。《国家税务总局关于企业工资薪金和职工福利费等支出税前扣除问题的公告》（国家税务总局公告2015年第34号）第三条规定："**企业接受外部劳务派遣用工所实际发生的费用，应分两种情况按规定在税前扣除：按照协议（合同）约定直接支付给劳务派遣公司的费用，应作为劳务费支出；直接支付给员工个人的费用，应作为工资薪金支出和职工福利费支出。其中属于工资薪金支出的费用，准予计入企业工资薪金总额的基数，作为计算其他各项相关费用扣除的依据。**"基于此规定，劳务派遣合同中的用工费用有两种不同的合同约定，或者更准确地说，就用工费用的合同约定，劳务派遣合同有以下两种不同的签订技巧：

第一种：在劳务派遣合同的"合同价款"条款中约定：用工单位给劳务派遣公司总的劳务派遣费用（包括劳务派遣公司支付给被派遣者的工资、福利和社保费用）为×××元（不含增值税），增值税金额为×××元。

第二种：在劳务派遣合同的"合同价款"条款中分别约定：用工单位给劳务派遣公司支付手续费、管理费为×××元（不含增值税），增值税金额为×××元。用工单位直接支付给被派遣劳动者的工资、福利和社保费用为×××元（不含增值税），增值税金额为×××元。

（3）开具劳务派遣发票的合法性。《国家税务总局关于全面推开营业税改征增值税试点有关税收征收管理事项的公告》（国家税务总局公告 2016 年第 23 号）第四条第（二）项规定："**按照现行政策规定适用差额征税办法缴纳增值税，且不得全额开具增值税发票的（财政部、税务总局另有规定的除外），纳税人自行开具或者税务机关代开增值税发票时，通过新系统中差额征税开票功能，录入含税销售额（或含税评估额）和扣除额，系统自动计算税额和不含税金额，备注栏自动打印'差额征税'字样，发票开具不应与其他应税行为混开。**"

《财政部 国家税务总局关于进一步明确全面推开营改增试点有关劳务派遣服务、收费公路通行费抵扣等政策的通知》（财税〔2016〕47 号）第一条第三款规定，选择差额纳税的纳税人，向用工单位收取用于支付给劳务派遣员工工资、福利和为其办理社会保险及住房公积金的费用，不得开具增值税专用发票，可以开具增值税普通发票。

《增值税发票开具指南》第三章第五节第三条规定："**纳税人提供劳务派遣服务，选择差额纳税的，向用工单位收取用于支付给劳务派遣员工工资、福利和为其办理社会保险及住房公积金的费用，不得开具增值税专用发票，可以开具增值税普通发票。**"

《增值税发票开具指南》第三章第八节第一条规定："**纳税人或者税务机关通过增值税发票管理系统中差额征税开票功能开具增值税发票时，录入含税销售额（或含税评估额）和扣除额，系统自动计算税额和不含税金额，备注栏自动打印'差额征税'字样，发票开具不应与其他应税行为混开。**"

基于以上规定，具有劳务派遣资质的劳务公司，在建筑企业具备使用劳务派遣工的两个必备条件的情况下，向建筑企业开具规范、合法的劳务派遣发票的方法归纳如下：

第一，开具发票必须遵循的原则：劳务派遣发票的开具必须与劳务派遣协议相匹配。

与劳务派遣合同不相匹配的劳务派遣发票，要么是没有真实交易的虚开发票，要么是与开票金额、开票形式与真实的交易不符合，即都是不规范的合法票据。因此，建筑企业收到的劳务派遣公司开具的劳务派遣发票不可以在企业所得税前扣除。

第二，劳务公司（一般纳税人）选择差额征收增值税（简易计税方法）的规范、合法开具劳务派遣发票的方法。

如果建筑企业与劳务派遣公司按照上文所介绍的"第一种合同签订技

巧"签订的劳务派遣协议，则劳务派遣公司向建筑企业（用工单位）有两种开票方法：

第一种，劳务派遣公司通过增值税发票管理系统中差额征税开票功能开具增值税发票，录入向建筑企业收取的含税销售额（总的劳务派遣合同金额）和扣除额（劳务派遣公司支付给被派遣者的工资、福利和社保费用），系统自动计算税额和不含税金额，备注栏自动打印"差额征税"字样。其中，发票上的"税额"为：（总的劳务派遣合同金额−劳务派遣公司支付给被派遣者的工资、福利和社保费用）÷（1+5%）×5%，"不含税金额"为：总的劳务派遣合同金额÷（1+5%）。

第二种，劳务派遣公司通过增值税发票管理新系统中正常开票功能开具增值税发票。向建筑企业收取含增值税金额的总劳务派遣合同金额−劳务派遣公司支付给被派遣者的工资、福利和社保费用给建筑企业开具5%的增值税专用发票；劳务派遣公司支付给被派遣者的工资、福利和社保费用给建筑企业开具5%的增值税普通发票。

第三，如果建筑企业与劳务派遣公司按照上文所介绍的"第二种合同签订技巧"签订的劳务派遣协议，则劳务派遣公司通过增值税发票管理新系统中正常开票功能，以向建筑企业收取的劳务派遣管理费、手续费按6%的税率全额开具增值税专用发票。

第四，如果劳务派遣公司（一般纳税人）选择一般计税方法征税，且建筑企业与劳务派遣公司按照上文所介绍的"第一种合同签订技巧"签订的劳务派遣协议，则劳务公司通过增值税发票管理新系统中正常开票功能，以取得的全部价款和价外费用按6%的税率全额开具增值税专用发票。

二、劳务公司农民工社保费用的稽查重点

《深化党和国家机构改革方案》第（四十六）项规定："为提高社会保险资金征管效率，将基本养老保险费、基本医疗保险费、失业保险费等各项社会保险费交由税务部门统一征收。"《国税地税征管体制改革方案》规定："2019年1月1日起，基本养老保险费、基本医疗保险费、失业保险费、工伤保险费、生育保险费等各项社会保险费将由税务部门统一征收。"基于此规定，社会保险费用的征收将更透明，这将增加企业的用人成本，许多企业期望降低企业的社保费用成本。笔者特别提醒全国广大用人单位不缴纳社保费用的关键是：必须与劳动者建立劳务关系而不是建立劳动关系。即如果用

人单位与劳动者建立劳务关系，则用人单位不缴纳基本养老保险、基本医疗保险、失业保险费；如果用人单位与劳动者建立劳动关系，则用人单位必须缴纳基本养老保险、基本医疗保险、失业保险费。

（一）劳动关系的确立和判断标准

《中华人民共和国劳动合同法》第二条规定："**中华人民共和国境内的企业、个体经济组织、民办非企业单位等组织（以下称用人单位）与劳动者建立劳动关系，订立、履行、变更、解除或者终止劳动合同，适用本法。**"《关于贯彻执行〈中华人民共和国劳动法〉若干问题的意见》第一条规定，个体经济组织是指一般雇工在七人以下的个体工商户。基于此规定，与用人单位签订劳动合同的劳动者与用人单位构成劳动关系。根据《劳动和社会保障部关于确立劳动关系有关事项的通知》（劳社部发〔2005〕12号）第一条的规定，用人单位招用劳动者未订立书面劳动合同，但同时具备下列情形的，劳动关系成立：

（1）用人单位和劳动者符合法律、法规规定的主体资格。

（2）用人单位依法制定的各项劳动规章制度适用于劳动者，劳动者受用人单位的劳动管理，从事用人单位安排的有报酬的劳动。

（3）劳动者提供的劳动是用人单位业务的组成部分。

《劳动和社会保障部关于确立劳动关系有关事项的通知》（劳社部发〔2005〕12号）第二条规定，用人单位未与劳动者签订劳动合同，认定双方存在劳动关系时可参照下列凭证：

（1）工资支付凭证或记录（职工工资发放花名册）、缴纳各项社会保险费的记录。

（2）用人单位向劳动者发放的"工作证""服务证"等能够证明身份的证件。

（3）劳动者填写的用人单位招工招聘"登记表""报名表"等招用记录。

（4）考勤记录。

（5）其他劳动者的证言等。

其中，第（1）项、第（3）项、第（4）项的有关凭证由用人单位负举证责任。

基于以上规定，劳动关系是指用人单位与劳动者之间，依法所确立劳动过程中的权利义务关系。劳动关系的判断标准如下：

（1）用人单位与劳动者或职工签订劳动合同。

（2）无论用人单位与劳动者是否签订劳动合同，只要符合以下标准就是劳动关系，受《中华人民共和国劳动法》管辖：用人单位和劳动者符合法律、法规规定的主体资格；用人单位依法制定的各项劳动规章制度适用于劳动者，劳动者受用人单位的劳动管理，从事用人单位安排的有报酬的劳动；劳动者提供的劳动是用人单位业务的组成部分。

（二）劳务关系的确立和判断标准

劳务关系是平等主体之间就劳务的提供与报酬的给付所达成的协议。从主体上看，双方是平等主体之间的自然人、法人、合伙等其他组织，双方地位平等，在人身关系上不具有隶属关系。从法律关系上看，双方的法律关系基于民事法律规范成立，并受民事法律规范的调整和保护。双方的权利义务基于合同的约定产生。劳务关系适用《中华人民共和国民法通则》《中华人民共和国合同法》，并不适用《中华人民共和国劳动合同法》的相关规定。

劳务关系的判断标准是：劳务关系的双方不存在隶属关系，没有管理与被管理、支配与被支配的权利和义务，提供劳务的一方在工作过程中虽然也要接受用人单位指挥、监督，但并不受用人单位内部各项规章制度的约束，双方的地位处在同一个平台上。

（三）劳务关系、劳动关系和社保费用缴纳之间的联系

《中华人民共和国劳动法》（中华人民共和国主席令第二十八号）第七十二条、第一百条规定，用人单位和劳动者必须依法参加社会保险，缴纳社会保险费。用人单位无故不缴纳社会保险费的，由劳动行政部门责令其限期缴纳，逾期不缴的，可以加收滞纳金。《中华人民共和国社会保险法》第十条、第二十三条、第四十四条、第五十三条、第五十七条规定，参加基本养老保险、基本医疗保险、失业保险、工伤保险、生育保险的主体是职工。基于此规定，只有用人单位的职工或劳动者才构成参与购买以上"五险"的主体，依法缴纳社保费用的主体是用人单位的劳动者或职工。劳务关系、劳动关系和社保费用缴纳之间的联系如下：

（1）如果用人单位与劳动者签订全日制劳动合同，构成劳动关系，则用人单位和劳动者必须依法缴纳社保费用。

（2）如果用人单位与劳动者签订非全日制用工合同（平均每天工作4小

时，一星期工作时间不超过 24 小时），或与劳动者签订灵活就业协议书（主要是临时工、季节工），构成劳动关系，则用工单位不缴纳社保费用，劳动者可以不缴纳社保费用，也可以选择缴纳社保费用。但是，劳动者选择缴纳社保费用，则自愿到其户口所在地社保所缴纳"新农合"和"新农保"（在劳动者是农村户口的情况下）或城市居民社保（在劳动者是城市户口的情况下）。

（3）用人单位与劳动者签订劳务协议，则用人单位与劳动者构成劳务关系，不是社保费用的缴纳义务人，用人单位不给劳动者缴纳社保费用。

因此，用人单位劳动者签订劳动合同是缴纳社保费用的前提条件，签订劳务合同是不缴纳社保费用的前提条件。更准确地说，用人单位与劳动者建立全日制用工合同的劳动关系必须缴纳社保费用，建立劳务关系就不需要缴纳社保费用。

（四）稽查劳务公司社保费用的操作要点

1. 劳务公司与农民工之间签订的用工合同的法律性质

依据劳务关系和劳动关系的判断标准确定劳务公司与农民工签订的用工合同是劳务合同还是全日制用工劳动合同、非全日制用工合同、灵活就业协议。

2. 稽查劳务公司和农民工的社保费用缴纳情况

（1）如果劳务公司与劳动者签订非全日制用工合同（平均每天工作 4 小时，一星期工作时间不超过 24 小时），或与劳动者签订灵活就业协议书（主要是临时工、季节工），构成劳动关系，则劳务公司不缴纳社保费用，农民工可以不缴纳社保费用，也可以选择缴纳社保费用，但是，农民工选择缴纳社保费用，则自愿到其户口所在地社保所缴纳"新农合"和"新农保"。

（2）如果劳务公司与班组长（包工头）签订专业作业劳务分包合同，班组长到工程劳务所在地税务局代开发票给劳务公司入成本时，则劳务公司与班组长带领的农民工团队构成劳务关系，劳务公司不缴纳社保费用。农民工的社保费用可以自愿到其户口所在地社保所缴纳"新农合"和"新农保"。

（3）如果劳务公司与劳动者签订全日制用工劳动合同，则农民工的社保费用分两种情况处理：一是如果农民工在其户口所在地社保所缴纳了"新农合"和"新农保"，劳务公司不缴纳社保费用；二是如果农民工没有在其户口所在地社保所缴纳"新农合"和"新农保"，劳务公司必须缴纳社保费用。

第 **五** 节

劳务公司应对税务稽查策略一：
农民工工资发放的财税法管控

一、农民工工资发放的法律风险管控

（一）房屋建筑和市政工程依法实行农民工实名制登记管理

根据《建筑工人实名制管理办法（试行）》（建市〔2019〕18号）第三条、第八条和《保障农民工工资支付条例》（中华人民共和国国务院令第724号）第二十八条的规定，房屋建筑和市政基础设施工程必须实施农民工实名制登记管理。自2020年5月1日起，施工总承包单位或者分包单位应当依法与所招用的农民工订立劳动合同并进行用工实名登记，具备条件的行业应当通过相应的管理服务信息平台进行用工实名登记、管理。未与施工总承包单位或者分包单位订立劳动合同并进行用工实名登记的人员，不得进入项目现场施工。

施工总承包单位应当在工程项目部配备劳资专管员，对分包单位劳动用工实施监督管理，掌握施工现场用工、考勤、工资支付等情况，审核分包单位编制的农民工工资支付表，分包单位应当予以配合。

（二）实行委托银行代发农民工工资的制度

1. 建立健全农民工工资（劳务费）专用账户管理制度

根据《国务院办公厅关于全面治理拖欠农民工工资问题的意见》（国办发〔2016〕1号）第二条第（五）项、第三条第（八）项和《保障农民工工资支付条例》（中华人民共和国国务院令第724号）第二十六条、第三十一条的规定，在工程建设领域，鼓励实行分包企业农民工工资委托施工总承包企业直接代发的办法。分包企业负责为招用的农民工申办银行个人工资账

户并办理实名制工资支付银行卡，按月考核农民工工作量并编制工资支付表，经农民工本人签字确认后，交施工总承包企业委托银行通过其设立的农民工工资（劳务费）专用账户直接将工资划入农民工个人工资账户。建立健全农民工工资（劳务费）专用账户管理制度。在工程建设领域，实行人工费用与其他工程款分账管理制度，推动农民工工资与工程材料款等相分离。施工总承包企业应分解工程价款中的人工费用，在工程项目所在地银行开设农民工工资（劳务费）专用账户，专项用于支付农民工工资。建设单位应按照工程承包合同约定的比例或施工总承包企业提供的人工费用数额，将应付工程款中的人工费单独拨付到施工总承包企业开设的农民工工资（劳务费）专用账户。农民工工资（劳务费）专用账户应向人力资源社会保障部门和交通、水利等工程建设项目主管部门备案，并委托开户银行负责日常监管，确保专款专用。开户银行发现账户资金不足、被挪用等情况时，应及时向人力资源社会保障部门和交通、水利等工程建设项目主管部门报告。

2. 房建和市政工程推行施工总承包方设立农民工工资专用账户代发分包单位农民工工资的办法

根据《保障农民工工资支付条例》（中华人民共和国国务院令第724号）第三十一条的规定，工程建设领域推行分包单位农民工工资委托施工总承包单位代发制度。施工总承包单位应当按照有关规定开设农民工工资专用账户，专项用于支付该工程建设项目农民工工资。开设、使用农民工工资专用账户有关资料应当由施工总承包单位妥善保存备查。施工总承包单位、分包单位应当建立用工管理台账，并保存至工程完工且工资全部结清后至少3年。

3. 农民工工资专用账户代发农民工工资的内控管理

（1）分包单位应当按月考核农民工工作量并编制工资支付表，经农民工本人签字确认后，与当月工程进度等情况一并交施工总承包单位。

（2）施工总承包单位根据分包单位编制的工资支付表，通过农民工工资专用账户直接将工资支付到农民工本人的银行账户，并向分包单位提供代发工资凭证。

（3）用于支付农民工工资的银行账户所绑定的农民工本人社会保障卡或者银行卡，用人单位或者其他人员不得以任何理由扣押或者变相扣押。

（4）施工总承包单位应当在施工现场醒目位置设立维权信息告示牌，明示下列事项：

1）建设单位、施工总承包单位及所在项目部、分包单位、相关行业工程建设主管部门、劳资专管员等基本信息。

2）当地最低工资标准、工资支付日期等基本信息。

3）相关行业工程建设主管部门和劳动保障监察投诉举报电话、劳动争议调解仲裁申请渠道、法律援助申请渠道、公共法律服务热线等信息。

二、通过农民工工资专用账户代发劳务公司农民工工资的财税管控策略

（一）适合的建筑工程项目

根据前述建筑企业项目的分类，通过农民工工资专用账户代发劳务公司农民工工资的财税管理主要适用于以下两种建筑施工项目：

（1）设立农民工工资专用账户的建筑企业总承包方与劳务公司签订劳务分包合同，然后劳务公司与农民工签订劳动合同，既实施农民工工资专用账户管理又实施农民工实名制管理的房建和市政工程项目。

（2）设立农民工工资专用账户的建筑企业总承包方与劳务公司签订劳务分包合同，然后劳务公司与班组长或包工头签订专业作业劳务分包合同或专业作业劳务承包合同的，必须实施农民工工资专用账户管理但不实施农民工实名制管理的建筑工程项目。主要是国家交通水利水电工程、国家电网建设工程。

（二）农民工的社保费用和工资的个人所得税扣缴义务人

根据《中华人民共和国个人所得税法》、《中华人民共和国劳动合同法》和《中华人民共和国社会保险法》的规定，劳务公司农民工的社保费用和个人所得税的扣缴义务人是与农民工签订劳动合同，构成劳动关系的用人单位。在设立农民工工资专用账户的建筑企业总承包方代发劳务公司农民工工资的情况下，建筑企业总承包方与劳务公司签订劳务分包合同，体现的企业用工关系是劳务关系而不是劳动关系，因此，农民工的社保费用和个税扣缴义务人不是建筑企业总承包方。而劳务公司是不是农民工的社保费用和个税的扣缴义务人，要看劳务公司与农民工是否签订了劳动合同。具体从以下两个方面来分析：

第一，如果设立农民工工资专用账户的建筑企业总承包方与劳务公司签订劳务分包合同，然后劳务公司与农民工签订劳动合同的情况下，则劳务公

司与农民工构成劳动关系，劳务公司就是农民工社保费用和个税的扣缴义务人。

第二，如果设立农民工工资专用账户的建筑企业总承包方与劳务公司签订劳务分包合同，然后劳务公司与班组长或包工头签订专业作业劳务分包合同或专业作业劳务承包合同的情况下，班组长或包工头必须到工程劳务所在地税务局代开发票给劳务公司入成本，税务局按照不含增值税金额的开票额的一定比例代征个人所得税。由于劳务公司与班组长或包工头构成劳务关系，所以劳务公司不是班组长或包工头的个税和社保费用的扣缴义务人。

（三）农民工个税的申报及缴纳地点

根据《国家税务总局关于建筑安装业跨省异地工程作业人员个人所得税征收管理问题的公告》（国家税务总局公告 2015 年第 52 号文件）第一条的规定，跨省、直辖市异地工程作业人员和本省跨市、县（区）工程作业人员，包括农民工的个人所得税申报缴纳地点在工程作业所在地税务机关。当然也有的地方税务局规定，本省跨市、县（区）工程作业人员包括农民工的个人所得税申报缴纳地点在建筑企业机构注册地税务机关。

（四）农民工个税的纳税申报方法：核定征收和查账征收

如果设立农民工工资专用账户的建筑企业总承包方与劳务公司签订劳务分包合同，然后劳务公司与农民工签订劳动合同的情况下，则农民工个人所得税的纳税申报方法分为核定征收和查账征收两种方法，具体处理如下：

（1）班组长和农民工个税的处理方法：核定征收工程项目部作业人员个人所得税。

如果劳务工程所在地税务主管部门针对跨省异地施工或省内异地施工的劳务公司按照劳务公司经营收入或劳务公司不含增值税的开票金额的一定比例，例如广东省、江苏省是 0.4%，浙江省是 0.5%，青岛市是 0.5%，湖北省是 0.6%，深圳市是 0.2%，代征工程项目的管理人员、技术人员和其他工作人员（包括农民工）的个人所得税，则劳务公司必须索取税务局开具的一份"中华人民共和国税收完税证明"，特别提醒：该"中华人民共和国税收完税证明"上的第二列"税种"栏填写"个人所得税"，第三列"品目名称"栏填写"工资薪金所得"字样，而不是填写"个人承包承租经营所得"字样。

根据国家税务总局公告 2015 年第 52 号文件的规定，建筑企业在公司注册地凭借农民工工地上真实的工资表入工资成本，建筑企业总承包方不需要在工程所在地税务局通过个税申报系统进行全员全额申报农民工个人所得税。

温馨提示

工程所在地税务局代征工程项目部的管理人员、技术人员和其他工作人员（包括农民工）的个人所得税后，建筑企业和劳务公司的项目部班组长、项目负责人的工资在项目部发放，社保费用在公司注册地缴纳，建筑公司总承包方不要单独在公司注册地另行通过个税申报系统申报其个人所得税。

（2）农民工个税的处理方法：查账征收农民工个人所得税（全员全额申报个人所得税）。

如果工程项目所在地税务主管部门针对跨省异地施工或省内异地施工的建筑企业没有按照建筑企业经营收入不含增值税的开票金额的一定比例代征工程项目管理人员、技术人员和其他工作人员（包括农民工）的个人所得税，则建筑企业依照《中华人民共和国个人所得税法》和国家税务总局公告 2015 年第 52 号文件的规定，建筑企业必须对农民工的工资，在工程项目所在地的税务局通过个税申报系统实行全员全额预缴个人所得税。但是，由于农民工流动频繁导致建筑企业实施农民工全员全额申报个人所得税工作的烦琐，因此，建议按照以下两种方法进行处理：

1）农民工工资标准预计每月 5000 元以下的，建筑企业与农民工签订劳动合同时，在劳动合同的"工资结算和支付"条款中要么约定日工资制，要么约定计件工资制，建筑企业每月向工程所在地税务局通过个税申报系统进行全员全额零申报农民工个人所得税。

2）农民工工资标准预计每月超过 5000 元以上，年收入低于 12 万元（含 12 万元）的，则实行"日工资制或计件工资制+绩效考核"的薪酬制度。即劳务公司与农民工签订劳动合同时，在劳动合同的"工资结算和支付"条款中约定：日工资或计件工资标准（每日或每件基本工资+每日或每件绩效考核奖），农民工工资由月基本工资和月绩效考核奖组成，每月由建筑企业通过农民工工资专用账户（第三类建筑项目）或由建筑企业通过现金或银行（第二类建筑项目）发放基本工资，每月底考核一次，每月考核绩效奖将于农民工离岗前或年底 12 月 31 日前进行一次性总考核结算后，由建筑企业通过现金或银行发放给农民工本人。建筑企业每个月向工程所在地税务局，就发放或预提农民工的基本工资通过个税申报系统进行全员全额零申报农民工个人所得税。当农民工离开建筑企业或年底 12 月 31 日前离开建筑企业时，建筑企业将农民工的绩效考核奖一次性发给农民工本人。该绩效奖直接用农民工本人签字捺手印的支付明细单入项目成本，不申报个人所得税。理由如下：

《财政部　关于个人所得税法修改后有关优惠政策衔接问题的通知》（财税〔2018〕164 号）第一条第（一）项规定，居民个人取得全年一次性奖金，符合《国家税务总局关于调整个人取得全年一次性奖金等计算征收个人所得税方法问题的通知》（国税发〔2005〕9 号）规定的，在 2021 年 12 月 31 日前，不并入当年综合所得，也可以选择并入当年综合所得计算纳税。自 2022 年 1 月 1 日起，居民个人取得全年一次性奖金，应并入当年综合所得计算缴纳个人所得税。如果不并入当年综合所得计税纳税，则以全年一次性奖金收入除以 12 个月得到的数额，按照本通知所附按月换算后的综合所得税率表（以下简称月度税率表），确定适用税率和速算扣除数，单独计算纳税。计算公式为：

应纳税额＝全年一次性奖金收入×适用税率－速算扣除数

基于此税法政策规定，自 2022 年 1 月 1 日起，居民（农民工）个人取得全年一次性奖金（年度绩效考核奖），必须并入当年综合所得计算缴纳个人所得税，不能不并入当年综合所得计税纳税。

《财政部　税务总局关于个人所得税综合所得汇算清缴涉及有关政策问题的公告》（财政部　税务总局公告 2019 年第 94 号）和《国家税务总局关于办理 2019 年度个人所得税综合所得汇算清缴事项的公告》（国家税务总局公告 2019 年第 44 号）第一条规定，2019 年 1 月 1 日至 2020 年 12 月 31 日居民个人取得的综合所得，年度综合所得收入不超过 12 万元且需要汇算清缴补税的，或者年度汇算清缴补税金额不超过 400 元的，居民个人可免予办理个人所得税综合所得汇算清缴。居民个人取得综合所得时存在扣缴义务人未依法预扣预缴税款的情形除外。基于此税法规定，在 2019 年度、2020 年度的两年之内，只要建筑企业每月给农民工全员全额预扣预缴申报农民工个人所得税的情况下，由于建筑企业支付给农民工的绩效考核奖没有申报个人所得税，所以农民工一个年度内预缴的个人所得税小于应纳个人所得税，根据

《中华人民共和国个人所得税法实施条例》（中华人民共和国国务院令第 707 号）第二十五条 和《国家税务总局关于个人所得税自行纳税申报有关问题的公告》（国家税务总局公告 2018 年第 62 号）第一条的规定，纳税年度内预缴税额低于应纳税额的，应办理个税汇算清缴补税。但是农民工年度综合所得收入不超过 12 万元（实际工作中，农民以年绝对工作时间不到 12 个月，肯定年工资薪金综合所得小于 12 万元），在 2019 年度和 2020 年度符合"免予办理个人所得税综合所得汇算清缴"的条件：年度综合所得收入不超过 12 万元且需要汇算清缴补税。

例如，某建筑劳务公司承包一工程劳务项目，聘请 100 位农民工工作，劳务公司与 100 位农民工签订了"以完成一定工作任务的期限"的劳动合同，时间是 2019 年 2 月 1 日至 2019 年 11 月 30 日，实行日工资制，每日工资 300 元（每日基本工资 200 元，每日绩效考核奖 100 元），每月实际工作天数为 25 天，工作时间为 10 个月，则每月发放农民工工资 5000 元，在工程所在地税务局通过个税申报系统零申报个人所得税 0 元，每月绩效奖 2500 元到农民工离开或年底结算清楚，一次性给予农民工本人。由于一次性支付农民工本人的每人绩效奖为 25000 元（10 个月×2500 元），劳务公司不申报个税，用支付明细列入成本。根据《财政部 税务总局关于个人所得税综合所得汇算清缴涉及有关政策问题的公告》（财政部 税务总局公告 2019 年第 94 号）第一条的规定，农民工一年收入 75000 元小于 120000 元，收到绩效奖 25000 元，劳务公司没有申报个税，依法要进行个人所得税汇算清缴！但是在 2019 年度和 2020 年度符合"免予办理个人所得税综合所得汇算清缴"的条件：年度综合所得收入不超过 12 万元且需要汇算清缴补税。

因此，建筑企业农民工免予办理或无须办理个人所得税综合所得汇算清缴必须同时具备以下三个条件：

（1）建筑企业依法履行每月给农民工办理预扣预缴个人所得税。

（2）建筑企业必须将农民工年度绩效奖并入当年工资薪金综合所得计算缴纳个人所得税。

（3）建筑企业雇用的农民工一年工资薪金综合所得收入不超过 12 万元。

如果设立农民工工资专用账户的建筑企业总承包方与劳务公司签订劳务分包合同，然后劳务公司与班组长或包工头签订专业作业劳务分包合同或专业作业劳务承包合同的情况下，则农民工个人所得税的纳税管控如下：

（1）劳务公司与班组长或包工头签订专业作业劳务分包合同适用的

条件。

　　劳务公司与班组长或包工头签订专业作业劳务分包合同，班组长雇用农民工从事工程劳务作业必须适用的条件是：在工程项目所在地税务局没有按照建筑企业该工程项目经营收入的一定比例代征项目作业人员个税的施工项目。

　　（2）农民工个税的申报缴纳地点：工程作业所在地税务局。

　　如果在工程所在地税务局没有按照经营收入的一定比例代征项目作业人员个税的情况下，则建筑企业与班组长签订专业作业劳务承包合同或专业作业劳务分包合同，班组长雇用农民工从事工程劳务作业。工程作业人员（包括农民工）的个人所得税申报缴纳地点在工程作业所在地税务局。

　　（3）农民工、班组长个税的申报缴纳方法：工程所在地税务局代开发票时按照不含增值税的开票金额的一定比例代征个税。

　　班组长或包工头拿着与建筑企业总承包方签订的专业作业劳务分包合同（承包合同）、身份证、劳务款结算单到工程劳务所在地税务局代开发票，当地税务局按照"经营所得"而不是"劳务报酬所得"税目代开发票，按照不含增值税的开票金额一定比例代征个人所得税。

　　（4）包工头或班组长获得的专业作业分包所得，在税法上是"经营所得"而不是"劳务报酬所得"。

　　1）"经营所得"和"劳务报酬所得"的税法界定。

　　《中华人民共和国个人所得税法实施条例》第六条第（二）项规定："**劳务报酬所得，指个人从事劳务取得的所得，包括从事设计、装潢、安装、制图、化验、测试、医疗、法律、会计、咨询、讲学、新闻、广播、翻译、审稿、书画、雕刻、影视、录音、录像、演出、表演、广告、展览、技术服务、介绍服务、经纪服务、代办服务以及其他劳务取得的所得。**"《中华人民共和国个人所得税法实施条例》第六条第（五）项规定："**经营所得，是指：个人通过在中国境内注册登记的个体工商户、个人独资企业、合伙企业从事生产、经营活动取得的所得；个人依法取得执照，从事办学、医疗、咨询以及其他有偿服务活动取得的所得；个人承包、承租、转包、转租取得的所得；个人从事其他生产、经营活动取得的所得。**"

　　基于以上税法的规定，新的个人所得税法对"劳务报酬"税目采用了列举法的规定，对"劳务报酬"征收个人所得税的范围列举了26项，凡是不属于个人所得税法中列举的26项的劳务所得就不是"劳务报酬所得"税目，不能按照"劳务报酬"税目征收个人所得税。但是税收执法中很难区分"劳务报酬所得"中的"个人从事其他劳务取得的所得"与"经营所得"中的"个人从事其他生产、经营活动取得的所得",两者有何区别？分析如下：

第一，税法规定的"劳务报酬所得"是指民法规定的"自然人"个人从事《中华人民共和国个人所得税法实施条例》第六条第（二）项所列举的 26 项劳务所取得的所得。

《中华人民共和国民法总则》（中华人民共和国主席令第 66 号）第十三条规定的自然人从出生时起到死亡时止，具有民事权利能力，依法享有民事权利，承担民事义务。基于此规定，民法上规定的"自然人"是个人，首先是具有自然生物属性的人，从出生开始就获得了民事主体资格。借助生殖辅助技术出生的人（如"试管婴儿"），也同样属于自然人。

《中华人民共和国增值税法》第六条第二款规定："**本法所称个人，是指个体工商户和自然人。**"

《中华人民共和国个人所得税法实施条例》中的"个人"是指自然人和个体工商户业主、个人独资企业投资者、合伙企业合伙人。因为根据《中华人民共和国民法总则》（中华人民共和国主席令第 66 号）第一百零二条的规定："**非法人组织是不具有法人资格，但是能够依法以自己的名义从事民事活动的组织。非法人组织包括个人独资企业、合伙企业、不具有法人资格的专业服务机构等。**"

《中华人民共和国企业所得税法》（中华人民共和国主席令第 23 号）第一条规定，个人独资企业、合伙企业不适用本法。《中华人民共和国个人所得税法实施条例》第六条第（五）项规定："**个人通过在中国境内注册登记的个体工商户、个人独资企业、合伙企业从事生产、经营活动取得的所得属于'经营所得'。**"

基于以上法律规定，《中华人民共和国个人所得税法实施条例》中的"个人"包括自然人、个体工商户业主、个人独资企业投资者、合伙企业合伙人，而个体工商户业主、个人独资企业投资者、合伙企业合伙人取得的所得属于"经营所得"，因此，《中华人民共和国个人所得税法实施条例》第六条第（二）项，劳务报酬所得，指个人从事劳务取得的所得中的"个人"是指自然人个人而不是一个组织或团队。

第二，什么是个人从事其他劳务取得的所得？

综观《合同法》可以发现，劳务关系被分拆在承揽合同、技术合同、居间合同、运输合同、建筑施工合同、委托合同等合同关系规定中。因此，从事劳务活动是指从事《合同法》规定的承揽、技术、居间、运输、建筑施工、委托等活动。进而"劳务报酬所得"除了《中华人民共和国个人所得税法实施条例》第六条第（二）项所列举的前25项"劳务报酬所得"项目外，还指自然人个人从事《中华人民共和国合同法》规定的承揽、技术、居间、运输、建筑施工、委托等活动取得的报酬。基于此分析，《中华人民共和国个人所得税法实施条例》第六条第（二）项所列举的26项"劳务报酬所得"项目中的最后一项"个人从事其他劳务取得的所得"是指自然人本人单独从事本条所列举的前25项劳务之外所取得的所得。

第三，什么是个人从事其他生产、经营活动取得的所得？

基于个体工商户从事生产、经营活动取得的所得是"经营所得"的规定，个税法规定的"个人从事生产、经营活动"中的"个人"是指"自然人"，不包括"个体工商户"。问题是何为"生产、经营活动"，《安全生产法实施条例》（草案征求意见稿）第八十条规定，生产经营活动是指生产、经营、建设活动，既包括主体性活动，也包括辅助性活动。生产经营单位是指从事生产、经营、建设活动的企业、个体经济组织及其他单位。依据《关于贯彻执行〈中华人民共和国劳动法〉若干问题的意见》第一条规定，个体经济组织是指一般雇工在七人以下的个体工商户。基于此法律规定，"个人从事其他生产、经营活动"是指自然人个人从事生产、经营、建设活动，生产、经营指将资金投入企业对产品（劳务）按照供产销的方式进行的经营活动。因此，"个人从事生产、经营"活动的核心是自然人要有资金成本投入，参与经营管理取得利润或承担亏损的活动。

第四，班组长或包工头与劳务公司或建筑企业签订的劳务专业作业分包合同是"个人从事的生产、经营活动"。

基于以上"个人从事其他劳务所取得的所得"和"个人从事其他生产、经营活动取得的所得"的区别分析，班组长或包工头必须要有自己的成本投入，其聘请的农民工的工资和提供劳务服务期间的生活费必须由班组长承担，其与劳务公司签订的专业作业劳务分包合同有可能亏损、有可能盈利，班组长或包工头要加强对农民工的管理、指导、监督活动，必须按照承包合同约定的质量、安全、技术标准向劳务公司交付成果。如果出现质量、安全、技术不达标问题，班组长或包工头必须承担法律责任。

因此，在建筑劳务公司与包工头或班组长签订劳务专业作业分包合同的情况下，班组长或包工头带领的农民工从事某一专业作业劳务，其从劳务公司取得的所得，不属于"劳务报酬"所得，而属于"个人从事其他生产、经营活动取得的所得"，即属于"经营所得"的范畴。

第五，是否办理营业执照不可以作为"劳务报酬所得"和"经营所得"的分水岭。

首先，《个体工商户个人所得税计税办法》（国家税务总局令第 35 号）第三条对个体工商户进行了范围的界定：A. 依法取得个体工商户营业执照，从事生产经营的个体工商户；B. 经政府有关部门批准，从事办学、医疗、咨询等有偿服务活动的个人；C. 其他从事个体生产、经营的个人。基于此规定，个体工商户的范围中包括了不办理营业执照的"其他从事个体生产、经营的个人"。这与《中华人民共和国个人所得税法实施条例》第六条第（五）项规定的"经营所得"第四项中的"个人从事其他生产、经营活动取得的所得"高度重合。

其次，根据《建筑安装业个人所得税征收管理暂行办法》（国税发〔1996〕127 号）的规定，承包建筑安装业各项工程作业的承包人取得的所得，应区别不同情况计征个人所得税：经营成果归承包人个人所有的所得，或按照承包合同（协议）规定，将一部分经营成果留归承包人个人的所得，按对企事业单位的承包经营、承租经营所得项目征税；以其他分配方式取得的所得，按工资、薪金所得项目征税。从事建筑安装业的个体工商户和未领取营业执照承揽建筑安装业工程作业的建筑安装队和个人，以及建筑安装企业实行个人承包后工商登记改变为个体经济性质的，其从事建筑安装业取得的收入应依照个体工商户的生产、经营所得项目计征个人所得税。基于此规定，班组长和包工头带领农民工从事建筑劳务的某一专业作业活动是国税发〔1996〕127 号中所规定的"未领取营业执照承揽建筑安装业工程作业的建筑安装队"。

最后，《国家税务总局关于个人对企事业单位实行承包经营、承租经营取得所得征税问题的通知》（国税发〔1994〕179 号）指出：A. 承包、承租人对企业经营成果不拥有所有权，仅是按合同（协议）规定取得一定所得的，其所得按工资、薪金所得项目征税，适用 5%～45% 的 9 级超额累进税率。B. 承包、承租人按合同（协议）的规定只向发包、出租方交纳一定费用后，企业经营成果归其所有的，承包、承租人取得的所得，按对企事业单位的承包经营、承租经营所得项目，适用 5%～35% 的 5 级超额累进税率征税。

因此，根据以上税法文件规定，是否办理营业执照不可以作为"劳务报酬所得"和"经营所得"的分水岭。

2）分析结论。

结合以上法律政策规定，分析结论如下：

第一，个人办理工商营业执照而产生的收入属于经营所得；

第二，个人依法取得执照，从事办学、医疗、咨询等有偿服务活动的个人取得的所得属于经营所得；

第三，对于无营业执照又未经批准的，个人从事企事业单位的承包、承租、转包、转租取得的所得属于经营所得；

第四，属于《中华人民共和国个人所得税法实施条例》第六条第（二）项列举的26项范围内的属于劳务报酬所得；

第五，在建筑劳务公司与包工头或班组长签订劳务专业作业分包合同的情况下，班组长或包工头带领的农民工从事某一专业作业劳务，其从劳务公司取得的所得，不属于"劳务报酬"所得，而属于"个人从事其他生产、经营活动取得的所得"，即属于"经营所得"的范畴。

（5）自然人取得"劳务报酬"所得在税务局代开发票的方法。

由于"劳务报酬"所得是"综合所得"的范围，根据国家税务总局2018年公告第62号文件的规定，属于"综合所得"中的"劳务报酬"所得由付款方按照"累计预扣法"，按月预扣预缴劳务报酬的个人所得税。因此，自然人取得"劳务报酬"所得，在税务局代开发票时，税务局不代征个人所得税，具体的代开发票的方法如下：

当自然人发生"劳务报酬"所得，且"劳务报酬"所得超过增值税起征点（根据《中华人民共和国增值税暂行条例》的规定，自然人增值税起征点是：按月支付在20000元以下，按次支付500元以下）以上的，获得"劳务报酬"所得的自然人必须到劳务发生所在地的税务局代开发票给付款单位。在税务局代开发票时，必须在发票的"备注栏"标明"个人所得税由付款方代开代缴或预扣预缴"的字样。

（6）自然人取得"经营所得"在税务局代开发票的方法。

在建筑劳务公司与包工头或班组长签订劳务专业作业分包合同的情况下，班组长或包工头带领的农民工从事某一专业作业劳务，其从劳务公司取得的所得，不属于"劳务报酬"所得，而属于"经营所得"的范畴。在税务局代开发票时，税务局不代征个人所得税，具体的代开发票的方法如下：

第一，在税务局代开发票时，必须按照不含增值税的开票金额，依据当地所在省税务局代征一定比例（例如，广西壮族自治区和江西省的规定为1.3%）的个人所得税。

第二，在税务局代开发票时，必须在发票上的"税收分类与编码栏"中填写"建筑服务——工程劳务"或"其他建筑服务——塔吊作业、钢构作业、土石方作业、抹灰作业、水电安装作业、幕墙玻璃作业等"，且发票的"备注"栏标明"工程项目所在地的市、县（区）和项目的名称"的字样。

第三，建筑劳务公司收到包工头或班组长代开的发票时，按照差额征税的规定，全额给承包单位开具增值税发票，按照"（劳务公司收取承包单位的所有款项和价外费用-包工头或班组长的专业作业分包额）÷（1+3%）×3%"差额计征增值税。

（五）农民工工资的财务处理

（1）在设立农民工工资专用账户的建筑企业总承包方与劳务公司签订劳务分包合同，然后劳务公司与农民工签订劳动合同的情况下，劳务公司以农民工本人签字捺手印的每月的"农民工工资表"、"农民工工时考勤表"、身份证复印件和盖有银行章的农民工工资专用账户发放农民工工资的银行付款清单，作为会计核算凭证。农民工的工资在建筑企业的"应付职工薪酬"会计科目中进行成本核算。账务处理为：

借：工程施工——合同成本（项目部人工费用）
　　贷：应付职工薪酬——应付农民工工资
支付时：
借：应付职工薪酬——应付农民工工资
　　贷：银行存款——农民工工资专用账户支付农民工工资

温馨提示

由于"应付职工薪酬"列支的农民工工资会涉及工会经费和残保基金的缴纳成本，所以建议发生的农民工工资不要通过"应付职工薪酬"科目核算，直接计入"工程施工——合同成本（项目部人工费用）"科目。

（2）如果设立农民工工资专用账户的建筑企业总承包方与班组长（包工头）签订了专业作业劳务分包合同，直接发放农民工工资的情况下，设立农民工工资专用账户的建筑企业总承包方的会计核算凭证不是"农民工工资表"、"农民工工时考勤表"、农民工身份证复印件，而是班组长（包工头）代开的发票、建筑企业与班组长（包工头）之间的劳务工程量计量确认单、劳务款结算单、银行盖章的发放农民工工资的付款流水单。建筑企业支付班

组长（包工头）和农民工工资直接在"工程施工——合同成本（人工费用）"科目核算。不存在缴纳残保基金和工会经费问题。

（六）劳务公司对查账征收个税项目的农民工工资未全员全额扣缴申报个税能否在企业所得税前扣除的分析

《国家税务总局关于建筑安装业跨省异地工程作业人员个人所得税征收管理问题的公告》（国家税务总局 2015 年公告第 52 号）第二条规定，跨省异地施工单位应就其所支付的工程作业人员工资、薪金所得，向工程作业所在地税务机关办理全员全额扣缴明细申报。凡实行全员全额扣缴明细申报的，工程作业所在地税务机关不得核定征收个人所得税。基于此规定，在劳务公司承接的工程劳务项目所在地税务局没有按照工程项目经营收入的一定比例代征项目部作业人员个人所得税的情况下，劳务公司项目部作业人员，包括农民工的个人所得税必须在工程项目所在地税务局进行全员全额扣缴申报。具体分析如下：

（1）农民工工资薪金的个税扣缴义务人：支付农民工工资薪金的劳务公司。

如果劳务公司与农民工签订劳动合同，支付农民工工资薪金的劳务公司是农民工工资薪金的个税扣缴义务人。

（2）农民工工资薪金是扣缴义务人实施全员全额扣缴申报个税的应税所得范围。

全员全额扣缴申报，是指扣缴义务人应当在代扣税款的次月十五日内，向主管税务机关报送其支付所得的所有个人的有关信息、支付所得数额、扣除事项和数额、扣缴税款的具体数额和总额以及其他相关涉税信息资料。

（3）农民工工资薪金在劳务公司企业所得税前扣除的必备条件：劳务公司在企业所得税汇算清缴年度前（每年 5 月 31 日之前）实际支付。

在劳务公司与农民工签订劳动合同的情况下，如果农民工工作时间短，则农民工提供的建筑劳务服务是临时工、季节工性质（相当于灵活性就业人员）；如果农民工提供工作时间是一个月以上，一年以内，则农民工提供的建筑劳务服务是全日制用工性质。无论是临时工、季节工还是全日制用工的农民工，劳务公司在企业所得税前扣除的工资薪金成本都必须具备一个条件：实际支付了农民工工资。

《中华人民共和国企业所得税法实施条例》（中华人民共和国国务院令

第714号）第九条规定："企业应纳税所得额的计算，以权责发生制为原则，**属于当期的收入和费用，不论款项是否收付，均作为当期的收入和费用；不属于当期的收入和费用，即使款项已经在当期收付，均不作为当期的收入和费用。**"本条例和国务院财政、税务主管部门另有规定的除外。基于此税法规定，劳务公司应给予农民工的工资只要是工程项目当年度发生的人工成本，即使没有支付，没有全员全额申报农民工个人所得税，根据权责发生制原则，也应该在当年度的企业所得税前扣除。但是本条中还规定"本条例和国务院财政、税务主管部门另有规定的除外"，因此，劳务公司支付给农民工工资，没有履行全员全额申报个人所得税的情况下，能否在企业所得税前扣除？还得依据"国务院财政、税务主管部门的另有规定"，这些"另有规定"是指以下文件的规定。

《国家税务总局关于企业所得税应纳税所得额若干税务处理问题的公告》（国家税务总局公告2012年第15号）第一条规定："**企业因雇用季节工、临时工、实习生、返聘离退休人员用工所实际发生的费用，应区分为工资薪金支出和职工福利费支出，并按《企业所得税法》规定在企业所得税前扣除。**"

《国家税务总局关于企业工资薪金和职工福利费等支出税前扣除问题的公告》（国家税务总局公告2015年第34号）第二条规定："**企业在年度汇算清缴结束前向员工实际支付的已预提汇缴年度工资薪金，准予在汇缴年度按规定扣除。**"

基于以上税收政策文件的规定，劳务公司预提农民工工资在企业所得税汇算清缴年度前（每年5月31日之前）进行扣除必须具备一个关键性条件：劳务公司必须在企业所得税汇算清缴年度前（每年5月31日之前）实际支付给农民工。换句话说，劳务公司每年度发生的农民工工资，只要在企业所得税汇算清缴年度前（每年5月31日之前）实际支付给农民工，就可以在劳务公司企业所得税前扣除。

（4）农民工工资薪金在劳务公司企业所得税前扣除的可选条件：劳务公司依法履行农民工工资薪金的个税扣缴申报。

《中华人民共和国企业所得税法实施条例》（中华人民共和国国务院令第714号）第三十四条规定："**企业发生的合理的工资薪金支出，准予扣除。**"

《国家税务总局关于企业工资薪金及职工福利费扣除问题的通知》（国税函〔2009〕3号）第一条规定："《实施条例》第三十四条所称的'合理

工资薪金'，是指企业按照股东大会、董事会、薪酬委员会或相关管理机构制订的工资薪金制度规定实际发放给员工的工资薪金。税务机关在对工资薪金进行合理性确认时，可按以下原则掌握：

（1）企业制定了较为规范的员工工资薪金制度；

（2）企业所制定的工资薪金制度符合行业及地区水平；

（3）企业在一定时期所发放的工资薪金是相对固定的，工资薪金的调整是有序进行的；

（4）企业对实际发放的工资薪金，已依法履行了代扣代缴个人所得税义务；

（5）有关工资薪金的安排，不以减少或逃避税款为目的。"

（七）劳务公司未履行农民工工资个税扣缴申报的责任：将承担应扣未扣税款 50%以上三倍以下的罚款

《中华人民共和国税收征管法》第六十九条规定："扣缴义务人应扣未扣税款的，由税务机关向纳税人追缴税款，对扣缴义务人处应扣未扣税款百分之五十以上三倍以下的罚款。"

（八）农民工取得工资薪金所得，劳务公司未扣缴税款的纳税申报：农民工应自行办理个税汇算纳税申报

《中华人民共和国个人所得税法》第十条第（三）项规定："取得应税所得，扣缴义务人未扣缴税款的，纳税人应依法办理纳税申报。"

根据《国家税务总局关于个人所得税自行纳税申报有关问题的公告》（国家税务总局公告 2018 年第 62 号）第一条、第三条第（一）项的规定，居民个人取得的综合所得，扣缴义务人未扣缴税款的，居民个人应当依法办理汇算清缴的纳税申报，应当在取得所得的次年 3 月 1 日至 6 月 30 日内，向任职、受雇单位所在地主管税务机关办理个税汇算清缴的纳税申报，并报送《个人所得税年度自行纳税申报表》。纳税人有两处以上任职、受雇单位的，选择向其中一处任职、受雇单位所在地主管税务机关办理个税汇算清缴的纳税申报。

根据《国家税务总局关于办理 2019 年度个人所得税综合所得汇算清缴事项的公告》（国家税务总局公告 2019 年第 44 号）第六条的规定："个人所得税汇算清缴纳税申报的办理方式可以从以下三种方法中任选一种：（一）自行办理年度汇算。（二）通过取得工资薪金或连续性取得劳务报酬所得的扣

缴义务人代为办理。（三）委托涉税专业服务机构或其他单位及个人（以下称'受托人'）办理，受托人需与纳税人签订授权书。"

（九）分析结论

如果工程劳务项目所在地的税务局没有对建筑企业、劳务公司承包该工程项目经营收入的一定比例代征该项目作业人员的个税，则建筑企业、劳务公司对作业人员，特别是农民工的工资薪金收入必须在工程项目所在地税务局实行全员全额扣缴申报个人所得税。至于劳务公司对农民工工资是否实行全员全额扣缴申报个税才能在劳务公司企业所得税前扣除的问题，要从以下两方面进行处理：

第一，如果劳务公司注册地税务局管理严格，根据国税函〔2009〕3号文件第一条的规定，只要同时符合以下两个必备条件，农民工工资成本才可以在劳务公司的企业所得税前进行扣除：一是劳务公司或建筑企业在企业所得税汇算清缴年度前（每年5月31日之前）实际支付了农民工工资；二是劳务公司或建筑企业依法对农民工工资薪金所得实施了全员全额扣缴申报个人所得税。

第二，如果劳务公司注册地税务局管理不是很严，根据国税函〔2009〕3号文件第一条的规定，只要同时符合以下一个必备条件，农民工工资成本才可以在劳务公司的企业所得税前进行扣除：劳务公司或建筑企业在企业所得税汇算清缴年度前（每年5月31日之前）实际支付了农民工工资。税务机关在对工资薪金进行合理性确认时，可按以下原则掌握：规定中是"可"，而不是"必须"或"应"，企业所得税前扣除必须符合"企业对实际发放的工资薪金，已依法履行了代扣代缴个人所得税义务"的规定，是税法赋予税务执法人员的决定权。

三、劳务公司直接发放农民工工资个税的财税管理

（一）适用的建筑施工项目

劳务公司直接发放农民工工资主要适用于既不实施农民工工资专用账户又不实施农民工实名制管理的项目。

(二)"劳务公司直接发放农民工工资"的三种形式

(1) 劳务公司通过其开户行的基本账户或结算账户将工资直接转入与农民工手机号绑定的工资卡。

(2) 劳务公司以现金的形式直接发放到农民工本人手中。

(3) 劳务公司将农民工工资支付给班组长（包工头），然后由班组长（包工头）直接以现金形式支付给农民工本人。

(三) 劳务公司直接发放农民工工资的个税纳税申报处理

第一，如果劳务公司与农民工签订劳动合同，则农民工个人所得税的纳税申报方法分为核定征收和查账征收两种。

第二，如果劳务公司与班组长或包工头签订专业作业劳务分包合同或专业作业劳务承包合同，则农民工个人所得税的纳税申报方法参照本节"农民工个税的纳税申报方法"内容，这里不再赘述。

四、建筑企业（劳务公司）将农民工工资付给班组长（包工头），由班组长（包工头）发放给农民工的财税风险管控 5 步法

第一步：劳务公司制定统一的"代领＿＿＿＿＿＿＿工程项目劳务款委托书"，所有的农民工（无论是否实名制登记管理）必须在委托书上签名并捺手印。

第二步：劳务公司制定统一的"班组作业人员信息真实性承诺书"的范本，由班组长（包工头）在范本上签字捺手印。

第三步：劳务公司必须与包工头（班组长）签订"委托代发农民工或劳务款"的协议。协议约定"农民工工资支付办法"条款，内容如下：

(1) 劳务公司收到发包方支付的工程进度款后，根据劳务公司审核包工头（班组长）提交的"农民工工资表""农民工工时考勤表"或"农民工劳务款结算单""农民工完成的劳务工程量计量单"将农民工工资劳务款直接划入包工头（班组长）的账户。

(2) 包工头（班组长）收到劳务公司划入的农民工工资劳务款后，必须保证优先发放农民工工资，不准拖欠或挪用、克扣农民工工资，经公示后，如果劳务公司没有收到农民工的投诉，则劳务公司将包工头（班组长）

的项目承包经营所得，在包工头（班组长）自行申报个税、审核税务部门开具的个税完税凭证无误后，划入承包人本人的银行卡。

（3）农民工工资原则上转账到农民工个人银行卡上，无法转账包工头（班组长）代领的工资款，包工头（班组长）必须在领取农民工工资之日起2日内把工资发放至农民工手中，并由农民工本人签字并捺手印确认，工资发放记录表原件在领取之日起7日内必须交劳务公司留存。

第四步：劳务公司制定统一格式的"农民工工资发放公示表"，公示表中必须明确如下内容：农民工姓名、工作天数、工资总额、投诉电话、接受投诉的部门负责人（劳务公司的办公室和财务部负责人），投诉的时间区间（一般规定7个工作日），农民工工资发放代理人。劳务公司在发放农民工工资或劳务款之前，包工头或班组长必须要在工程项目比较醒目的公告栏处张贴"农民工工资发放公示表"。

第五步：包工头（班组长）必须向劳务公司财务部提供以下证明农民工劳务款真实性的法律资料：

（1）在劳务公司与农民工签订非全日制用工合同和全日制用工合同的情况下，提供农民工本人签字并捺手印的"农民工工资表""农民工工时考勤表"。

（2）在劳务公司与农民工签订劳务专业作业分包合同的情况下，则提供农民工本人签字并捺手印的"农民工劳务款结算单""农民工完成的劳务工程量计量单"。

（3）包工头（班组长）必须制作签字并捺手印的"农民工劳务款结算单""农民工完成的劳务工程量计量单""农民工工资表""农民工工时考勤表"及农民工本人签字的银行卡复印件等。提供以上表格纸质文档的同时将电子数据文档等内容以电子邮件形式发到劳务公司的指定邮箱，包工头（班组长）雇用的农民工的工资卡由包工头（班组长）自行办理，包工头（班组长）报送劳务公司经签字并捺手印的所有表格及文档，并对其真实性负责。

第六节

劳务公司应对税务稽查策略二： 一位农民工分别与两个独立法人的劳务公司签订非全日制用工合同节约个税和社保费

一、实操要点

"两个独立法人的劳务公司与农民工分别签订非全日制用工合同"的用工模式的操作步骤如下：

第一步：建筑企业总承包方、建筑企业专业承包方、建筑企业专业承包方与同一个老板注册的两个独立的劳务公司或两个联合的劳务公司分别签订两份劳务分包合同。

第二步：两个独立的劳务公司与同一个农民工分别签订两份非全日制用工合同。

第三步：每一位农民工工资薪金分别在两个劳务公司做账，每一劳务公司依法为每一位农民工每月依法履行预扣预缴个人所得税。

二、"两个独立法人的劳务公司与农民工分别签订非全日制用工合同"的用工模式的法律依据

（一）同一农民工与两个独立法人单位分别签订非全日制合同的合法性

《中华人民共和国劳动合同法》第六十九条第二款规定："从事非全日制用工的劳动者可以与一个或者一个以上用人单位订立劳动合同；但是，后订立的劳动合同不得影响先订立的劳动合同的履行。"基于此规定，非全日制劳动者可以建立双重劳动关系甚至是多重劳动关系，即劳动者可以在不同

企业同时做几份小时工。

《中华人民共和国劳动合同法》（2017 年修订版）第六十九条第一款规定："非全日制用工双方当事人可以订立口头协议。"《劳动保障部关于非全日制用工若干问题的意见》（劳社部发〔2003〕12 号）第一条第一款规定："从事非全日制工作的劳动者，可以与一个或一个以上用人单位建立劳动关系。用人单位与非全日制劳动者建立劳动关系，应当订立劳动合同。劳动合同一般以书面形式订立。"

因此，同一农民工与两个独立法人的劳务公司分别签订一份非全日制合同，只要后订立的非全日制劳动合同不得影响先订立的非全日制劳动合同的履行，该两份非全日制用工合同是合法的。

（二）非全日制用工的法律界定及其内涵

根据新修订的《中华人民共和国劳动合同法》（自 2013 年 7 月 1 日执行）第六十八条、第七十条、第七十一条和第七十二条的规定，非全日制用工，是指以小时计酬为主，劳动者在同一用人单位一般平均每日工作时间不超过四小时，每周工作时间累计不超过 24 小时的用工形式。

1. 界定全日制和非全日制劳动关系的决定因素是工作时间

如果劳动者平均每日工作时间不超过四小时、每周累计不超过 24 小时，则劳动者与用人单位建立的属于非全日制劳动关系。否则，则属于全日制劳动关系。注意：劳动者每天工作时间可以超过四个小时，也可以低于四个小时，但是每周工作时间累计不超过 24 小时的则为非全日制劳动关系。

2. 非全日制用工的工资支付周期最长为十五日

《中华人民共和国劳动合同法》第七十二条第二款规定："非全日制用工劳动报酬结算支付周期最长不得超过十五日。"根据此条的规定，与全日制用工要求工资按月发放不同，非全日制用工的工资支付周期最长为十五日。但是超过十五日支付工资或按月给非全日制劳动者发放工资，不是全日制用工和非全日制用工的核心区别。因此，超过十五日支付工资或按月给非全日制劳动者发放工资，不影响非全日制性质，仍然是非全日制用工形式。

3. 用人单位与非全日制劳动者没有签订书面劳动合同的义务，可以签书面劳动合同，也可以订立口头协议

《中华人民共和国劳动合同法》（2017 年修订版）第六十九条第一款规定："非全日制用工双方当事人可以订立口头协议。"因此，用人单位使用非全日制劳动者，可以订立非全日制劳动合同，明确其工作时间和双方的劳动权利义务，也可以不签劳动合同，只订立口头协议即可。

4. 与同一单位建立双重非全日制劳动关系的则属于全日制劳动关系

《中华人民共和国劳动合同法》对非全日制劳动关系的定义，第六十八条界定非全日制用工的工作时间标准时明确提到的一个前提是"劳动者在同一用人单位"，即劳动者因工作时间不超过四小时，而成立非全日制劳动关系的前提是在同一用人单位，如果劳动者在同一用人单位的两段工作时间平均每天超过四小时，则显然属于全日制劳动关系。

5. 非全日制用工与全日制用工的两点关键区别

第一，用人单位与非全日制用工的劳动者签订劳动合同时，合同中不能约定使用期限，而全日制用工与用人单位的劳动合同中必须约定使用期限。

《中华人民共和国劳动合同法》第十九条规定："**劳动合同期限三个月以上不满一年的，试用期不得超过一个月；劳动合同期限一年以上不满三年的，试用期不得超过二个月；三年以上固定期限和无固定期限的劳动合同，试用期不得超过六个月。同一用人单位与同一劳动者只能约定一次试用期。以完成一定工作任务为期限的劳动合同或者劳动合同期限不满三个月的，不得约定试用期。试用期包含在劳动合同期限内。劳动合同仅约定试用期的，试用期不成立，该期限为劳动合同期限。**"

第二，非全日制用工双方当事人任何一方都可以随时通知对方终止用工。

非全日制用工终止用工，用人单位不向劳动者支付经济补偿金。全日制用工与用人单位签订的劳动合同，如果用人单位出现《中华人民共和国劳动法》终止劳动合同关系的情形，必须支付经济补偿金。

三、"两个独立法人的劳务公司与农民工分别签订非全日制用工合同"用工模式的税务处理

(一) 农民工不需要进行个人所得税汇算清缴

根据《中华人民共和国个人所得税法实施条例》（中华人民共和国国务院令第 707 号）第二十五条和《国家税务总局关于个人所得税自行纳税申报有关问题的公告》（国家税务总局公告 2018 年第 62 号）的规定，取得综合所得应当办理汇算清缴，包括下列四种情形：

（1）从两处以上取得综合所得，且综合所得年收入额减除专项扣除的余额超过 6 万元。

（2）取得劳务报酬所得、稿酬所得、特许权使用费所得中一项或者多项所得，且综合所得年收入额减除专项扣除的余额超过 6 万元。

（3）纳税年度内预缴税额低于应纳税额。

（4）纳税人申请退税。

基于每年春节后的一个月开不了工和年底放年假有一个月也开不了工的实际情况，该农民工在一年中很少工作时间超过 10 个月。

《关于个人所得税综合所得汇算清缴涉及有关政策问题的公告》（财政部 税务总局公告 2019 年第 94 号）第一条规定："2019 年 1 月 1 日至 2020 年 12 月 31 日居民个人取得的综合所得，年度综合所得收入不超过 12 万元且需要汇算清缴补税的，或者年度汇算清缴补税金额不超过 400 元的，居民个人可免于办理个人所得税综合所得汇算清缴。居民个人取得综合所得时存在扣缴义务人未依法预扣预缴税款的情形除外。"《国家税务总局关于办理 2019 年度个人所得税综合所得汇算清缴事项的公告》（国家税务总局公告 2019 年第 44 号）第二条规定，经国务院批准，依据《财政部 税务总局关于个人所得税综合所得汇算清缴涉及有关政策问题的公告》（财政部 税务总局公告 2019 年第 94 号）有关规定，纳税人在 2019 年度已依法预缴个人所得税且符合下列情形之一的，无须办理年度汇算：

（1）纳税人年度汇算需补税但年度综合所得收入不超过 12 万元的。

（2）纳税人年度汇算需补税金额不超过 400 元的。

（3）纳税人已预缴税额与年度应纳税额一致或者不申请年度汇算退税的。

基于以上规定，在建筑企业或劳务公司每个月支付给农民工或预提农民工的工资薪金时必须履行每月给农民工办理依法预扣预缴其个人所得税的情况下，建筑企业或劳务公司聘用的农民工获得的年度工资薪金综合所得收入在不超过 12 万元且需要汇算清缴补税的，或者年度汇算清缴补税金额不超过 400 元的，农民工个人可免予办理个人所得税综合所得汇算清缴。

例如，两个独立的劳务公司与同一个农民工分别签订两份非全日制用工合同，约定农民工上午在一个劳务公司上班，工作时间在 4 小时以内，下午在另外一个劳务公司上班，工作时间也在 4 小时以内。该农民工出现了"从两处以上取得综合所得，且综合所得年收入额减除专项扣除（注意：专项扣除是指居民个人承担的'三险一金'。非全日制用工的劳动者，用人单位不缴纳设备费用，只缴纳工伤保险费用，劳动者自己缴纳社保费用，实际中的农民工在户口所在地缴纳'新农合'和'新农保'）的余额超过 6 万元"

的情况，农民工构成个税汇算清缴的义务，但是根据《关于个人所得税综合所得汇算清缴涉及有关政策问题的公告》（财政部 税务总局公告 2019 年第 94 号）第一条的规定，农民工一年中的工资薪金综合所得收入不超过 12 万元且需要汇算清缴补税的，或者年度汇算清缴补税金额不超过 400 元的，农民工个人可免予办理个人所得税综合所得汇算清缴。

（二）劳务公司每月依法履行预扣预缴农民工个人所得税的义务

《中华人民共和国个人所得税法》（中华人民共和国主席令第 9 号）第九条规定："个人所得税以所得人为纳税人，以支付所得的单位或者个人为扣缴义务人。"《个人所得税扣缴申报管理办法（试行）》（国家税务总局公告 2018 年第 61 号）第四条规定："实行个人所得税全员全额扣缴申报的应税所得包括：（一）工资、薪金所得；（二）劳务报酬所得；（三）稿酬所得；（四）特许权使用费所得；（五）利息、股息、红利所得；（六）财产租赁所得；（七）财产转让所得；（八）偶然所得。"基于此规定，在两个独立法人的劳务公司与农民工分别签订非全日制用工合同的用工模式下，劳务公司每月依法履行预扣预缴农民工个人所得税的义务。每月按照扣除基本费用 5000 元，按照"累计预扣法"预扣预缴农民工个人所得税。

第七节

劳务公司应对税务稽查策略三：
节约农民工社保费用的四种策略

一、无雇工个体工商户、灵活就业和非全日制从业人员缴纳社保费用的法律依据分析

（一）相关法律依据

《中华人民共和国社会保险法》第四条规定："中华人民共和国境内的

用人单位和个人依法缴纳社会保险费。"《中华人民共和国劳动合同法》（中华人民共和国主席令第二十八号）第七十二条规定："**用人单位和劳动者必须依法参加社会保险，缴纳社会保险费。**"《中华人民共和国劳动合同法》第二条规定："**中华人民共和国境内的企业、个体经济组织、民办非企业单位等组织（以下称用人单位）与劳动者建立劳动关系，订立、履行、变更、解除或者终止劳动合同，适用本法。**"根据《关于贯彻执行〈中华人民共和国劳动法〉若干问题的意见》（劳部发〔1995〕309 号）第一条规定："**个体经济组织是指一般雇工在七人以下的个体工商户。**"

"新农合"是新型农村合作医疗的简称，"新农保"是新型农村养老保险的简称。根据《国务院关于印发医药卫生体制改革近期重点实施方案（2009—2011 年）的通知》（国发〔2009〕12 号）的规定，灵活就业人员和农民工参加城镇职工医疗保险，灵活就业人员自愿选择参加城镇职工医疗保险或城镇居民医疗保险，参加城镇职工医疗保险有困难的农民工，可以自愿选择参加城镇居民医疗保险或户籍所在地的新型农村合作医疗。

《中华人民共和国社会保险法》（中华人民共和国主席令第 35 号）第五十八条第二款和第六十条第二款的规定，自愿参加社会保险的无雇工的个体工商户、未在用人单位参加社会保险的非全日制从业人员以及其他灵活就业人员，应当向社会保险经办机构申请办理社会保险登记。无雇工的个体工商户、未在用人单位参加社会保险的非全日制从业人员以及其他灵活就业人员，可以直接向社会保险费征收机构缴纳社会保险费。基于此规定，进城务工的农民工在建筑工地上工作的工资形式是灵活就业人员，其可以自愿在其户口所在地的社保所（农村村民社保征收机构）缴纳社会保险费用（包括"新农合"和"新农保"）。

《国务院办公厅关于印发降低社会保险费率综合方案的通知》（国办发〔2019〕13 号）第三条规定："**个体工商户和灵活就业人员参加企业职工基本养老保险，可以在本省全口径城镇单位就业人员平均工资的 60% 至 300%之间选择适当的缴费基数。**"基于以上规定，以灵活就业人员身份自愿参保的，只能参加基本养老保险和基本医疗保险，灵活就业人员不纳入失业和生育保险的参加人群范围，同时，个体工商户和灵活就业人员可以选择缴纳最低的社保费用基数缴纳社保费用。即进城务工的农民工在建筑工地上工作的工资形式是灵活就业人员，可以自愿在其户口所在地的社保所（农村村民社保征收机构）缴纳社会保险费用（包括"新农合"和"新农保"）时，可以在本省全口径城镇单位就业人员平均工资的 60%～300%选择适当的缴费基数。

《中华人民共和国社会保险法》第十条、第二十三条规定，无雇工的个体工商户、未在用人单位参加职工基本医疗保险的非全日制从业人员以及其他灵活就业人员根据自愿原则，可以参加职工基本医疗保险的，由其个人缴纳基本医疗保险费。无雇工的个体工商户、未在用人单位参加基本养老保险的非全日制从业人员以及其他灵活就业人员可以参加基本养老保险，由个人缴纳基本养老保险费。所谓的"灵活就业人员"是指以非全日制、临时性、季节性、弹性工作等灵活多样的形式实现就业的人员，包括无雇工的个体工商户、非全日制从业人员以及律师、会计师、自由撰稿人、演员等自由职业者等。

《关于进一步做好建筑业工伤保险工作的意见》（人社部发〔2014〕103号）第四条规定："**建设单位要在工程概算中将工伤保险费用单独列支，作为不可竞争费，不参与竞标，并在项目开工前由施工总承包单位一次性代缴本项目工伤保险费，覆盖项目使用的所有职工，包括专业承包单位、劳务分包单位使用的农民工。**"

《部分行业企业工伤保险费缴纳办法》（中华人民共和国人力资源和社会保障部令第10号）第三条规定："**建筑施工企业可以实行以建筑施工项目为单位，按照项目工程总造价的一定比例，计算缴纳工伤保险费。**"

（二）分析结论

基于以上法律政策规定可以得出以下结论：

1. 建筑领域包工头或班组长雇用农民的社保处理

根据以上法律规定，必须缴纳社保费用的主体是用人单位及其雇用的劳动者（在会计和社保法上称为"职工"），因此，建筑领域的班组长和包工头是自然人，不是用人单位，其雇用农民工不适用《中华人民共和国劳动合同法》和《中华人民共和国社会保险法》，班组长或包工头不承担农民工的社保费用，农民工在其户口所在地社保所缴纳"新农合"和"新农保"。

2. 进城务工农民工的社保费用的缴纳处理

第一，进城务工农民工在建筑工地上工作的工资形式，如果是短期的临时工或季节工，则农民工是灵活就业人员，可以自愿在其户口所在地的社保所缴纳社会保险费用（包括"新农合"和"新农保"）。

第二，如果进城务工的农民工与建筑企业或劳务公司签订全日制劳动合同（特别是农民工实名制管理的房建和市政工程项目），则可以自愿选择在其户口所在地购买新型农村合作医疗和新型农村养老保险。

第三,如果建筑企业或劳务公司与农民工签订"非全日制用工合同"或灵活就业协议,则建筑企业或劳务公司不承担农民工的社保费用。农民工可以自愿参加职工基本养老保险和职工医疗保险,保险费也由个人全部承担。

第四,由于项目开工前由施工总承包单位一次性代缴本项目工伤保险费,覆盖项目使用的所有职工,包括专业承包单位、劳务分包单位使用的农民工,所以劳务公司和建筑企业专业分包方不再缴纳工程项目的工伤保险费用。

二、节约农民工社保费用的四种策略及操作要点

(一)策略一及操作要点

建筑企业与以小时计酬为主的农民工签订非全日制用工合同,建筑企业和农民工不缴纳社保费用,但建筑企业总承包方必须缴纳工伤保险,专业分包方和劳务公司不缴纳工伤保险。

第一,建筑企业工程项目部的钢筋工、模板工、砼工、砌筑工、抹灰工、架子工、防水工、水电暖安装工、油漆工、外墙保温工等都是按照小时计算劳动报酬的。只要符合非全日制用工的条件,劳务公司可以与从事以上工种的农民工签订非全日制用工协议书,协议中约定:每小时的劳动报酬、每周工作时间不超过24小时。

第二,建筑企业与符合非全日制用工条件的农民工可以订立口头协议,也可以签订非全日制的劳动合同。对于非全日制用工形式,劳务公司不缴纳工伤保险、基本养老和基本医疗保险费用,由非全日制用工的农民工本人直接回户口所在地社保所缴纳基本养老和基本社会保险费。

(二)策略二及实操要点

建筑企业让长期与其合作且工作时间超过一年以上的农民工,去单独注册一个无雇工的个体工商户,无雇工个体工商户到注册所在地的税务部门购买税控机和税控盘,每月给劳务公司开具10万元以下的增值税普通发票。

第一,长期与其合作且工作时间超过一年以上的农民工,到其户籍所在地或施工项目所在地的工商局注册一个无雇工的个体工商户。

第二，注册无雇工的个体工商户后，到注册地的税务部门购买税控机和税控盘，安装完毕后，向税务局购买增值税发票，每月给劳务公司开具 10 万元以下的增值税普通发票，享受免增值税的红利。或者注册后的无雇工个体工商户不安装税控盘和税控机，控制在月销售额 2 万元以内，根据国家税务总局公告 2018 年 28 号文件第九条第二款的规定，按期缴纳增值税的无雇工个体工商户，适用月销售额 2 万元以内的小额零星业务支出，不缴纳增值税，不开具发票，直接以每月劳务款结算单和每月劳务计量单作为会计核算凭证，在企业所得税前扣除。

第三，劳务公司与无雇工的个体工商户签订劳务专业作业分包合同。

第四，无雇工的个体工商户的个人所得税都是按照当地税务部门的政策规定，选择核定定率或核定定额征收个人所得税。在现有各省的税收政策都规定，每月销售额在 3 万元以下免个人所得税，在深圳市每月 10 万元免个人所得税。

（三）策略三及实操要点

劳务公司与班组长签订劳务承包、劳务分包合同，班组长去税务局代开建筑劳务发票给建筑企业入账。

第一，劳务公司与班组长签订劳务专业作业分包合同。

第二，班组长到工程所在地的税务局代开增值税普通发票给劳务公司。

第三，班组长在税务局代开发票时，会依据当地政府的规定，按照开发票金额（不含增值税）的一定比例代征个人所得税，劳务公司不再代扣代缴个人所得税。

（四）策略四及实操要点

对于既实施农民工实名制又实施农民工工资专用账户管理的建筑项目，在当地人力资源管理局要求建筑企业用其提供的劳动合同范本与农民工签订劳动合同的情况下，建筑企业与在户口所在地的社保所已经缴纳了农村医疗保险和农村养老保险的农民工签订全日制的劳动合同。

第一，劳务公司与在户口所在地的社保所已经缴纳了农村社保（农村医疗保险和农村养老保险）的农民工签订全日制的劳动合同。

第二，劳务公司让农民工到社保局开具一份已缴纳社保的证明单，交到劳务公司办公室存档备查。则农民工回到城市务工不需要缴纳城镇职工社保费用，劳务公司也不需要为农民工缴纳社保费用。

第三，劳务公司可以与农民签订的全日制劳动合同时，在劳动合同的"社保费用"条款中约定：劳务公司承担报销农民工在其户口所在地社保所缴纳的社保费用（含国家统筹和个人承担的社保费用），农民工在其户口所在地缴纳的社保费用凭证必须交给劳务公司作为财务核算的凭证。

7

构筑建筑企业、房地产企业的
税务稽查风险防控体系

实现建筑、房地产企业税务稽查零风险目标的关键是建立良好的风险防控体系。笔者认为，构筑企业的税务稽查风险防控体系可以总结为"三道防线+二个风险防控理念+五个防控策略"。其中，"三道防线"是指决策管理层（第一道防线）、经营管理层（第二道防线）和财务管理层（第三道防线）；"二个风险防控理念"是指财税法风险管控理念和风险过程管控理念；"五个防控策略"是指工程造价、工程签证和工程结算协同管理、合同防控、涉税内控制度防控、账务防控和票据防控。

第 ● 节

第一道防线：决策管理层的风险防控新理念

一、新理念一：财税法风险管控理念

"财税法风险管控"是指企业从法务、财务和税务三维度对经济业务中的财务风险、税务风险和法律风险进行管控的一种企业风险管理思维。其内涵体现在两个方面：一方面是法律凭证、会计凭证和税务凭证三证统一；另一方面是法务、财务和税务三维度融合控税。在实践管理中，财税法风险管控必须遵循三步法：第一步是法律风险管控，第二步是财务风险管控，第三步是税务风险管控。

"财税法风险"是指法律风险、财务风险和税务风险的总称。财税法风险管控是企业成本控制管理中的核心，也是企业风险管控的重要内容之一。笔者认为，要提高企业的精细化管理水平，必须要有财税法风险管控思维，必须深度了解和熟悉财税法风险管控的以下内涵：一是法律凭证、会计凭证和税务凭证的三证统一；二是法务、财务和税务三维度融合控税。

1. 法律凭证、会计凭证和税务凭证的三证统一

"三证统一"是指法律凭证、会计凭证和税务凭证的相互印证，相互联系和相互支持。在这"三证"当中，法律凭证是第一位的，缺乏法律凭证支持和保障的会计凭证和税务凭证无论多么准确和完美，也是有法律和税收风

险的。

（1）法律凭证。法律凭证是用来明确和规范有关当事人权利和义务法律关系的重要书面凭证或证据。主要体现为合同、协议、法院判决或裁定书等法律文书和其他各种证书，如土地使用权证书、股权转让协议书、资产转让（收购）协议、股权转让（收购）协议、采购合同、建筑合同等。法律凭证特别是经济合同的正确签订，在合法降低企业税收成本，提高企业税收安全中起到根本性作用。

（2）会计凭证。会计凭证是记录经济业务、明确经济责任、按一定格式编制的据以登记会计账簿的书面证明。用来记载经济业务的发生，明确经济责任，作为记账根据的书面证明。会计凭证有原始凭证和记账凭证。前者是在经济业务最初发生之时即行填制的原始书面证明，如销货发票、款项收据等。后者是以原始凭证为依据，作为记入账簿内各个分类账户的书面证明，如收款凭证、付款凭证、转账凭证等。

（3）税务凭证。税务凭证是一种在税法或税收政策性规章上明确相关经济责任的书面证据。如税务登记证书、税收行政处罚通知书、增值税发票、行政事业性收款收据、中华人民共和国税收完税证明。税务凭证是法律凭证中的一种特殊性凭证，税务凭证一定是法律凭证，法律凭证不一定是税务凭证。

（4）"三证统一"。法律凭证、会计凭证和税务凭证虽然在各自的内涵上存在一定的差异，但是相互间存在一定的联系。如税务凭证与会计凭证是有区别和联系的，两者的联系是，都明确相关经济责任的企业据以进行记账的书面证明。区别是两者的根据不同，会计凭证是依据中华人民共和国财政部颁发的各项会计政策、财经制度而进行财务核算的记账凭证；税务凭证是根据相关税法和中华人民共和国税务总局制定的各项税收政策而明确纳税义务的税收凭证。由于对同一项经济业务的核算和反映，会计准则或会计制度与税法上的规定是有一定的差异的，正因如此，在税法上，需要对这种差异进行纳税调整，否则将会受到税务主管部门的惩罚。

在防范企业财税法风险实践当中，一定要保证法律凭证、会计凭证和税务凭证的"三证统一"，特别是法律凭证在降低企业成本中起关键性的作用。同时，会计凭证和税务凭证上的数据必须与法律凭证中的数据始终保持一致，否则会面临成本增加的可能。

（5）"三证统一"是财税法风险管控的根本方法。"三证统一"在企业降低成本中起着非常重要的作用，在众多降低企业税收成本的方法当中，

"三证统一"是根基。下面从两个方面来理解"三证统一"是企业降低企业成本，控制财务风险、税务风险和法律风险，提高企业税收安全的根本方法。

一方面，法律凭证是决定企业成本的根源。企业的成本涉及设计、研发、生产、管理、销售、售后服务等各个环节，每一环节都与企业的成本相关。要控制好每一环节的成本，必须把着力点放在有关合同、协议的签订和管理环节上，因为价格是合同和协议中的重要条款，合同和协议中的价格是构成企业相关成本的重要部分。如果合同中的价格已经确定，要通过降低价格来降低成本是不可能的，也是不现实的；否则，要负一定的民事法律赔偿责任。因此，在商品或材料采购、物流运输、提供服务等环节过程中，成本降低的关键点是价格谈判，价格一旦谈定就得在有关合同或协议中进行明确规定，只要合同和协议中对价格进行了确定，再来谈降低采购成本和运输物流成本是毫无意义的。如某公司是专门从事家具生产的企业，假设采购生产家具的木料成本在生产成本的比例为40%，该企业在采购木料的过程中，往往通过集中采购制度来进行采购，所有采购价格包括运输成本都在采购合同中体现。如果要降低采购成本的话，根本的削减成本阶段是在采购环节与供应商的价格谈判阶段，只有与相关的多个供应商进行价格谈判，选择既能保证材料质量又能保证价格低廉的材料供应商供货，并在采购合同中明确谈定好的低价格，生产成本才能够真正得到降低。

另一方面，"三证统一"是降低税收成本、提升企业税收安全的根本之策。在明确法律凭证是降低企业成本的根源后，还要保证法律凭证、会计凭证和税务凭证的相互统一，成本降低才能落到实处。

2. 法务、财务和税务三维度融合控税

财税法风险管控是指企业从法务、财务和税务三维度对经济业务中的财务风险、税务风险和法律风险进行管控的一种企业风险管理思维，实现法务、财务和税务三者融合控税，规避财务风险、税务风险和法律风险的目的。具体而言，是指企业经济业务的税务处理，首先要符合《民法》《合同法》《劳动合同法》《公司法》《广告法》《土地法》《建筑法》等民事法规、行政法规相关的法律规定，然后在符合税法和《企业会计准则》的规定下，进行财务和税务处理。也就是说，企业在对某些特殊的经济业务进行税务处理时，由于税法没有明确的规定，在进行税务处理时更应该依照相关的民事和行政法律法规进行处理。即企业的涉税事项处理，必须在相关法律规定的框架下进行。例如，根据《中华人民共和国建筑法》的规定，挂靠一家建筑公司资质从事承接业务的行为（简称挂靠行为）是违法行为，而根据财税〔2016〕36号文件的规定，建筑工程总分包行为，总包可以扣除分包的销售额，实行差额征收增值税优惠政策。当分包方是被挂靠的建筑企业，与建筑总承包资质企业签订总分包合同时，总承包方要享受差额征收增值税政策，必须在法律上，总承包方与被挂靠方签订分包合同。在财务上，必须实行报账制度，即挂靠方在施工过程中发生的各类成本费用，应开具被挂靠方为抬头的发票，统一交给被挂靠方进行账务核算，所有的资金都以被挂靠方的账户进行收支结算。在工程结算上，挂靠方必须以被挂靠方的名义与总包方进行结算。通过以上方法处理，将违背《中华人民共和国建筑法》规定的挂靠行为，变成了形式上的合法行为，就可以依据税法规定进行差额征收增值税。因此，企业税收安全的提升必须遵循税务与法务处理相统一的原则。

案例分析 8

劳务公司与建筑企业签订劳务分包合同的财税法风险管控

一、基本情况

在劳务分包实践中，经常出现劳务公司与建筑企业总承包方、建筑企业专业承包方和建筑企业专业分包方签订劳务分包合同。劳务分包合同中的"材料供应"条款中，有的约定由劳务公司购买材料，有的约定由劳务发包方（建筑企业）购买材料提供给劳务公司领用用于工程建设。另外，实践中还存在具有劳务派遣资质的劳务公司与建筑企业签订劳务派遣协议的现象。

请分析劳务公司与建筑企业签订劳务分包合同中的法律风险、财务风险和税务风险及其管控策略。

二、法律风险管控

（一）劳务公司与建筑企业签订的三种违法合同的法律风险分析

1. 建筑承包单位与劳务公司签订违法分包而不是劳务分包的行为

《住房和城乡建设部关于印发建筑工程施工发包与承包违法行为认定查处管理办法的通知》（建市规〔2019〕1号）规定："施工总承包单位、专业承包单位均指直接承接建设单位发包的工程的单位；专业分包单位是指承接施工总承包或专业承包企业分包专业工程的单位;承包单位包括施工总承包单位、专业承包单位和专业分包单位。""专业分包单位将其承包的专业工程中非劳务作业部分再分包的,是违法分包行为。""专业作业承包人除计取劳务作业费用外,还计取主要建筑材料款和大中型施工机械设备、主要周转材料费用的,是违法分包行为。""专业作业承包人将其承包的劳务再分包的,是违法分包行为。"

基于以上政策规定,建筑承包单位将其承包工程的主材、大中型施工机械设备、主要周转材料、辅料和劳务都包给劳务公司的行为是违法分包行为。

2. 建筑承包单位与劳务公司签订建筑分包合同,承包单位只向劳务公司收取一定管理费用的违法转包行为

建市规〔2019〕1号规定:"专业作业承包人承包的范围是承包单位承包的全部工程,专业作业承包人计取的是除上缴给承包单位'管理费'之外的全部工程价款的,是违法转包行为。""专业作业的发包单位不是该工程承包单位的,是违法转包行为。"

基于此政策规定,施工总承包单位、专业承包单位和专业分包单位将承包的工程全部交给劳务公司(专业作业承包人)施工,只向劳务公司(专业作业承包人)收取一定的管理费用的行为是违法转包行为。

3. 建筑企业与劳务公司签订劳务派遣协议的法律风险:采用劳务派遣多处受限

(1)按照《劳动合同法》规定,使用的被派遣劳动者数量不得超过企业用工总量的10%。

《劳务派遣暂行规定》(人力资源和社会保障部令第22号)第四条规定:"用工单位应当严格控制劳务派遣用工数量,使用的被派遣劳动者数量不得超过其用工总量的10%。"前款所称用工总量是指用工单位订立劳动合同人数与使用的被派遣劳动者人数之和。计算劳务派遣用工比例的用工单位是指依照《劳动合同法》和《劳动合同法实施条例》可以与劳动者订立劳动合同的用人单位。

(2)依照《劳动合同法》的规定,劳务派遣员工只能在"临时性、辅助性、替代性"的岗位任职。

根据《劳务派遣暂行规定》(人力资源和社会保障部令第22号)第三条和《中华人民共和国劳动合同法》(中华人民共和国主席令第七十三号)第66条的规定,用工单位只能在临时性、辅助性或者替代性的工作岗位上

使用被派遣劳动者（只有"三性"岗位才能使用劳务派遣工）。前款规定的临时性工作岗位是指存续时间不超过 6 个月的；辅助性工作岗位是指为主营业务岗位提供服务的非主营业务；替代性工作岗位是指用工单位的劳动者因脱产学习、休假等原因无法工作的一定期间内，可以由其他劳动者替代工作的。

（二）把握建筑劳务用工制度的改革方向：取消建筑劳务资质，建立告知备案制的专业作业企业

《国务院办公厅关于促进建筑业持续健康发展的意见》（国办发〔2017〕19 号）第六条第（十二）项规定："改革建筑用工制度。推动建筑业劳务企业转型，大力发展木工、电工、砌筑、钢筋制作等以作业为主的专业企业。以专业企业为建筑工人的主要载体，逐步实现建筑工人公司化、专业化管理。鼓励现有专业企业进一步做专做精，增强竞争力，推动形成一批以作业为主的建筑业专业企业。"基于此规定，现有建筑企业施工中具有多年实践经验，并专门从事建筑工地上的钢筋工、模板工、砼工、砌筑工、抹灰工、架子工、防水工、水电暖安装工、油漆工、外墙保温工等，完全可以其户口所在地或经常居住地的工商部门注册为个体工商户，专门从事专业作业。

《关于培育新时期建筑产业工人队伍的指导意见（征求意见稿）》（建办市函〔2017〕763 号）规定："大力发展专业作业企业。鼓励和引导现有劳务班组或有一定技能和经验的班组长成立以作业为主的专业公司或注册个体工商户，作为建筑工人的合法载体，促进建筑业农民工向技术工人转型，提高建筑工人的归属感。取消建筑施工劳务资质审批，设立专业作业企业资质，实行告知备案制。专业作业企业取得工商登记后，应到县级住房城乡建设主管部门备案其基本情况、联系人等信息，并明确所从事的主要工种；县级住房城乡建设部门根据备案信息核发专业作业企业资质证书，专业作业企业在资质证书许可范围内从事专业作业分包。""放宽市场准入限制，鼓励有一定组织、管理能力的劳务企业通过引进人才、设备等途径向总承包和专业企业转型；鼓励大中型劳务企业充分利用自身优势搭建劳务用工平台，为施工企业提供合格的建筑工人；引导小微型劳务企业向专业作业企业转型发展，做专做精专业作业，成为建筑业用工主体。"

目前，有陕西、安徽、浙江、山东、江苏、青海、黑龙江七省正在推进试点取消建筑劳务资质。

《关于培育新时期建筑产业工人队伍的指导意见（征求意见稿）》（建办市函〔2017〕763 号）明确提道："取消建筑施工劳务资质审批，设立专业作业企业资质，实行告知备案制。"

基于以上规定，从事建筑劳务的劳务公司将在全国全面取消劳务资质是大势所趋，劳务公司将转型为建筑专业作业企业。个体工商户可以从事建筑劳务的业务。因此，现有劳务班组或有一定技能和经验的班组长可以成立以作业为主的专业公司或注册个体工商户。

（三）法律风险防范策略：劳务公司承接四种合法性的劳务分包业务

（1）建筑劳务公司与施工总承包单位、专业承包单位和专业分包单位签订纯劳务作业的分包合同。

（2）如果劳务公司转型为专业作业的劳务公司，则专业作业劳务公司与班组长或自然人包工头签订内部承包协议，同时符合以下三个条件的劳务承包行为是合法的：

第一，班组长或自然人包工头以专业作业劳务公司的名义对外经营。

第二，以专业作业的劳务公司对外承担民事法律责任。

第三，班组长或自然人包工头只向专业作业的劳务公司上交一定的管理费用，扣除成本和税费后的经营所得班组长或自然人包工头所有。或者班组长和自然人包工头负责生产经营全过程活动，获得固定的劳动报酬和绩效考核奖，承包经营成果归专业作业的劳务公司所有。

（3）劳务公司（实质上是具有不同专业作业资质的劳务总承包企业）与施工总承包单位、专业承包单位和专业分包单位方签订含有部分辅料和纯劳务部分的劳务分包合同。

（4）如果劳务公司转型为具有不同专业作业资质的劳务总承包企业，则劳务公司与不同专业作业的个体工商户或小微企业签订的是专业作业分包合同。

三、税务风险管控

（一）劳务公司与建筑企业签订劳务分包合同的税收风险分析

1. 劳务公司虚列农民工工资增加成本套取利润从而少缴纳企业所得税

许多劳务公司的老板或班组长或包工头，为了不缴纳个人所得税，经常虚列农民工工资，增加成本，套取利润，导致劳务公司少缴纳企业所得税和班组长或包工头少缴纳个人所得税。随着建筑工人实名制登记管理制度和农民工工资专用账户管理制度的贯彻实施，建筑企业项目部的农民工人数是真实，绝对不可以通过虚列农民工人数、多列农民工工资增加成本，套取利润。

2. 虚列农民工人数造农民工工资表的行为将面临被税务机关罚款的风险

随着《中华人民共和国个人所得税法》的贯彻实施，居民个人要享受扣除专项附加扣除的税收政策待遇，必须下载个人所得税 APP，填写专项附加扣除的各个项目。一旦被查询到劳务公司用别人的身份证号，虚列农民工工资表，多列成本的行为，就会向当地税务部门举报，将面临一定的罚款，后果不堪设想。

3. 不实施农民工工资专用账户和农民工实名制管理的建筑企业项目部挂靠劳务公司开具发票从而构成虚开增值税发票的行为

挂靠的劳务公司给建筑公司开具增值税专用发票（发票流）、收到了建筑公司通过对公账户支付劳务款（资金流）、挂靠的劳务公司与建筑公司签订劳务分包合同（合同流）和挂靠的劳务公司与建筑公司结算劳务款（劳务流），虽然符合"四流合一"，但是劳务公司没有参与农民工管理，与农民工没有签订劳动合同，农民工工资表是虚列的农民工人数和农民工名单。劳务公司没有组织农民工给建筑企业提供建筑劳务服务，从而劳务公司向建筑企业开具发票，构成虚开增值税发票行为，建筑企业收到的发票不可以在企业所得税前扣除和抵扣增值税进项税额。

4. 个人所得税的风险和社保费用的风险

（1）核定征收项目部作业人员个人所得税的税收风险：劳务公司多缴纳个人所得税。

根据国家税务总局公告 2015 年第 52 号文件的规定，建筑企业异地施工的项目部作业人员的个人所得符合核定征收条件的，在当地的税务部门按照开票的金额核定代征一定比例的个人所得税后，税务部门给企业开具完税凭证时，在完税凭证的税目栏中打印了"工资薪金所得"字样，建筑企业或劳务公司凭借该完税凭证和农民工工资表列入建筑企业或劳务公司的成本，在企业所得税前扣除。

可是不少建筑企业或劳务公司注册的地方税务机关不认可建筑企业或劳务公司在异地项目部核定代征的个税，还得要求建筑企业或劳务公司按照全员全额申报个人所得税，从而致使建筑企业或劳务公司多缴纳个人所得税。

（2）社保风险：劳务公司没有给签订全日制劳动合同的农民工购买社保。

根据《中华人民共和国社会保险法》和《中华人民共和国劳动合同法》的规定，劳务公司聘用的农民工与劳务公司签订全日制劳动合同的情况下，劳务公司给农民工购买社保，依法缴纳社保费用。但是由于农民工的流动性频繁，劳务公司都没有给农民工依法缴纳社会保险。在社保费用征收移交给税务机关征收后，全国的社保征管口径将统一，如果劳务公司没有给签订全日制劳动合同的农民工依法缴纳社会保险，将被面临被税务机关稽查处罚的风险。

5. 企业所得税和增值税风险

（1）没有核定征收项目部作业人员个人所得税的税收风险：劳务公司没有对农民工工资实行全员全额申报个税，只做工资表入成本，不少地方税务局不准在企业所得税前扣除农民工工资成本。

根据国家税务总局公告2015年第52号文件的规定，建筑企业或劳务公司异地施工的项目部作业人员的个人所得，没有在当地被税务机关核定征收个人所得税的情况下，必须在项目所在地的税务机关全员全额征收个人所得税。而现有的建筑企业或劳务公司在异地项目部的税务机关没有对项目部作业人员核定征收个人所得税的情况下，只是造工资表在财务上做成本，而没有向项目部的税务机关全员全额申报个人所得税。有不少地方税务局根据国税函〔2009〕3号文件第一条的规定，不准建筑企业或劳务公司在企业所得税税前扣除农民工工资成本。

（2）设立农民工工资专用账户的建筑企业总承包方代发劳务公司农民工工资的税务风险：发放工资的资金流与劳务公司开具建筑企业发票的发票流不一致（票款不一），劳务发包方不可以抵扣增值税和企业所得税。

根据国家税务总局2018年公告第28号文件第二条的规定，税前扣除凭证，是指企业在计算企业所得税应纳税所得额时，证明与取得收入有关的、合理的支出实际发生，并据以税前扣除的各类凭证。

《国家税务总局关于加强增值税征收管理若干问题的通知》（国税发〔1995〕192号）第一条第（三）项规定："纳税人购进货物或应税劳务，支付运输费用，所支付款项的单位，必须与开具抵扣凭证的销货单位、提供劳务的单位一致，才能够申报抵扣进项税额，否则不予抵扣。"

基于以上分析，在农民工工资专用账户管理及银行代发制度下的涉税风险主要体现在以下两个方面：

第一，建筑企业总承包方与建设单位或业主之间的合同与发票开具不匹配，票款不一致，不可以抵扣增值税进项税额和企业所得税。

第二，建筑企业总承包方与用工主体（专用分包方或劳务公司）之间的合同与发票开具不匹配，票款不一致，不可以抵扣增值税进项税和企业所得税。

（3）劳务公司向劳务发包方开具劳务发票"备注栏"上没有注明"建筑服务发生地县（市、区）及项目名称"字样的税收风险：不可以在劳务发包方企业所得税前进行扣除，不可以抵扣增值税进项税额，简易计税的劳务发包方不可以享受差额征收增值税。

根据《增值税发票开具指南》第三章第三节第一条和《国家税务总局关于全面推开营业税改征增值税试点有关税收征收管理事项的公告》（国家税务总局2016年公告第23号）第四条第（三）项的规定，提供建筑服务，纳税人自行开具或者税务机关代开增值税发票时，应在发票的"备注"栏注明"建筑服务发生地县（市、区）及项目名称"。同时根据《企业所得税税前扣除凭证管理办法》第十二条和《国家税务总局关于增值税发票开具有关问题的公告》（国家税务总局公告2017年第16号）第一条的规定，企业取得填写不规范等不符合规定的发票不得作为企业所得税税前扣除凭证，不符合规定的发票，不得作为增值税进项税额抵扣的税收凭证。因此，如果建筑劳务发包方取得劳务公司开具的劳务发票上的"备注"栏没有注明"建筑服务发生地县（市、区）及项目名称"，则不可以在企业所得税前进行扣除，不可以抵扣增值税进项税额。

（二）税务风险管控策略

1. 劳务公司与建筑企业（设立农民工工资专用账户）签订劳务分包合同约定两条涉税风险规避条款

（1）必须在劳务合同中专门约定"农民工工资支付条款"。该条款必须明确以下几条：

第一，劳务公司的农民工工资由建筑总承包方通过其设立的农民工工资专用账户代发。

第二，劳务公司负责为招用的农民工在建筑工地所在地建委指定的农民工工资专用账户的开户行申办银行个人工资账户并办理实名制工资支付银行卡（与农民工手机绑定），并负责将工资卡发放至农民工本人手中。

第三，劳务公司指定的劳资专管员负责每月考核农民工工作量并编制工资支付表，经农民工本人签字确认后，将"农民工工时考勤表"和"农民工工资表"交劳务公司负责人审核无误并签字后，一式两份，其中一份交施工总承包单位委托银行通过其设立的农民工工资专用账户直接将工资划入农民工个人工资支付银行卡。

（2）劳务分包合同的"发票开具"条款中应约定以下内容：

第一，劳务公司向建筑总承包方开具增值税专用发票时，在发票"备注栏"打印"含总包企业通过农民工工资专户代付农民工工资×××元",建筑总承包方将银行盖章的农民工资发放流水单交给劳务公司,劳务公司将该银行盖章的农民工资发放流水单与增值税发票存根联一同装订备查。如果不按照以上策略执行,则劳务公司与设立农民工工资专用账户代发农民工工资的建筑企业总承包方必须签订"建设工程农民工工资委托支付协议"。

第二,劳务公司向建筑总承包方开具增值税发票时,必须在发票"备注栏"打印"项目所在地的县(市、区)和项目的名称"。

第三,劳务公司向建筑企业开具税率为3%的增值税专用(普通)发票。

2. 劳务公司与建筑企业(不需要设立农民工工资专用账户)签订劳务分包合同约定两条涉税风险规避条款

(1)必须在劳务分包合同中约定"发票开具条款",并约定以下两点内容:

一是劳务公司向建筑总承包方开具增值税发票时,必须在发票"备注栏"打印"项目所在地的县(市、区)和项目的名称"。

二是劳务公司向建筑企业开具税率为3%的增值税专用(普通)发票。

(2)必须在劳务分包合同中约定"农民工工资支付条款",并可从以下两种约定条款中任选一种。

第一种,劳务公司通过银行基本账户将农民工工资发到农民工本人工资卡,具体的农民工工资和劳务公司的劳务款发放办法如下:

每次劳务款结算完,扣除每次结算价格3%的质量保证金后的余额,在建筑企业(甲方)收到劳务公司(乙方)提供合法合规且在增值税发票"备注栏"中注明"建筑服务发生地所在县(市、区)和项目名称"的建筑服务增值税发票时,建筑企业(甲方)采用银行承兑汇票形式或银行转账形式,通过建筑企业(甲方)的基本账户转入劳务公司(乙方)的基本账户。

第二种,建筑公司将劳务结算进度款直接以公对公支付形式支付到劳务公司银行基本账户,劳务公司收到建筑公司支付的劳务进度款,必须优先支付给农民工,不得拖欠或挪用、滞留农民工工资。具体的发放办法如下:

每次劳务款结算完,扣除每次结算价格3%的质量保证金后的余额,在建筑企业(甲方)收到劳务公司(乙方)提供合法合规且在增值税发票"备注栏"中注明"建筑服务发生地所在县(市、区)和项目名称"的建筑服务增值税发票时,分两次进行支付,第一次支付的金额为劳务进度结算款的80%。第一次支付款到账后,劳务公司(乙方)首先用于支付所有农民工工资,而且劳务公司管理人员在工程项目所在地工区醒目处张贴农民工工资公示表，公示 5 个工作日后，如果建筑企业（甲方）未接到农民工的任何投诉，则建筑企业（甲方）将剩余的 20% 劳务进度结算款支付给劳务公司（乙方）。若接到投诉劳务公司（乙方）拖欠农民工工资或伪造工资表等造成对农民工不利行为，建筑企业（甲方）有权暂停对劳务公司（乙方）的任何支付，直接扣除劳务公司（乙方）的工程款向农民工支付工资。

四、财务风险管控

（一）财务风险

劳务公司与建筑公司签订劳务分包合同的财务风险主要体现在会计核算凭证不规范，有工资表中的人数不真实现象。

（二）财务风险管控策略

（1）在实施建筑工人实名制管理的项目部的农民工，必须按照真实出勤的农民工人数造工资表，计算人工成本，绝对不允许虚列农民工人数，虚造工资表套取利润和增加人工成本。

（2）如果各省税务局对施工企业项目部的作业人员按照工程造价或经营收入的一定比例核定征收个人所得税后，则劳务公司对农民工工资成本直接按照实际支付给农民工本人的月工资金额造工资支付清单表，作为成本核算凭证。

（3）根据《保障农民工工资支付条例》（中华人民共和国国务院令第724 号）第三十一条的规定，开设、使用农民工工资专用账户有关资料应当由施工总承包单位妥善保存备查。施工总承包单位、分包单位应当建立用工管理台账，并保存至工程完工且工资全部结清后至少 3 年。

（4）如果实行农民工工资专用账户代发劳务公司农民工工资，则劳务公司应当按月考核农民工工作量并编制工资支付表，经农民工本人签字确认后，与当月工程进度等情况一并交给设立农民工工资专用账户的施工总承包单位。施工总承包单位根据劳务公司编制的工资支付表，通过农民工工资专用账户直接将工资支付到农民工本人的银行账户，并向劳务公司提供银行盖章的代发农民工工资凭证。

（二）财税法风险管控的三步法

财税法风险管控三步法是指企业在对每一项经济业务进行风险管控时，必须遵循以下三步风险管控逻辑思路：

1. 法律风险管控思路

企业的法律部门要从法律的角度思考企业经济业务是否合法，如果不合法则必须创造条件使该业务合法。在签订合同环节，巧签合同中的"涉税条款"规避潜在的法律风险。具体而言是指企业在开展每一笔经济业务时，对该业务涉及的相关法律规定必须精通，在国家法律的框架下实施业务，确保业务合法合规。企业实现节税目标的税务筹划实施方案，必须符合现有相关民商法的规定，在此基础上，才符合相关税法的规定。如果只符合税法的规定，而不符合相关民商法规定的税务筹划实施方案，则不是合法的节税方案。

2. 财务风险管控思路

在实施合法业务的情况下，财务部门要根据《会计准则》的相关规定对企业发生的经济业务进行准确的会计核算，避免企业做假账和做错账，确保企业的每一笔经济业务的核算与经济业务合同相匹配。

3. 税务风险管控思路

企业负责税务管理的部门，在法律和财务风险管控的基础上，根据企业的经济业务与税法政策的融合，做到企业合法纳税，避免延期缴税和漏税的风险，依法节税，必须做到财、税、业务的融合，规避被税务稽查的风险。在实践当中，企业缴纳多少税，企业什么时间缴纳税（纳税义务时间的确定）必须与经济业务合同相匹配。

以上三步法的风险管控思路必须是同时进行的，不可颠倒顺序。

案例分析 9

设立农民工工资专用账户的建筑企业发放农民工工资的农民工工资个税和社保扣缴义务人的分析

一、案情介绍

（1）设立农民工工资专用账户的建筑企业项目部直接雇用农民工，在班组长或包工头的组织管理监督下进行建筑劳务作业，建筑企业直接与农民工、班组长或包工头签订劳动合同：有的签订非全日制用工合同、有的签订固定期限为一年的全日制劳动合同、有的签订以完成一定工作任务为期限的全日制劳动合同。建筑企业为每一位农民工办理了工资卡，通过农民工工资专用账户直接将农民工工资发放到与农民工手机绑定的工资卡。

（2）设立农民工工资专用账户的建筑企业与劳务公司签订劳动合同，劳务公司与农民工签订劳动合同，农民工的工资由设立农民工工资专用账户的建筑企业进行代发。劳务公司与农民工有的签订非全日制用工合同、有的签订固定期限为一年的全日制劳动合同、有的签订以完成一定工作任务为期限的全日制劳动合同。

请问：案例中设立农民工工资专用账户的建筑企业是否是农民工工资的个税和农民工社保费用的扣缴义务人？建筑企业和劳务公司如何核算农民工工资？

二、解决问题的思维方法：财税法风险管控思维

要正确回答"案例中设立农民工工资专用账户的建筑企业是否是农民工工资的个税和农民工社保费用的扣缴义务人？"这个问题，必须遵循财税法风险管控思维，运用财税法风险管控理念，先从法律上（主要是《中华人民共和国劳动合同法》《中华人民共和国社会保险法》《保障农民工工资支付条例》）思考农民工工资的社保扣缴义务人是谁，再从税法上（主要是《中华人民共和国个人所得税法》《中华人民共和国个人所得税法实施条例》）思考农民工工资的个人所得税扣缴义务是谁，最后从财务上（主要是《企业会计准则第 9 号——职工薪酬》、国家税务总局 2012 年公告第 15 号文件）思考农民工工资的账务处理。

三、财税法风险管控的具体分析

（一）法律风险管控：农民工社保费用的扣缴义务人

1. 企业用工关系分类的法律分析

《中华人民共和国劳动合同法》第二条规定："中华人民共和国境内的企业、个体经济组织、民办非企业单位等组织（以下称用人单位）与劳动者建立劳动关系，订立、履行、变更、解除或者终止劳动合同，适用本法。"根据《关于贯彻执行〈中华人民共和国劳动法〉若干问题的意见》第一条规定，个体经济组织是指一般雇工在七人以下的个体工商户。基于此规定，与劳动者签订劳动合同的企业、个体经济组织是用人单位，与用人单位签订劳动合同的劳动者与用人单位构成劳动关系。

《劳务派遣暂行规定》第二条规定："劳务派遣单位经营劳务派遣业务，

企业（以下称用工单位）使用被派遣劳动者，适用本规定。"基于此规定，使用劳动者的企业、个体经济组织是用工单位，与用工单位签订劳务合同的劳动者与用工单位构成劳务关系。

通过以上法律分析，企业的用工关系分为两种：劳动关系和劳务关系。用工单位和用人单位可以是同一个单位，也可以是不同的单位。当用人单位与用工单位是不同的单位时，用人单位是与劳动者签订劳动合同的单位和个体经济组织，用工单位是使用劳动者工作的单位和个体经济组织。当用工单位与用人单位是同一个单位时，用人单位和用工单位既是与劳动者签订劳动合同又是使用劳动者工作的单位。由此可见，本案例的第（1）案情中，设立农民工工资专用账户的建筑企业既是用工单位也是用人单位，既是与农民工签订劳动合同的单位也是使用劳动者工作的单位。本案例的第（2）案情中，劳务公司是用工单位，设立农民工工资专用账户的建筑企业是用人单位。

2. 企业用工关系中的劳务关系、劳动关系和社保费用缴纳之间的联系

企业用工关系中的劳务关系、劳动关系和社保费用缴纳之间的联系如下：

第一，用人单位与劳动者签订劳动合同的，则用人单位与劳动者构成劳动关系，用人单位和劳动者构成依法缴纳社保费用的义务人，个人的社保费用由用人单位代扣代缴。

第二，用人单位与劳动者签订劳务协议，则用人单位与劳动者构成劳务关系，不是社保费用的缴纳义务人，用人单位与劳动者不缴纳社保费用。

3. 分析结论

本案例中的农民工社保费用的扣缴义务人如下：

本案例第（1）案情的设立农民工工资专用账户的建筑企业是农民工社保费用的扣缴义务人，但是要分三种情况：

第一，如果建筑企业与农民工签订全日制劳动合同，且农民工在其户口所在地社保所买了"新农合"和"新农保"，则建筑企业是农民工社保费用的扣缴义务人。

第二，如果建筑企业与农民工签订非全日制劳动合同（符合签订非全日制劳动合同的法律要件的情况），无论农民工是否在其户口所在地社保所买了"新农合"和"新农保"，建筑企业都不是农民工社保费用的扣缴义务人。

第三，如果建筑企业与农民工签订以完成一定工作任务为期限的劳动合同（实质上是灵活就业协议），无论农民工是否在其户口所在地社保所买了"新农合"和"新农保"，则建筑企业都不是农民工社保费用的扣缴义务人。

本案例第（2）案情中的设立农民工工资专用账户的建筑企业因与劳务公司签订劳务分包合同，构成劳务关系而不是劳动关系，所以不是农民工社保费用的扣缴义务人。而由于劳务公司与农民工签订劳动合同，劳务公司是农民工社保费用的扣缴义务人，但是也要分三种情况：

第一，如果劳务公司与农民工签订全日制劳动合同，且农民工在其户口所在地社保所买了"新农合"和"新农保"，则劳务公司是农民工社保费用的扣缴义务人。

第二，如果劳务公司与农民工签订非全日制劳动合同（符合签订非全日制劳动合同的法律要件的情况），无论农民工是否在其户口所在地社保所买了"新农合"和"新农保"，劳务公司都不是农民工社保费用的扣缴义务人。

第三，如果劳务公司与农民工签订以完成一定工作任务为期限的劳动合同（实质上是灵活就业协议），无论农民工是否在其户口所在地社保所买了"新农合"和"新农保"，劳务公司都不是农民工社保费用的扣缴义务人。

（二）税务风险管控：农民工工资个税扣缴义务人的税务分析

根据《中华人民共和国个人所得税法》《中华人民共和国劳动合同法》和《中华人民共和国社会保险法》的规定，劳务公司农民工的社保费用和个人所得税的扣缴义务人是与农民工签订劳动合同，构成劳动关系的用人单位。

基于以上税法规定，农民工工资个税扣缴义务人如下：

第一，本案例第（1）案情中的设立农民工工资专用账户的建筑企业是农民工工资个税的扣缴义务人。

第二，本案例第（2）案情中的设立农民工工资专用账户的建筑企业因与劳务公司签订劳务分包合同，构成劳务关系而不是劳动关系，所以不是农民工工资个税的扣缴义务人。由于劳务公司与农民工签订了劳动合同，劳务公司是农民工工资个税的扣缴义务人。

（三）财务风险管控：农民工工资如何会计核算

（1）会计核算凭证：由于本案例第（1）案情中的设立农民工工资专用账户的建筑企业和本案例第（2）案情中的劳务公司与农民工、班组长签订劳动合同构成劳动关系，所以本案例第（1）案情中的设立农民工工资专用账户的建筑企业和本案例第（2）案情中的劳务公司以农民工本人签字捺手印的"农民工工资表""农民工工时考勤表"、身份证复印件和盖有银行章的农民工工资专用账户发放农民工工资的银行付款清单作为会计核算凭证。

（2）农民工工资成本的会计核算。农民工工资在"应付职工薪酬"会计科目中进行成本核算。账务处理为：

借：工程施工——合同成本（项目部人工费用）

　　贷：应付职工薪酬——应付农民工工资

支付时：

借：应付职工薪酬——应付农民工工资

　　贷：银行存款——农民工工资专用账户支付农民工工资

二、新理念二：税务稽查风险"过程管控"理念

税务稽查风险"过程管控"是指在企业业务流程中控制税务稽查风险的一种风险管控方法。也就是说，必须要在业务过程中防范和控制税务稽查的风险。如果没有在业务过程中控制税务风险，则税务风险已经在业务中存在和发生，即使采取了有力的风险管控措施，但成效甚微。因此，企业的决策管理层一定要重视税务稽查风险的"过程管控"理念。

（一）企业税收的三大环节

企业的税收有产生、核算和缴纳三大环节，如图7-1所示。

从图7-1来看，可以得出两个结论：

一是企业的税收不是财务部做账做出来的，而是业务部门在做业务时做出来的。

二是合同、业务流程与税收的关系是：合同决定业务流程，业务流程决定税收，合同在降低企业税收成本中起到关键和根本性作用。

因此，企业必须重视业务过程中合同在控制税收成本的重要意义，凡是要控制和降低税收成本，必须正确签订合同。必须认识到税务风险是在业务流程中出现的，要控制企业的税务风险就必须控制业务流程中的税务风险。

（二）税务风险防控的关键环节：业务流程

由于税务风险隐藏在企业的各项业务流程之中，所以控制税务风险的关键一定在业务流程环节。在现实税务管理实践中，合同决定业务流程，业务流程决定税收，要控制税收成本的降低，必须在合同签订环节考虑税收成本

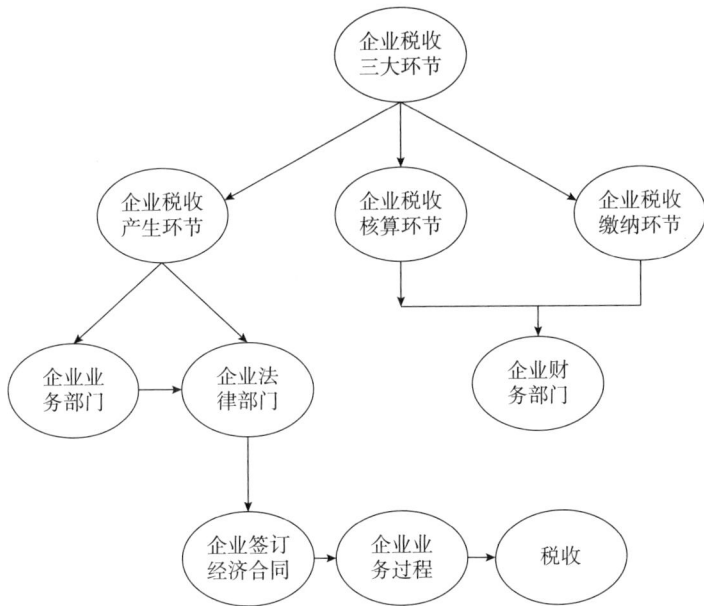

图 7-1 企业税收三大环节

与匹配的合同条款相适应。因此，"税务风险过程管控"是企业控制税务稽查风险的重要管控方法。基于此分析，房地产企业要控制税务风险，必须从土地招拍挂、项目公司设立、项目设计、合同签订、工程施工建设过程、开发产品销售等开发全过程中进行税务风险管控。建筑企业要控制税务风险，必须在项目投标、合同签订、工程概算、工程管理、工程结算等全过程中进行税务风险管控。

第 二 节

第二道防线：经营管理层的"四个防控策略"

建筑、房地产企业的经营管理层在税务稽查风险管控中要重点做好"四个防控策略"：一是在合同签订环节，巧妙签订合同控制税收风险；二是建立企业内部涉税控制制度，通过制度控制税收风险；三是将工程造价、增值税计税方法和工程项目成本的财税法风险协同管理；四是工程签证和工程结算的财税法风险协同管理。

一、防控策略一：合同防控

（一）降低企业税负的源头：合同签订环节

企业的税收产生环节在于业务过程中，而业务过程往往是由经济合同的签订决定的。即合同决定业务过程，业务过程产生税收，只有加强业务过程的税收管理，才能真正规避税收风险。因此，企业税务管理要从经济合同的签订入手，也就是说，企业税收成本的控制和降低要从经济合同的签订开始，经济合同的签订环节是企业控制和降低税收成本的源头所在。企业应重视日常涉税交易合同的签订和审查，使企业真正节税。企业在开展生产经营时，会与外部或内部的法律主体签订各种各样的合同。一份合同，不仅涉及法律问题，也必然涉及财税问题。不论何类经济合同，合同条款内容必定会涉及合同主体一方或双方的纳税义务，稍有差别，财税结果差异可能会很大，面临的法律风险也会有所不同。

（二）建筑总承包合同的涉税风险隐患源头及防控策略

建筑总承包合同与招投标文件的实质条款不一致是建筑企业总承包合同存在涉税风险的主要源头所在。为了控制企业税务风险，必须掌握招投标文件中的实质条款有哪些？必须洞察建筑合同与招投标文件实质条款不一致的财务、税务和审计风险。

1. 基于税法视角下的招标文件中实质条款分析

在税收视角下，招标文件中的实质条款主要是合同的标的、价款、质量、履行期限、承包分包方式、建筑材料设备供应、价款调整和变动、工程结算等条款。在这些实质条款中，要特别关注以下条款：

（1）承包分包方式条款。该条款主要涉及总承包方承包的建筑工程能否再进行专业分包。如果招标文件明确规定：建筑总承包方承包下的工程不允许再进行分包，则总承包方就不可以与专业资质的建筑企业签订专业分包合同，否则签订的专业分包合同无效。今后发包方将给总承包方处以罚款，收取违约金等法律风险。如果招标文件明确规定：禁止联合投标方式投标，则建筑企业总承包方就不可以联络其他建筑施工企业一起进行联合投标，否则将被废标处理。

（2）建筑材料设备供应条款。该条款直接涉及总承包方能否选择简易计税方法计征增值税。如果招标文件明确规定：施工过程中的建筑材料和设备由施工企业自行采购，则依据税法的规定，建筑总承包企业必须选择一般计税方法按照9%的增值税税率向发包方开具增值税发票。但是该招标文件并没有规定发包方不可以自行采购动力（指电、水、机油、柴油），因此，建筑企业总承包方可以与发包方签订"发包方自行采购动力"的补充协议，建筑企业总承包方可以选择简易计税方法按照3%的增值税税率向发包方开具增值税发票。

（3）价格调整和变动条款或工程结算条款。该条款主要涉及最后工程结算环节，施工过程中的一些价格变动因素导致工程款的增加部分是由建筑施工总承包方还是发包方承担。如果招标文件中明文规定："采用固定价格方式报价，投标人应充分考虑施工期间各类建材的市场风险和国家政策性调整风险系数，并计入总报价，今后不作调整。"但在施工合同价款专用条款约定："本工程据实结算，工程量以实际发生为准，材料价格以甲乙双方签字认可或同期定额信息为准。"这种建筑合同中工程结算条款与招标文件中的工程结算条款不一致的约定，在审计实际中，都以招标文件的规定为准。

2. 施工合同中条款与招标文件规定不一致的法律分析

《中华人民共和国招标投标法》第四十六条规定："**招标人和中标人应当自中标通知书发出之日起三十日内，按照招标文件和中标人的投标文件订立书面合同。招标人和中标人不得再行订立背离合同实质性内容的其他协议。**"第五十九条规定："**招标人与中标人不按照招标文件和中标人的投标文件订立合同的，或者招标人、中标人订立背离合同实质性内容的协议的，责令改正；可以处中标项目金额千分之五以上千分之十以下的罚款。**"《中华人民共和国招标投标法实施条例》第五十七条规定："**招标人和中标人应当依照招标投标法和本条例的规定签订书面合同，合同的标的、价款、质量、履行期限等主要条款应当与招标文件和中标人的投标文件的内容一致。招标人和中标人不得再行订立背离合同实质性内容的其他协议。**"根据以上规定，施工合同的内容不得背离招标文件的实质性条款，否则就触犯了招标投标法的强制性规定，就是无效条款或无效合同。合同签订实践中，建筑施工合同的签订应以招标文件和中标文件为依据，建设工程合同是招投标文件的具体细化，是以招投标文件为依据而签订的，并不是简单地照搬招标文件。在招投标文件中未预见的事项，可能会在签订合同时进行补充。因此，在合同签订过程中，当事人按照招投标文件规定的原则和主要内容，只要双方意思表示真实，协商一致，在不违背国家法律规范的原则下，将合同细化和完善是必要的，在法律上也是有效的。即并非招投标的内容都自然转化为合同条款，中标之后，双方在协商签订正式合同的过程中，可能完全保留招投标书的内容，也可能会修改招投标书的内容。当然，修改的内容必须是非实质性内容，否则有可能导致无效合同。当然，施工合同的非实质内容可以与招投标文件不相一致。按照《招标投标法》第四十八条关于"中标人应当按照合同约定履行义务，完成中标项目"的规定，遇到合同内容改变了招投标书内容的情况时，双方的权利义务应当由正式的合同（前提为合同合法有效）来确立。也就是说，中标后进行修改的合同与招投标文件非实质性条款之间有冲突的，双方的权利义务应以合同为准，不能以招投标文件为准。《中华人民共和国合同法》第七条规定："当事人订立、履行合同，应当遵守法律、行政法规，尊重社会公德，不得扰乱社会经济秩序，损害社会公共利益。"第五十二条规定："有下列情形之一的，合同无效：（一）一方以欺诈、胁迫的手段订立合同，损害国家利益；（二）恶意串通，损害国家、集体或者第三人利益；（三）以合法形式掩盖非法目的；（四）损害社会公共利益；（五）违反法律、行政法规的强制性规定。"《最高人民法院关于适用〈中华人民共和国合同法〉若干问题的解释（二）》第十四条规定："合同法第五十二条第（五）项规定的'强制性规定'，是指效力性强制性规定。"《最高人民法院关于当前形势下审理民商事合同纠纷案件若干问题的指导意见》（法发〔2009〕40号）第十五条规定："违反效力性强制规定的，人民法院应当认定合同无效；违反管理性强制规定的，人民法院应当根据具体情形认定其效力"。根据以上法律规定，"强制性规定"包括管理性强制性规定和效力性强制性规定。"管理性强制性规定"是指法律及行政法规未明确规定违反此类规定将导致合同无效的规定。此类管理性强制性规定旨在管理和处罚违反规定的行为，但并不否认该行为在民商法上的效力。"效力性强制性规定"是指法律及行政法规明确规定违反该类规定将导致合同无效的规定，或者虽未明确规定违反之后将导致合同无效，但若使合同继续有效将损害国家利益和社会公共利益的规定。此类规定不仅旨在处罚违反之行为，而且意在否定其在民商法上的效力。因此，只有违反了效力性的强制规范的，才应当认定合同无效。基于以上法律分析，如果建筑合同与招标文件的实质条款不一致，应以招标文件为准；如果建筑合同与招标文件的非实质性条款不一致，应以建筑合同为准。

3. 建筑合同与招标投标文件的实质条款不一致的财务、税务和审计风险分析

（1）法律风险。施工合同的内容如果背离招标文件的实质性条款，就触犯了招标投标法的强制性规定，导致无效条款或无效合同。

（2）审计风险。审计部门将以招标文件为依据做出审计结论或审计报告，不认可施工合同与招标文件不一致的实质性条款。投资审计在审计对象上，一定要把建设单位作为被审计单位，对发现的建设管理问题，要及时做审计取证记录，要在审计报告中反映；要向建设单位讲清楚，审计报告将发送哪些部门（市局投资审计报告一般抄送监察局、发改委、财政局及主管部门，必要时报送政府），给建设单位施加压力，树立审计的权威。因此，当出现施工合同中条款与招标文件规定不一致而使国家利益受到损失时，建设单位将受到行政处罚。

（3）财务风险。《招标投标法实施条例》第七十五条中的招标人和中标人不按照招标文件和中标人的投标文件订立合同，合同的主要条款与招标文件、中标人的投标文件的内容不一致，或者招标人、中标人订立背离合同实质性内容的协议的，由有关行政监督部门责令改正，可以处中标项目金额5‰以上10‰以下的罚款。另外，财务风险主要体现在工程结算风险上，当出现建筑合同的工程结算条款与招标文件的工程结算条款不一致时，工程结算应以招标文件的工程结算条款规定为准。

例如，审计某市政工程标底价为296万元，中标价为280万元，合同签订价款结算方式约定如下：招标文件规定："采用固定价格方式报价，投标人应充分考虑施工期间各类建材的市场风险和国家政策性调整风险系数，并计入总报价，今后不作调整。"但在施工合同价款专用条款约定："本工程据实结算，工程量以实际发生为准，材料价格以甲乙双方签字认可或同期定额信息为准。"如果按施工合同约定办理工程结算价为360万元，其中：工程变更增加20万元，合同内工程款340万元。如果按招标文件规定办理工程结算价为300万元，其中：工程变更增加20万元，合同内工程款280万元。两种结算方式相差60万元。为何同一工程分别按施工合同和招标文件结算会出现不同的结果，且差额之大呢？究其原因：甲乙双方签订了违背招投文件的施工合同。到底以哪个为准？也就成了结算双方极力争辩的焦点。实践审计中，都是以招标文件为准，结果施工企业只能获得工程款300万元。

4. 建筑企业总承包合同涉税风险隐患破解之道

为了解决建筑总承包合同与招标文件实质性条款不一致导致的财务、税务和法律风险问题。笔者认为必须采用以下两种策略：

（1）建筑合同签订之前的策略：审视和察看招标文件中的涉税条款。

建筑企业在获得发包方颁发的中标通知书后，必须重点审视和察看招标文件中的以下涉税条款：承包发包方式条款，建筑材料、设备、动力供应条款，工程结算或价格调整变动条款。

（2）建筑企业与发包方签订合同时的策略：建筑合同与招标投标文件的实质条款保持一致。

第一，招标人和中标人应当依照《中华人民共和国招标投标法》和《中华人民共和国招标投标法实施条例》的规定签订书面合同，合同的标的、价款、质量、履行期限等主要条款应当与招标文件和中标人的投标文件的内容一致。

第二，招标人和中标人应当自中标通知书发出之日起三十日内，按照招标文件和中标人的投标文件订立书面合同。招标人和中标人不得再行订立背离合同实质性内容的其他协议。

第三，发包方与建筑企业签订建筑合同时，必须要在合同约定中增值税计税方法是选择一般计税方法还是选择简易计税方法计征增值税；必须约定选择一般计税方法计征增值税开具9%（在现有税法的规定下）的增值税发票，选择简易计税方法计征增值税开具3%的增值税发票。

（三）合同决定业务流程，业务流程决定税收

由于税收贯穿于整个业务流程中，业务是按合同发生的，是受法律保护的。合同决定业务流程，业务流程产生税收。但是，公司的合同都是公司业务部门签的，如采购部门签订采购合同、销售部门签订销售合同等。合同、业务流程与税收的关系是：合同决定业务流程，业务流程决定税收，合同在降低企业税收成本中起到关键和根本性作用。因此，企业必须重视合同在控制税收成本中的重要意义，凡是要控制和降低税收成本的，必须正确签订合同。

案例分析 10

某企业没有签好合同导致多缴纳税款的分析

一、案情介绍

某公司主要从事投资、物流和租赁业务，其 2020 年 1 月 1 日发生的业务如下：

第一，将 2019 年投资建设的闲置厂房及设备整体出租，年租金为 130 万元（假设厂房租金和设备租金分别为每年 120 万元和 10 万元）。

第二，将 2018 年投资开发的一大片商铺门面全部对外出租，租金较高，每年为 6000 万元，向承租人收的物业管理等费用，每年为 200 万元。

第三，将提供的物流业务（包括运输、搬运、装卸和仓储）中，假设运输费用为 700 万元，搬运、装卸和仓储费用共为 300 万元。可是企业在签订物流服务合同时，在合同中没有分别写明运输、搬运、装卸和仓储各自的收费，每年总收入为 1000 万元。

请分析该企业的涉税风险及控制策略。

二、涉税风险分析

1. 税收政策法律依据

《中华人民共和国增值税暂行条例》（2017 年 11 月 19 日修正版）第三条规定：纳税人兼营不同税率的项目，应当分别核算不同税率项目的销售额；未分别核算销售额的，从高适用税率。同时，根据现有的增值税法的规定，自 2019 年 4 月 1 日起，增值税税率由 16% 降为 13%、10% 降为 9%，运输服务的增值税税率为 9%，物业、搬运、装卸和仓储等服务的增值税税率为 6%。《财政部　国家税务总局关于营改增后契税　房产税　土地增值税个人所得税计税依据问题的通知》（财税〔2016〕43 号）第二条规定："房产出租的，计征房产税的租金收入不含增值税。"

2. 涉税成本分析（不考虑增值税抵扣）

因为在出租业务中，采用整体出租形式，订立一份租赁合同，则设备与厂房建筑物不分，被视为房屋整体的一部分，因此设备租金也并入房产税计税基数。提供的物流业务（包括运输、搬运、装卸和仓储），每年总收入为 1000 万元，按照 9% 计算增值税。

房产税 =（120+10+6000）÷（1+9%）×12% = 674.86（万元）

增值税销项税额 =（120+10+6000）÷（1+9%）×9%+200÷（1+6%）×6%+1000÷（1+9%）×9% = 506.15+11.32+82.57 = 600.04（万元）

合计纳税 = 600.04+674.86 = 1274.9（万元）

3. 税收风险分析

在出租业务中，该企业没有将出租中的设备和厂房分开签租赁合同，导致不需要缴纳房产税的设备缴纳了房产税，同时在签订物流服务合同时，没有在合同中分别写明运输、搬运、装卸和仓储各自的收费，从而导致企业多缴纳了增值税。

每年多缴纳的房产税：10÷（1+9%）×12% = 1.1（万元）

每年多缴纳的增值税销项税额：300÷（1+9%）×（9%-6%）= 8.25（万元）

因此，该企业在出租业务中没有签订好合同，致使企业一年中多缴纳的税收金额为9.35（8.25+1.1）万元。

三、应对策略及税收成本分析

1. 应对策略

基于出租业务中多缴纳税收的风险，在业务做成后依据很难降低税收，要降低税收成本，必须在业主过程中的签订合同环节考虑如何合法地节税。具体的应对策略如下：

采取合同分立方式，即分别签订厂房和设备出租合同，则设备不作为房屋建筑的组成部分，也就不需计入房产税计算基数，从而可节约房产税支出；在租赁合同中分解销售额，即降低商铺租金100万元，增加物业管理费用100万元；在合同中将运输费用、搬运、装卸和仓储费用分别注明，假设运输费用为700万元，搬运、装卸和仓储费共为300万元。

2. 改变合同的签订方式后的税收成本

房产税 =（120+5900）÷（1+9%）×12% = 662.75（万元）

增值税销项税额 = 10÷（1+9%）×13%+700÷（1+9%）×9%+300÷（1+6%）×6%
= 1.19+57.8+16.98 = 75.97（万元）

合计纳税 = 662.75+75.97 = 738.72（万元）

在企业出租业务过程中，通过合同分立，企业每年可以合法节税1274.9-738.72 = 536.18（万元）。

四、企业的财税处理与合同相匹配

（1）合同与企业的账务处理相匹配。账务处理与合同相匹配的含义是：

合同与账务处理相匹配。如果企业的账务处理与合同的约定不匹配，则账务处理要么出现错账，要么出现假账。企业在控制税收风险，防范税务稽查的策略是一定要做到合同与账务处理相匹配。

（2）合同与企业的税务处理（税务处理在实践中主要涉及企业交多少税和什么时间交税两方面）是相匹配的。合同与企业的税务处理相匹配的含义是企业交多少税和什么时候交税，必须与经济交易合同相匹配；否则，企业要么多交税，要么少交税。

（3）合同与企业发票开具相匹配。合同与发票开具相匹配有两层含义：一是发票记载标的物的金额、数量、单价、品种必须与合同中约定的金额、数量、单价、品种相一致；二是发票上的开票人和收票人必须与合同上的收款人和付款人或销售方和采购方或者劳务提供方和劳务接受方相一致。如果票据开具与合同不匹配，则要么开假发票，要么虚开发票。

五、合同中隐藏税收风险

经济合同签订得好坏或适当与否，在某种程度上与企业的税收风险有一定的关系。通过实践调研发现，经济合同往往是企业税收风险的隐藏之地。一般而言，合同中隐藏两种税收风险：一是合同中的价格条款约定不当使企业多缴纳税款；二是合同中的某些约定条款与国家相关法律规定相悖从而承担多缴纳的风险。基于此分析，如果合同没有签订好，其中隐藏的税收风险除非通过双方协调一致能够进行合同的修改和修订，否则税收风险无法规避，必定要发生，给企业产生不必要的税收成本。因此，企业在平常业务过程中签合同时务必注意合同中可能存在的潜在的税收风险，尽量在合同签订环节规避隐藏的税收风险。

案例分析 11

疫情期间的房地产企业减免承租方租金的涉税风险管控

一、案情介绍

自 2020 年 1 月开始，由于受新冠肺炎疫情不可抗力的严重影响，为了减少承租户的经济负担，在防控新冠肺炎期间，万达商管集团、保利商业、华润置地、招商蛇口、大悦城控股、银泰集团等众多商业集团纷纷出台免租金措施。这些房地产企业减免承租户租金的举措面临不少税收风险，如果不及时进行管控，将面临一笔很大的税收负担。

请分析疫情期间的房地产企业减免承租户租金面临的涉税风险，应怎样签订合同才能防控税务风险？

二、房地产企业减免承租户租金的涉税风险分析

1. 增值税风险：视同销售缴纳增值税

根据财税〔2016〕36 号文件附件 1：《营业税改征增值税试点实施办法》第十四条（二）项规定，单位或者个人向其他单位或者个人无偿转让不动产应视同销售进行增值税处理，但用于公益事业或者以社会公众为对象的除外。

《中华人民共和国公益事业捐赠法》（中华人民共和国主席令第 19 号）第二条规定："自然人、法人或者其他组织自愿无偿向依法成立的公益性社会团体和公益性非营利的事业单位捐赠财产，用于公益事业的，适用本法。"第三条规定："本法所称公益事业是指非营利的下列事项：（一）救助灾害、救济贫困、扶助残疾人等困难的社会群体和个人的活动；（二）教育、科学、文化、卫生、体育事业；（三）环境保护、社会公共设施建设；（四）促进社会发展和进步的其他社会公共和福利事业。"第十条规定："公益性社会团体和公益性非营利的事业单位可以依照本法接受捐赠。本法所称公益性社会团体是指依法成立的，以发展公益事业为宗旨的基金会、慈善组织等社会团体。本法所称公益性非营利的事业单位是指依法成立的，从事公益事业的不以营利为目的的教育机构、科学研究机构、医疗卫生机构、社会公共文化机构、社会公共体育机构和社会福利机构等。"

基于以上法律规定，房地产企业在新冠肺炎防控期间，对其承租户实行减免租金的政策，享受减免租金的承租户不是得了新冠肺炎的社会群体和个人，也不是社会公众对象。因此，房地产企业在新冠肺炎防控期间，对其承租户实行减免租金的政策，不属于用于公益事业，是一种无偿行为。对于其进行减免租金期间，必须要视同销售依法缴纳增值税。

2. 房地产企业减免承租户租金不视同销售缴纳增值税的关键条件：租赁合同中约定免租期限

《国家税务总局关于土地价款扣除时间等增值税征管问题的公告》（国家税务总局公告 2016 年第 86 号）第七条规定，纳税人出租不动产，租赁合同中约定免租期的，不属于《营业税改征增值税试点实施办法》（财税

〔2016〕36 号文件）第十四条规定的视同销售服务。基于此规定，如果房地产企业给承租房免租金不视同销售缴纳增值税的关键条件是：租赁双方在租赁合同中明确规定了免租期。因此，如果房地产企业与承租方双方没有在租赁合同中约定"免租期"的，则需要作为视同销售缴纳增值税。

3. 城建税及教育费附加的风险

依据现有缴纳城建税及教育费附加的税法规定，城建税及教育费附加的缴纳依据是企业实际缴纳的增值税。根据以上增值税风险分析，房地产企业在新冠肺炎防控期间，对其承租户实行减免租金的政策，如果没有在租赁合同中约定"免租期限"，则房地产企业要视同销售缴纳增值税，也必须按照视同销售缴纳的增值税额作为计税依据，依法申报缴纳城建税及教育费附加等。

4. 房产税风险：缴纳房产税

根据《中华人民共和国房产税暂行条例》的规定，我国的房产税由产权所有人缴纳。房产税实行从租计征和从价计征两种征税方式：实行从租计征的，以房产租金收入为房产税的计税依据，按照房产租金收入计算缴纳的，税率为 12%。实行从价计征的，房产税依照房产原值一次减除 10%～30% 后的余值计算缴纳。具体减除幅度，由省、自治区、直辖市人民政府规定，没有房产原值作为依据的，由房产所在地税务机关参考同类房产核定，依照房产余值计算缴纳的，税率为 1.2%。

《关于安置残疾人就业单位城镇土地使用税等政策的通知》（财税〔2010〕121 号）第二条规定：**"对出租房产，租赁双方签订的租赁合同约定有免收租金期限的，免收租金期间由产权所有人按照房产原值缴纳房产税。"**基于此规定，房地产企业在新冠肺炎防控期间，对其承租户实行减免租金的政策，房地产企业的房产税按照以下方法申报缴纳：

第一，如果房地产企业与承租方签订的租赁合同中约定：免租期限，日租金标准，则免收租金期间由产权所有人房地产企业按照房产原值缴纳房产税。目前，各地税收政策对从价计征房产税，一般都执行按照房产原值 70% 计征 1.2% 的房产税。根据《关于安置残疾人就业单位城镇土地使用税等政策的通知》（财税〔2010〕121 号）第三条的规定，对按照房产原值计税的房产，无论会计上如何核算，房产原值均应包含地价，包括为取得土地使用权支付的价款、开发土地发生的成本费用等。宗地容积率低于 0.5 的，按房产建筑面积的 2 倍计算土地面积并据此确定计入房产原值的地价。

第二，如果房地产企业与承租方签订的租赁合同中没有约定免租期限，只约定租赁期限和日租金标准，则免收租金期间由产权所有人房地产企业按照房产租金收入计算缴纳房产税，税率为12%。

5. 企业所得税的风险：依法缴纳企业所得税

《中华人民共和国企业所得税法实施条例》第十九条规定："企业所得税法第六条第（六）项所称租金收入，是指企业提供固定资产、包装物或者其他有形资产的使用权取得的收入。租金收入，按照合同约定的承租人应付租金的日期确认收入的实现。"

《国家税务总局关于贯彻落实企业所得税法若干税收问题的通知》（国税函〔2010〕79号）第一条规定：根据《实施条例》第十九条的规定，企业提供固定资产、包装物或者其他有形资产的使用权取得的租金收入，应按交易合同或协议规定的承租人应付租金的日期确认收入的实现。其中，如果交易合同或协议中规定租赁期限跨年度，且租金提前一次性支付的，根据《实施条例》第九条规定的收入与费用配比原则，出租人可对上述已确认的收入，在租赁期内，分期均匀计入相关年度收入。

根据以上企业所得税的税收政策，房地产企业在新冠肺炎防控期间，对其承租户实行减免租金的政策，如果租赁合同没有约定"免租期限"，则必须依照合同约定的付款日期确认企业所得税收入，依法申报缴纳企业所得税。

三、房地产企业减免承租户租金的涉税风险管控策略：签订 2020 年租赁补充协议

通过以上房地产企业减免承租户租金的涉税风险分析，肖太寿财税工作室和四川中联博睿财税咨询有限公司，建议采用以下风险管控策略：房地产企业与各承租户必须签订 2020 年租赁补充合同，协议中必须约定以下两点：

（1）租赁补充合同中的"租赁期限"条款约定：租赁期限为 1 年，其中"免租期限"为 2 个月或 3 个月：自 2020 年 1 月 1 日至 2020 年 3 月 30 日（或 2 月 28 日止）。

（2）租赁补充合同中的"租赁租金"条款约定：租金为每天××元每平方米，租金支付时间按季度支付，在每一季度的第一天支付本季度的租金，第一季度按照实际租赁天数扣除免租期限计算的租金进行支付。

通过以上签订的 2020 年租赁补充协议，房地产企业可以节约增值税、城市维护建设税及附加费、企业所得税，但是要按照房产原值申报缴纳房产税，大大节约了疫情期间的房地产企业减免承租户租金的税费负担。

二、防控策略二：涉税内控制度防控

涉税内控制度是指企业通过设置良好的企业内部制度来规范企业的经营，使企业经营规范有序，开源节流，达到控制非税收成本，最终使企业节省税收，减少税收风险的一种税务管控行为。制度控税折射出一种税收与制度间的逻辑关系，即涉税内控制度与企业税收之间是辩证统一关系：涉税内控制度决定了公司的经营行为，公司的经营行为决定企业税收的多少。如果要让企业进行节税，则必须重视公司各项制度的重构和设计，充分选择更有利于公司节税的制度。因此，涉税制度的设计是公司进行税收筹划的一种重要技术，应该重视降低税负的涉税制度设计，在制定制度时必须考量税收成本。

（一）好的企业涉税内控制度是控制企业税负的重要因素

涉税制度是企业进行税收筹划的重要工具，也是企业控制税负的重要源泉。公司常用的涉税制度主要有发票管理制度、纳税风险预警制度、纳税成本控制制度、税收预算管理制度、税负分析制度、纳税评估制度、所得税台账管理制度、合同管理制度、采购制度、营销制度等。这些涉税制度都会影响企业的税负。有不少公司很不重视公司涉税制度的建设，即使重视公司制度的建设，也很少从税收的角度来思考公司制度的设计，从而使公司承担了不必要的税收成本。因为从制度设计实践来看，大部分公司的制度构建和设计工作都是由公司法律部门或公司聘请的法律顾问来完成的，而大部分法律部门或法律顾问工作者都是学法律出身的，很少有从事税收学或会计学专业出身的，这些法律工作者在对公司进行制度设计时根本不可能考虑给公司设计更节税的制度。因此，当前大部分公司内部的各项制度很难起到节税的作用。为了给公司制定更节税的制度，从事公司制度设计时，必须从节省税收的角度去设计公司的各项制度，使企业获得良好制度带来节税的红利。

实践中，有不少企业通过设计良好的节税制度而实现节税的效果，也有不少企业因制度设计本身存在问题从而多缴税的现象。下面以案例做详细分析。

案例分析12

某房地产企业采购制度设计不合理的涉税成本分析

一、案情介绍

某房地产企业制定一项采购制度，制度中明确规定如下：降低企业采购成本是企业控制成本中的重中之重，为此，采购部门在采购时，必须优先选择报价最低的供应商进行交易，在必要时，尽量选择"不要票一个价"的采购价进行交易。一次，该企业采购部门在采购原材料过程中，材料供应商报出两个价格：一个是100万元，供应商不开发票，只开收据；另一个是120万元，供应商开发票。结果该采购部负责人选择了第一个价格，为了节约20万元采购成本而选择供应商不开发票。

请分析该企业的涉税成本。

二、涉税成本分析

采购中为降低采购成本而不开具发票的涉税风险主要体现在企业无法抵扣增值税进项税额和企业所得税前无法扣除成本，从而使企业多缴纳企业所得税，甚至会使企业增加的税收高于降低的采购成本。基于此分析，本案例中的企业由于没有索取供应商的发票，只索取一张100万元的收据，其增值税进项税额13万元就不可以抵扣，企业所得税税前不可以扣除100万元成本，因为根据《企业所得税税前扣除凭证管理办法》（国家税务总局公告2018年第28号）、国税发〔2008〕40号和国税发〔2009〕114号文件的规定，企业没有取得合理合法的票价，其成本不可由企业所得税前扣除，所以该企业要多缴纳企业所得税25万元，加上不能抵扣的13万元增值税，总共要多承担38万元税款，扣除节省的采购成本20万元，还多承担18万元。

如果公司在采购制度中明确规定：公司在采购过程中必须见票付款或必须向供应商索取发票，则本案例中的公司就不会产生损失18万元。

（二）不完善的企业涉税内控制度是导致企业税务风险的制度原因

企业涉税风险分为多交税和少交税的风险，企业多交税还是少交税，在一定程度上都与其制定的涉税制度有千丝万缕的关系。制度是企业经营中的行为准则，特别是企业的一些涉税内控制度是产生或控制企业税收风险的主要因素。纵观企业税收风险的历史可以发现，公司制度决定企业经营过程，企业经营过程决定企业风险，不仅仅限于税收风险。即企业涉税风险或多或少都源于公司制度。基于此分析，公司要控制税收风险，将税收风险控制在萌芽状态中，公司决策层、管理层必须从涉税内控制度设计和制定入手，在公司设计和制定涉税内控制度时，应充分考虑涉税内控制度执行过程中隐藏的潜在税收风险的识别和防范，重点在公司涉税内控制度的制定和设计环节，控制和防范的涉税风险。如果在公司涉税内控制度的制定和设计环节，没有全面估计和控制未来的涉税风险，则企业迟早都会产生涉税风险。

企业的涉税内控制度与企业的社保费用和税收成本有着重要的正相关关系。公司制定的良好的工资薪酬制度和职工福利费用制度，将会给企业节约社保费用，否则会增加企业的社保费用。因此，公司在制定工资薪酬制度和职工福利费用制度时，必须考虑到企业的社保费用负担问题，应制定企业少缴纳社保费用和职工福利费制度。

1. 建立节约个税和社保费用的工资薪金福利制度

根据《关于规范社会保险缴费基数有关问题的通知》（劳社险中心函〔2006〕60号）第四条的规定："**根据国家统计局的规定，下列项目不计入工资总额，在计算缴费基数时应予剔除职工保险福利费用包括医疗卫生费、职工死亡丧葬费及抚恤费、职工生活困难补助、文体宣传费、集体福利事业设施费和集体福利事业补贴、探亲路费、计划生育补贴、冬季取暖补贴、防暑降温费、婴幼儿补贴（即托儿补助）、独生子女牛奶补贴、独生子女费、'六一'儿童节给职工的独生子女补贴、工作服洗补费、献血员营养补助及其他保险福利费。**"

《国家税务总局关于企业所得税若干问题的公告》（国家税务总局公告2015年第34号）第一条关于"企业福利性补贴支出税前扣除问题"规定如下：列入企业员工工资薪金制度、固定与工资薪金一起发放的福利性补贴，符合《国家税务总局关于企业工资薪金及职工福利费扣除问题的通知》（国税函〔2009〕3号）第一条规定的，可作为企业发生的工资薪金支出，按规定在税前扣除。

不能同时符合上述条件的福利性补贴，应作为国税函〔2009〕3号文件第三条规定的职工福利费，按规定计算限额税前扣除。

基于以上规定，企业可以设定工资薪金福利费制度，节约个税和社保费用，具体方案如下：

第一，在公司的工资薪酬制度中规定：对于公司拥有就读小学之前婴幼儿的职工，每月发给婴幼儿补贴（即托儿补助）费（如每月 2000 元）。根据《国家税务总局关于企业所得税若干问题的公告》（国家税务总局公告 2015 年第 34 号）第一条的规定，公司每月发给职工的婴幼儿补贴，在"应付职工薪酬——补助工资——婴幼儿补贴"科目核算，致使婴幼儿补贴不占用企业所得税前扣除的年度职工福利费用占企业年度职工工资总额 14% 的限制。根据《关于规范社会保险缴费基数有关问题的通知》（劳社险中心函〔2006〕60 号）的规定，发放给职工的婴幼儿补贴，不作为缴纳社保费用的基数缴纳社保费用，在计算社保缴费基数时应予剔除。

第二，将原来每月的工资总额中的一部分工资变为交通补贴费用、手机通信费用和房租补贴费用（如每月交通补贴费用 1000 元、手机通信费用 600 元、房租补贴费用 1000 元），根据《关于规范社会保险缴费基数有关问题的通知》（劳社险中心函〔2006〕60 号）的规定，发放给职工的交通补贴费用、手机通信费用和房租补贴费用，要作为缴纳社保费用的基数缴纳社保费用。根据《国家税务总局关于企业所得税若干问题的公告》（国家税务总局公告 2015 年第 34 号）第一条的规定，公司每月发给职工的交通补贴费用和手机通信费用，在"应付职工薪酬——补助工资——交通补贴费"和"应付职工薪酬——补助工资——手机通讯费"科目核算，致使通补贴费用和手机通讯费用不占用企业所得税前扣除的年度职工福利费用占企业年度职工工资总额 14% 的限制。

第三，制定公司福利费制度，在公司福利费制度中规定，每年给职工一次性发放冬季取暖补贴、防暑降温费（如冬季取暖费用 8000 元，防暑降温费用 10000 元）。根据《关于规范社会保险缴费基数有关问题的通知》（劳社险中心函〔2006〕60 号）的规定，发放给职工的冬季取暖补贴、防暑降温费，不作为缴纳社保费用的基数缴纳社保费用，在计算社保缴费基数时应予剔除。但要并入发放当月的工资薪金缴纳个人所得税。

特别提醒

对于国家行政单位和财政拨款的事业单位及中央、地方国有企业的冬季取暖补贴、防暑降温费必须执行当地政府文件规定的发放标准，而对于民营企业可以不参照执行地方政府规定（如果有地方政府文件规定的情况下）的发放标准，只要在企业的职工福利费用制度中规定，根据企业的实际情况和财力情况，自定标准即可。

案例分析 13

某企业工资薪酬和福利费制度对高管人员 社保费用和个税负担的影响

一、案情介绍

北京市某企业2020年度的高管人员工资薪酬制度规定：在某一高管人员年收入500000元的前提下，月工资为20000元，12月给予高管人员绩效考核奖260000元，高管人员以年出差天数为：省内60天，省外60天。假设子女教育、继续教育、大病医疗、住房贷款利息或者住房租金、赡养老人等专项扣除附加费用支出为10万元，北京市2019年社保最高缴费基数确定为月工资收入27401元，社保最低缴费基数确定为月工资收入7080元。

请问应如何制度工资薪酬制度和高管人员的职工福利费制度，使该高管的社会保险费用缴纳最低，缴纳的个人所得税也最低？

二、工资薪酬和福利费制度设计

1. 相关法律依据

（1）社保费用基数的上下限。根据《职工基本养老保险个人账户管理暂行办法》（劳办发〔1997〕116号）的规定，本人月平均工资低于当地职工平均工资60%的，按当地职工月平均工资的60%缴费；超过当地职工平均工资300%的，按当地职工月平均工资的300%缴费，超过部分不计入缴费工资基数，也不计入养老金的基数。因此，在计算社保费用的基数时，高管人员月工资收入高于职工上一年月平均工资的 300% 的部分不缴纳社保费用，月工资收入在社保缴费基数的上下限之间的，则实际月工资为缴纳社保费用的基数。本案例中月工资收入 7080 元<20000 元<27401 元，因此，以 20000 元作为缴纳社保基数。

（2）2018 年《中华人民共和国个人所得税法》修改后的个人所得税税率。根据《中华人民共和国个人所得税法》（2018 年新修版）的规定，个人所得税税率表一（综合所得适用）如表 7-1 所示。

表 7-1　个人所得税税率表一（综合所得适用）

级数	全年应纳税所得额	税率（%）
1	不得超过 36000 元的	3
2	超过 36000 元至 144000 元的部分	10
3	超过 14400 元至 300000 元的部分	20
4	超过 300000 元至 420000 元的部分	25
5	超过 420000 元至 660000 元的部分	30
6	超过 660000 元至 960000 元的部分	35
7	超过 960000 元的部分	45

注：（1）本表所称全年应纳税所得额是指依照本法第六条的规定，居民个人取得综合所得以每一纳税年度收入额减除费用 6 万元以及专项扣除、专项附加扣除和依法确定的其他扣除后的余额。

（2）非居民个人取得工资、薪金所得，劳务报酬所得，稿酬所得和特许权使用费所得，依照本表按月换算后计算应纳税额。

每月累计预扣预缴个税时，适用的个税所得税预扣率表一如表 7-2 所示。

表 7-2　个人所得税预扣率表一

（居民工人工资、薪金所得预扣预缴适用）

级数	累计预扣预缴应纳税所得额	预扣率（%）	速算扣除数
1	不超过 36000 元	3	0
2	超过 36000 元至 140000 元的部分	10	2520
3	超过 144000 元至 300000 元的部分	20	16920
4	超过 300000 元至 420000 元的部分	25	31920
5	超过 420000 元至 660000 的部分	30	52920
6	超过 660000 元至 960000 元的部分	35	85920
7	超过 960000 元的部分	45	181920

（3）社保费用的缴费比例。根据 2019 年中华人民共和国人力资源和社会保障部的统计，社会保险费用的缴费比例分别为：基本养老保险 28%（用人单位承担 16%，职工承担 8%），基本医疗保险 12%（用人单位承担 10%，职工承担 2%），失业保险 3%（用人单位承担 2%，职工承担 1%），生育保险 0.8%，工伤保险 0.5%，五险合计占缴费基数 40.3%。

（4）个人所得税计算允许税前扣除其依法缴纳的"三险一金"。根据《中华人民共和国个人所得税法》（2018 年新修订版）第六条第（一）项的规定，自 2019 年 1 月 1 日起，居民个人在计算个人综合所得的个人所得税时，其按照国家规定的范围和标准缴纳的"三险一金"允许在其应纳税所得额中扣除。

2. 工资薪酬和福利费制度设计

（1）设计之前的税费成本分析。

社保费用成本（企业承担部分加上个人承担部分）为：

$20000×40.3\%×12+260000×40.3\%=96720+104780=201500$（元）

个人所得税成本：

高管人员一年的应纳税所得额 $=500000-60000$（年基本扣除费用）$-500000×11\%$（高管人员缴纳的基本养老保险、基本医疗保险、失业保险）-100000（专项附加扣除费用）$=285000$（元）

高管人员一年的个人所得税成本为：$285000×20\%-16920=40080$（元）

筹划前的税费总成本为：$40080+201500=241580$（元）

（2）设计方案。

第一，在公司的工资薪酬制度中规定，高管人员的月工资收入为 35000 元。

第二，在公司的福利费制度中规定：一年中，职工的防暑降温费用、取暖费用共为 20000 元。

第三，在公司的福利费制度中规定：职工一年报销体检费用 4000 元。

第四，自带手提电脑来单位工作的工具补偿费用，一年补偿 2000 元。

第五，在公司的福利费用制度中规定：一年中职工报销来回探亲假路费 4000 元。

第六，在公司的《差旅费用报销管理办法》中规定：公司高管差旅津贴的标准为省内每天 100 元，省外每天 150 元。

第七，剩下的金额：$500000-35000×12-[（20000+4000+2000+8000）+60×100+60×150]=80000-49000=31000$（元）作为年终绩效奖，在 2021 年

年前发放。

（3）设计后的税费成本分析。根据《关于规范社会保险缴费基数有关问题的通知》（劳社险中心函〔2006〕60号）第四条和《国家税务总局关于企业工资薪金及职工福利费扣除问题的通知》（国税函〔2009〕3号）第二条的规定，企业的福利费用和差旅费津贴不作为计算社保费用基数的金额。因此，通过以上筹划后的税费成本如下：

社保费用成本（企业承担部分加上个人承担部分）：

由于高管人员的工资收入高于社保基数的上限27401元，应以上限27401元作为计算社保费用的基数，具体计算社保费用的成本为：

$27401×40.3\%×12+[80000-(20000+4000+2000+8000)-60×100-60×150]×40.3\%=132511.24+12493=145004.24$（元）

个人所得税成本：

高管人员一年的应纳税所得额$=500000-60000$（年扣除费用）-27401元$×12+[80000-(20000+4000+2000+8000)-60×100-60×150]×11\%$（高管人员基本养老保险、基本医疗保险、失业保险之后的缴纳比例）-100000（专项附加扣除费用）$=500000-60000$（6万元年扣除费用）$-(328812+31000)×11\%-100000$（专项附加扣除费用）$=300420.68$（元）

高管人员一年的个人所得税成本为：$300420.68×25\%-31920=43185.17$（元）

筹划后的税费总成本为：$145004.24+43185.17=188189.41$（元）

（4）设计后的省税结论。

设计之后比设计之前，每个高管人员节约税费成本：$241580-188189.41=53390.59$（元）

案例分析 14

账内账外拆分发放工资薪金制度的涉税风险
——以年收入 **12** 万元、**22.8** 万元为例

一、问题的提出：账内账外拆分发放工资的薪金制度

当前，有不少企业的中层、高层人员的收入较高，为了节约个人所得税

和社保费用成本，有不少民营企业老板对年收入 12 万元、22.8 万元，实行以下账内账外拆分发放工资薪金制度：让财务在账上做月工资收入 5000 元（因 5000 元月收入不缴纳个人所得税，缴纳社保也以 5000 元为基数，节约社保费用），公司每月发 5000 元工资，然后老板通过个人银行卡每月账外给中层、高层人员转 5000 元、14000 元。这种发放工资的制度看起来，年收入 12 万元、22.8 万元，好像可以节约个人所得税和少缴纳社保费用。

请分析这种账内账外拆分发放工资薪金制度面临什么涉税风险？

二、企业账上年收入 12 万元、22.8 万元的税费成本分析

在新《个人所得税法》和社保征管政策将移交给税务征管后，企业既要考虑社保费用又要考虑个税成本的负担。虽然职工工资收入的增加会增加缴纳社保的基数导致社保费用的增加，但是由于在新《个人所得税法》下，职工工资收入的个税下降了。基于此分析，增加工资收入未必会增加企业的总税费成本，因为，企业提供职工工资收入会导致企业的职工福利费用、教育经费和工会经费，从而导致企业少缴纳企业所得税，少缴纳的企业所得税会抵消社保费用增加的影响。

根据《中华人民共和国个人所得税法》（中华人民共和国主席令第 9 号）中的规定，居民个人在中国境内取得的年度工资薪金综合所得，适用表 7-1 所示的“个人所得税税率表一（综合所得适用）”。

假设公司的一位职工只有一个小孩，不存在其他专项附加扣除费用，则根据此税率表发现，居民个人在一年中的年度工资薪金综合所得，扣除 6 万元的基本费用，扣除一个小孩的专项附加 12000 元（假设职工只生一个孩子），扣除赡养老人的专项附加一年 12000 元（假设职工不是独生子女），公司给该职工支付的年度工资收入总额，分为以下两种情况：

第一种情况：按照全年应纳税所得额的最低档 36000 元缴纳个税，则该职工的年度工资收入总额为 120000 元。

60000＋12000＋12000＋36000＝120000（元）

该职工一年依法缴纳的个税为：36000×3%＝1080（元）

第二种情况：按照全年应纳税所得额的第二档 144000 元缴纳个税，则该职工的年度工资收入总额为 228000 元。

即 60000＋12000＋12000＋144000＝228000（元）

该职工一年依法缴纳的个税为：36000×3%＋（144000－36000）×10%＝11880（元）

从以上个税计算来看，对于一位年度收入 120000 元的职工而言，一个年度之内交 1080 元个税，对于一位年度收入 228000 元的职工而言，一个年度之内交 11880 元个税，是很小的税收负担。可是由于工资成本的增加会增加用人单位和职工的社保费用成本，但要综合企业所得税和社保费用的总成本来分析。根据社保缴纳的基数规定，用人单位和职工缴纳的"五险"费用计算的基数是工资总额比例的 40.3%（其中用人单位为 29.3%，职工个人为 11%）。与公司发放月工资 5000 元（年度总收入 6 万元）相比，相关的总税费成本计算分析如下：

第一种情况比较：用人单位给一位年度收入 12 万元的职工账上发 60000元，账外发 60000 元，改成账上发 120000 元的情况下，用人单位总税费成本计算分析：

（1）增加工资成本使用人单位少缴纳企业所得税计算：

（120000-60000）×25% = 15000（元）

（2）用人单位多缴纳的"五险"费用的成本计算：

（120000-60000）×29.3% = 17580（元）

（3）用人单位多缴纳的"五险"费用使用人单位少缴纳企业所得税为：

17580×25% = 4395（元）

（4）用人单位多提高的工资收入使用人单位多增加职工福利费用为：

（120000-60000）×14% = 8400（元）

（5）用人单位多扣除的职工福利费用使用人单位少缴纳企业所得税为：

8400×25% = 2100（元）

（6）用人单位给一位年度收入 12 万元的职工账上发 60000 元，账外发60000 元，改成账上发 120000 元使用人单位少缴纳企业所得税为：

15000+4395+2100 = 21495（元）

（7）分析结论。用人单位给一位年度收入 12 万元的职工账上发 60000元，账外发 60000 元，改成账上发 120000 元的税费成本增加。计算如下：

用人单位的税费成本增加了 4485（21495-17580-8400）元。

如果用人单位不考虑工资成本增加而增加职工福利费用 8400 元，则用人单位给一位年度收入 12 万元的职工账上发 60000 元，账外发 60000 元，变成本账上发 120000 元，用人单位的税费成本下降了 1815（15000+4395-17580）元。

第二种情况比较：用人单位给一位年度收入 22.8 万元的职工账上发60000 元，账外发 168000 元，变成账上发 22.8 万元的情况下，用人单位总税费成本计算分析如下：

（1）增加工资成本使用人单位少缴纳企业所得税为：

（228000－60000）×25%＝42000（元）

（2）用人单位多缴纳的"五险"费用的成本为：

（228000－60000）×29.3%＝49224（元）

（3）用人单位多缴纳的"五险"费用使用人单位少缴纳企业所得税为：

49224×25%＝12306（元）

（4）用人单位多提高的工资收入使用人单位多增加职工福利费用为：

（228000－60000）×14%＝23520（元）

（5）用人单位多扣除的职工福利费用使用人单位少缴纳企业所得税为：

23520×25%＝5880（元）

（6）用人单位给一位职工年度收入从60000元提高到228000元，使用人单位少缴纳企业所得税为：

42000＋12306＋5880＝60186（元）

（7）分析结论。用人单位给一位年度收入22.8万元的职工账上发60000元，账外发60000元，改成账上发22.8万元的情况下，用人单位的税费成本增加了17601元（49224＋23520－60186）。

如果用人单位不考虑工资成本增加而增加职工福利费用23520元，则用人单位给一位职工年度收入从60000元提高到228000元，用人单位的税费成本下降了5082元（42000＋12306－49224）。

通过以上用人单位企业所得税和社保费用的总税费分析，得出以下结论：

如果以前公司账上发60000元，老板私人卡上给职工再发60000元、168000元以规避社保费用，还不如公司账上发120000元、228000元，只要增加的工资成本导致用人单位可以多列支的职工福利费用不开支，则用人单位还节约了成本。

三、税费风险规避策略：建立节约税费的工作薪金发放制度（将账外发放的工资并入账内工资一起发放的工资发放制度）

通过以上税费成本分析，对于年收入12万元、22.8万元的职工，让财务在企业账上做月工资收入5000元，公司每月给职工发5000元工资，老板通过个人银行卡每月账外给职工转5000元、14000元的做法，由于通过老板个人银行卡账外给员工发工资的做法存在很大的漏税风险。应将账内账外拆分发放工资薪金制度进行修改如下：

将账外每月发放的 5000 元、14000 元并入账内，在企业账上每月发放 10000 元和 19000 元，可以使企业节约税费成本：每位年收入 12 万元的职工给用人单位降低税费成本 1815 元，每位年收入 22.8 万元的职工给用人单位降低税费成本 5082 元。

2. 建立职工劳动保护和安全生产制度

第一，企业规定每年一定额度的劳动保护费用支出。主要是企业定制职工工作服、手套等劳动保护用品，解毒剂，清凉饮料。

第二，公司规定工作服的操作要点。《国家税务总局关于企业所得税若干问题的公告》（国家税务总局公告 2011 年第 34 号）第二条 "关于企业员工服饰费用支出扣除问题" 规定：企业根据其工作性质和特点，由企业统一制作并要求员工工作时统一着装所发生的工作服饰费用，根据《实施条例》第二十七条的规定，可以作为企业合理的支出给予税前扣除。

基于以上规定，企业发生工作服的操作要点是：

（1）企业必须与具有一般纳税人资格的服装厂签订工作服定制合同，在合同中约定：在工作的某一部位必须有公司的标识。

（2）企业必须通过公对公转账结算定制款。

（3）要求员工工作时统一穿着工作服。

（4）服装厂给企业开具税率为 13% 的增值税专用发票。

3. 建立职工技能提升培训制度

根据《财政部 国家税务总局关于企业职工教育经费税前扣除政策的通知》（财税〔2018〕51 号）的规定，自 2018 年 1 月 1 日起，企业发生的职工教育经费支出，不超过工资薪金总额 8% 的部分，准予在计算企业所得税应纳税所得额时扣除；超过部分，准予在以后纳税年度结转扣除。根据《财政部、全国总工会等部门关于印发〈关于企业职工教育经费提取与使用管理的意见〉的通知》（财建〔2006〕317 号）的规定，企业的职工教育经费的列支范围包括以下十一项：

- 上岗和转岗培训；
- 各类岗位适应性培训；
- 岗位培训、职业技术等级培训、高技能人才培训；
- 专业技术人员继续教育；
- 特种作业人员培训；

- 企业组织的职工外送培训的经费支出；
- 职工参加的职业技能鉴定、职业资格认证等经费支出；
- 购置教学设备与设施；
- 职工岗位自学成才奖励费用；
- 职工教育培训管理费用；
- 有关职工教育的其他开支。

根据以上税收政策规定，企业应该制定职工培训制度，让职工有机会出去参加各种培训。但是根据财建〔2006〕317号文件的规定，以下两种情况不得从职工教育经费中列支：

第一，企业职工参加社会上的学历教育以及个人为取得学位而参加的在职教育，所需费用应由个人承担，不能挤占企业的职工教育培训经费。

第二，对于企业高层管理人员的境外培训和考察，其一次性单项支出较高的费用应从其他管理费用中支出，避免挤占日常的职工教育培训经费开支。

三、防控策略三：工程造价、增值税计税方法和工程项目成本的财税法风险协同管理

"工程造价"是建设单位（房地产企业）对外进行招投标或协议招标或自身确定施工总承包单位之前，参照当地建设行政主管部门或当地政府部门授权的工程造价管理办公室公布的工程造价信息，聘请工程造价事务所编制的工程招投标控制价。"增值税计税方法"是指增值税计征的方法，在中国税法上，增值税计税方法分为一般计税方法和简易计税方法。对于建筑、房地产企业而言，不同的项目依照税法的规定，可以选择一般计税方法（现行税法规定的增值税税率为9%）计征增值税，也可以选择简易计税方法（现行税法规定的增值税税率：建筑企业适用3%，房地产企业适用5%）计征增值税。对于同一个项目，只能选择一种增值税计税方法，一旦选择简易计税方法，在36个月内不可以变更为一般计税方法。"工程项目成本"是指一个工程项目涉及的人、材、机械台班费和管理费。工程造价是建设单位（房地产企业）控制开发建设项目（投资建设项目）成本的最源头的最见效的成本节约措施，选择不同增值税计税方法的工程项目的工程造价规则各异。工程造价、增值税计税方法和工程项目成本三者之间的关系是：不同的增值税计税方法决定了项目不同的工程造价规则，不同的工程造价规则决定

了工程项目的成本。

（一）施工项目（房地产开发项目）的工程造价规则

建筑项目的工程造价规则与工程项目的增值税计税方法有关。在建筑领域，如果建筑工程项目选择一般计税方法，则依照现有税法的规定，向发包方开具9%的增值税发票；如果建筑工程项目选择简易计税方法，则依照现有税法的规定，向发包方开具3%的增值税发票。根据增值税原理，增值税是流转税类，增值税一定会转移到工程造价成本中，因此，建筑企业向发包方开具9%和3%的增值税发票时，建设单位（房地产企业）的工程造价中含有的增值税税额是不一样的，即选择一般计税方法和选择简易计税方法的工程造价是完全不一样的。

1. 增值税一般计税项目的工程造价规则

（1）工程计价的法律依据。《住房城乡建设部办公厅关于做好建筑业营改增建设工程计价依据调整准备工作的通知》（建办标〔2016〕4号）第二条规定：**"工程造价可按以下公式计算：工程造价 = 税前工程造价×（1 + 11%）。其中，11%为建筑业拟征增值税税率，税前工程造价为人工费、材料费、施工机具使用费、企业管理费、利润和规费之和，各费用项目均以不包含增值税可抵扣进项税额的价格计算，相应计价依据按上述方法调整。"**

《住房城乡建设部办公厅关于调整建设工程计价依据增值税税率的通知》（建办标〔2018〕20号）规定：**"按照《财政部 税务总局关于调整增值税税率的通知》（财税〔2018〕32号）要求，现将《住房城乡建设部办公厅关于做好建筑业营改增建设工程计价依据调整准备工作的通知》（建办标〔2016〕4号）规定的工程造价计价依据中增值税税率由11%调整为10%。"**

《住房和城乡建设部办公厅关于重新调整建设工程计价依据增值税税率的通知》（建办标函〔2019〕193号）按照《财政部 税务总局 海关总署关于深化增值税改革有关政策的公告》（财政部 税务总局 海关总署公告2019年第39号）规定：**"现将《住房城乡建设部办公厅关于调整建设工程计价依据增值税税率的通知》（建办标〔2018〕20号）规定的工程造价计价依据中增值税税率由10%调整为9%。"**

（2）"建筑工程项目"一般计税方法的工程计价原则：价税分离原则。根据以上规定，在"营改增"后的建筑工程，实施一般计税方法计征增值税时，必须按照"价税分离"的原则进行工程计价。

（3）"建筑工程项目"一般计税方法的工程计价规则。"建筑工程项目"

选择一般计税方法计征增值税的工程计价规则如下：

第一，2018年4月30日之前，必须按照"工程造价＝（不含增值税的人工费+不含增值税的材料费+不含增值税的施工机具使用费+不含增值税的企业管理费+不含增值税的规费+利润）×（1+11％）＝税前工程造价×（1+11％）"作为计价依据。

第二，自2018年5月1日至2019年3月31日之前，必须按照"工程造价＝（不含增值税的人工费+不含增值税的材料费+不含增值税的施工机具使用费+不含增值税的企业管理费+不含增值税的规费+利润）×（1+10％）＝税前工程造价×（1+10％）"作为计价依据。

第三，2019年4月1日之后，必须按照"工程造价＝（不含增值税的人工费+不含增值税的材料费+不含增值税的施工机具使用费+不含增值税的企业管理费+不含增值税的规费+利润）×（1+9％）＝税前工程造价×（1+9％）"作为计价依据。

根据《住房城乡建设部办公厅关于做好建筑业营改增建设工程计价依据调整准备工作的通知》（建办标〔2016〕4号）第二条的规定，以上公式中的"税前工程造价"＝不含增值税的人工费+不含增值税的材料费+不含增值税的施工机具使用费+不含增值税的企业管理费+不含增值税的规费+利润。

2. 增值税简易计税项目的工程造价规则

在国家层面而言，对于增值税简易计税项目的工程计价规则没有明确的文件规定，只是《住房城乡建设部办公厅关于做好建筑业营改增建设工程计价依据调整准备工作的通知》（建办标〔2016〕4号）第三条规定："**有关地区和部门可根据计价依据管理的实际情况，采取满足增值税下工程计价要求的其他调整方法。**"即在国家层面而言，允许各省根据实际情况制定各省行政区域范围内适应的工程计价调整规定。例如，河南省、广东省、山西省、江苏省、江西省、浙江省和山东省都有"营改增"后的工程计价文件规定，这些省的工程计价调整文件中都有相同的一条规定："**选择简易计税方法的建筑工程老项目（符合财税〔2016〕36号文件规定的老项目标准）、甲供工程业务、清包工工程业务的工程计价参照营改增前的计价规则规定，但是城建税、教育附加及地方教育附加列为管理费用。**"

因此，增值税简易计税项目的工程计价规则是参照"营改增"前的计价规则，即增值税简易计税项目的工程造价中各项组成费用均以包含增值税不可抵扣进项税额的价格计算，税金以销售服务的纳税额（工程造价×税率）及附加税费计算。用公式表述如下：

营业税下的工程计价或增值税简易计税方法的工程计价＝（含增值税的人工费+含增值税的材料费+含增值税的施工机具使用费+含增值税的企业管理费+含增值税的规费+利润）×（1+3%）

（二）工程造价与增值税计税方法的协同管理策略：增值税计税方法与工程造价的计价方法相匹配

一般而言，建设单位在发包工程前必须请造价事务所等中介机构进行工程造价估算，发包方如果同意建筑企业按照一般计税方法的增值税税率向其开具增值税发票，则必须按照一般计税方法的工程造价进行计价；如果同意建筑企业按照简易计税方法的增值税税率向其开具增值税发票，则必须按照简易计税方法的工程造价进行计价。因此，工程项目增值税计税方法的选择不仅涉及房地产企业（发包方）的工程建设成本（工程项目成本）的大小和抵扣增值税的多少，而且涉及建筑企业缴纳增值税的多少和工程结算收入的多少。从节约或控制工程项目成本的角度来讲，工程造价与增值税计税方法的协同管理策略是：工程造价与增值税计税方法相匹配。具体如下：

1. 工程造价与增值税计税方法协同管理策略一

如果房地产企业与建筑企业协商一致，建筑企业承包的"甲供工程""建筑老项目""清包工工程"项目工程选择一般计税方法计征增值税，向发包方开具9%的增值税专用（普通）发票，则该工程项目的工程造价（招投标控制价）=（不含增值税的人工费+不含增值税的材料费+不含增值税的施工机具使用费+不含增值税的企业管理费+不含增值税的规费+利润）×（1+9%）=税前工程造价×（1+9%）。其中"税前工程造价"=不含增值税的人工费+不含增值税的材料费+不含增值税的施工机具使用费+不含增值税的企业管理费+不含增值税的规费+利润。

2. 工程造价与增值税计税方法协同管理策略二

如果发包方与建筑企业协商一致，建筑企业承包的"甲供工程""建筑老项目""清包工工程"项目选择简易计税方法计征增值税，向发包方开具3%的增值税专用（普通）发票，则该工程项目的工程造价（招投标控制价）可以采用以下两种工程计价公式中的任一种：

公式一：

工程造价（招投标控制价）＝（含增值税的人工费+含增值税的材料费+含增值税的施工机具使用费+含增值税的企业管理费+含增值税的规费+利润）×（1+3%）

公式二：

工程造价（招投标控制价）＝（不含增值税的人工费＋不含增值税的材料费＋不含增值税的施工机具使用费＋不含增值税的企业管理费＋不含增值税的规费＋利润）×（1＋9％）＝税前工程造价×（1＋9％）

由于不同工程项目成本的体量、成本结构不同，使用以上两种计价公式测算的工程造价，不能得出"计价公式二测算的工程造价比计价公式一测算的工程造价大"的结论。从建设单位节约工程项目成本的角度来看，以上两个计价公式到底用哪一个计价公式更节约成本？笔者建议做造价时，使用以上两种计价公式分别测算工程造价，然后选择计算结果最小的工程造价。

（三）"甲供工程"增值税计税方法选择的法律风险管控策略

根据《财政部 国家税务总局关于全面推开营业税改征增值税试点的通知》（财税〔2016〕36 号）附件 2：《营业税改征增值税试点有关事项的规定》第一条第七款"建筑服务"第（二）项和财税〔2018〕57 号文件第一条的税收法律规定，以及根据《中华人民共和国招标投标法》及其实施条例有关"建筑合同必须与招标文件保存一致"的规定，"甲供工程"增值税计税方法选择的法律风险管控策略如下：

1. "甲供工程"简易计税方法选择的法律风险管控策略

（1）法律风险管控策略一。如果建筑企业先与业主或发包方签订包工包料的建筑合同，而且发包方的招标文件中没有约定"不允许甲供材和甲供设备"的情况下，则经双方协商一致后，建筑企业与业主或发包方签订有关业主或发包方自行采购建筑工程所用的部分主材、辅料、设备或全部电、水、机油的补充协议，在业主或发包方同意的情况下，建筑企业就可以选择简易计税方法计征增值税。

（2）法律风险管控策略二。如果在发包方的招标文件中没有约定"不允许甲供材和甲供设备"的情况下，则建筑企业与业主或发包方签订建筑合同时，在建筑合同中"材料与设备供应"条款中约定："业主或发包方自行采购建筑工程所用的部分主材、辅料、设备或全部电、水、机油。"在业主或发包方同意的情况下，建筑企业就可以选择简易计税方法计征增值税。

（3）法律风险管控策略三。如果在发包方的招标文件中明确约定"不允许甲材料或工程设备"的情况下，则经双方协商一致，建筑企业与业主或发包方签订有关业主或发包方自行采购建筑工程所用的部分或全部电、水、机油的补充协议是有效的协议。在业主或发包方同意的情况下，建筑企业就可以选择简易计税方法计征增值税。

（4）法律风险管控策略四。为房屋建筑的地基与基础、主体结构提供工程服务，在建筑总承包合同中的"材料和设备"条款中约定：甲方自购"钢材、混凝土、砌体材料、预制构件"四种材料中的任一种材料、任意两种材料、任意三种材料或自购以上四种材料时，则建筑工程总承包单位必须选择简易计税方法，而不能选择一般计税方法计征增值税。

2. "甲供工程"一般计税方法选择的法律风险管控策略

如果发包方的招标文件中明确约定"不允许甲供材、甲供设备和甲供动力"，则建筑企业与业主或发包方不能签订有关业主或发包方自行采购建筑工程所用的部分主材、辅料、设备的"甲供材"建筑合同，只能与建设单位签订包工包料合同，建筑企业只能选择一般计税方法计征增值税。

（四）"清包工工程"简易计税方法选择的法律风险管控策略

《财政部　国家税务总局关于全面推开营业税改征增值税试点的通知》（财税〔2016〕36号）附件2：《营业税改征增值税试点有关事项的规定》第一条第七款"建筑服务"第（三）项规定：一般纳税人以清包工方式提供的建筑服务，可以选择适用简易计税方法计税。以清包工方式提供建筑服务，是指施工方不采购建筑工程所需的材料或只采购辅助材料，并收取人工费、管理费或者其他费用的建筑服务。基于此规定，如果建筑企业从事的是清包工工程，则建筑企业承包方只购买建筑辅料和人工劳动力。因此，应采用以下两种合同策略中的任何一种策略：

1. 合同策略一：签订专业施工分包合同的技巧

建筑企业专业分包方与建筑企业施工总承包方或建筑企业施工专业承放方签订施工专业分包合同时，必须在建筑施工专业分包合同的"材料和设备供应"条款中约定："建筑企业分包方（乙方）在工程施工中所用的主要材料和设备由承包方（甲方）购买提供，其他辅料及低值易耗品由建筑企业分包方（乙方）自己采购。"

2. 合同策略二：签订劳务分包合同

建筑企业施工总承包方、建筑企业专业承包方和建筑企业专业分包方与劳务公司签订劳务分包合同时，必须在劳务分包合同的"材料和设备供应"条款中约定："劳务公司施工过程中所用的建筑辅料及低值易耗品由建筑承包方（甲方）自己采购"。

（五）建筑、房地产企业有效降低工程项目成本的工程造价和工程签证策略

对于发包方（房地产企业）和建筑企业而言，为了降低工程项目成本，节约建设资金，增加企业效益和利润，工程造价是根本、工程现场签证是关键、工程造价合同签订和工程结算是保障。

1. 有效降低工程项目成本的根本策略：工程造价

（1）房地产企业（发包方）的"工程概算成本"与建筑企业的"目标成本"和"实际成本"的内在联系。

"工程概算成本"是发包方提供的招标控制价；建筑企业的"目标成本"是建筑企业编制的分部分项工程造价，建筑企业的"实际成本"是建筑企业施工过程中实际发生的，在建筑企业财务核算中入账的人工费、材料费、机械台班费和管理费用等工程成本。三者的关系分析如下：

第一，"招标控制价"是建筑企业"目标成本"的基础。

"工程概算成本"是指发包方（房地产企业）根据当地省级建设行政主管部门或地方政府授权的工程造价管理办公室发布的工程造价价格信息编制的工程建设投资成本（招标控制价）。招标控制价是发包方（房地产企业）节约工程项目建设投资成本的根本措施，也是建筑企业进行投标前编制工程报价的基础和重要参考指标。建筑企业提供的投标报价绝对不可以高于发包方的招标控制价，否则根本不可能中标。

第二，建筑企业的"目标成本"是"招标控制价"细化在分部分项工程中的造价。

"目标成本"是指建筑企业中标后，由建筑企业的工程概算人员根据发包方的招标文件和招标控制价（工程造价清单），结合自身的工程施工技术、管理经验和对工程项目所在地的地形地质、气候等客观环境而制定的分部分项工程造价。目标成本是招标控制价在分部分项工程中的工程造价体现。编制"目标成本"是建筑企业控制项目成本的重要技术手段，也是建筑企业工程项目降本增效的根本。因此，建筑企业的工程项目盈利是多少，关键取决于根据发包方提供的工程造价清单编制的分部分项工程造价的好坏。

第三，"实际成本""目标成本"和"招标控制价"的内在联系。

建筑企业的"实际成本"是建筑企业施工中实际发生的在财务上核算反映的工程项目成本。在实际中，建筑企业的"实际成本"与建筑企业的"目标成本"的内在联系体现在两方面：一方面是"实际成本"大于"目标

成本"；另一方面是"实际成本"小于"目标成本"。如果出现"实际成本"大于"目标成本"，则建筑企业在施工过程中实际发生的项目成本超过了建筑企业施工前预计设立的分部分项工程概算成本（目标成本），说明项目经理带领的项目施工团队，没有实现建筑企业控制项目成本的预计目标，增加了项目成本，降低了项目利润。如果出现"实际成本"小于"目标成本"，则说明项目经理带领的施工团队，实现了建筑企业控制项目成本的预计目标，降低了项目成本，增加了项目利润。

"招标控制价"是建筑企业编制分部分项工程"目标成本"的基础。建筑企业编制的分部分项工程"目标成本"是建筑企业向发包方报的竞争投标价。建筑企业争取中标的关键因素是建筑企业报出的竞争投标价比"招标控制价"更低，否则很难中标。

因此，发包方降低项目投资建设成本的根本策略是编制好工程造价，建筑企业要降低项目成本，增加利润的根本策略是根据发包方的工程造价（招标控制价）清单编制好分部分项工程造价。

（2）"招标控制价"决定工程项目的人工费、材料费、机械台班费的比例。

建筑企业工程成本中的人工费、材料费、机械台班费在企业总成本中没有明确的固定比例，税务稽查机关对建筑企业工程成本中的人工费、材料费、机械台班费在企业总成本的占比也没有明确的要求。但是，具体到某项建筑工程，人工费、材料费、机械台班费在工程总成本中有明确的固定比例，具体的比例是该建设项目发包方提供的工程造价清单中不含增值税的人工费、材料费、机械台班费，各占不含增值税的人工费、材料费、机械台班费总和的比例。因此，作为发包方而言，做好工程造价是节约工程项目成本的最根本举措；对于建筑施工企业而言，"招标控制价"决定了工程项目的人工费、材料费、机械台班费的比例。

（3）发包方工程造价清单中的材料、设备品名、型号决定建筑企业采购合同中的材料、设备品名、型号。

发包方工程造价清单中的设备、材料的型号、品种、规格和技术标准决定了建筑施工合同中"材料或设备供应"条款约定的"施工企业购买的材料、设备的型号、品种、规格和技术标准"，也决定了建筑材料或设备采购合同中约定的买方（施工企业）采购设备、材料的型号、品种、规格和技术标准。

2. 有效降低工程项目成本的关键策略：工程签证

工程签证确认是由总监理工程师组织建设单位或业主、施工单位等就合同价款之外的费用补偿、工期顺延以及因各种原因造成的损失赔偿达成一致意见并会签的管理手续。经过发包方或监理师签证确认的各种签证报告是施工企业结算工程款的重要法律依据，也是施工企业向发包方开具发票的重要合同性质的凭证。工程现场签证是施工图纸的补充部分，与正式施工图纸具有同等的法律效力，现场签证一经确认，发包人和承包人双方必须严格按规定执行。由于工程现场签证报告是建筑施工企业工程结算的依据，所以对工程签证管理非常重要，必须履行以下工程签证程序：

（1）现场签证的确认。

1）由于设计变更增加工程量和不可抗力原因引起的材料涨价、人工费用增加和管理费用提高导致工程价款的变更，应由承包人根据各项费用、成本增加的原因填写现场签证单，签字盖章后交监理公司，由监理工程师、甲方专业工程师签字确认后生效。手续不全者视为无效签证。

2）施工中的隐蔽工程验收证明、施工会议记录、纪要、施工日志等均不能作为变更、签证的依据，更不能作为工程结算的依据。

（2）执行现场签证的程序和责任。

1）承包人在施工过程中执行经发包方确认后的签证而导致合同价款的变更及造成承包人的损失由发包人承担，延误的工期相应顺延。

2）具体的损失承担，如果有地方省级建设主管部门规定工程价款调整文件的，则按地方政府文件规定进行调价调整。

3）具体的损失承担发包单位和施工单位在施工合同中有约定的按照合同的约定处理。

4）具体的损失承担，如果建筑施工合同中没有约定的，参照《建设工程施工合同》示范文本（GF-2017-0201）的规定处理。

（3）向发包方提交工程变更价款报告。

1）承包人在接到工程签证确认后 14 日内向发包人提交工程变更价款报告，承包人因执行现场签证而要求发包人补偿经济损失、增加工期的，应当在工程变更价款报告中一并提出。承包人在工程签证确认后 14 日不向发包人提交工程变更价款报告，则认为该项变更不涉及合同价款变更、经济补偿和工期增加。

2）发包人应该在收到工程造价变更报告之日起 14 日内予以确认，发包人无正当理由不确认时，工程造价变更报告自送到之日起第 15 日，则认为生效。

3）确定变更价款按下列方法执行：

第一，双方确认的施工图预算中已有适用于变更工程的价格，按已有的价格确定价款。

第二，双方确认的施工图预算中没有适用于变更工程的价格的，按《建设工程施工合同》附加条款中的第3.2条执行。

第三，按本条前两项规定无法确定变更价款的，由承包人提出适当的变更价格，经发包人确认后执行。

第四，无效签证不予结算，工期不予顺延。

第五，工程造价在10万元以下的单项变更、签证及发包人确认的经济损失，应累计在工程竣工结算时支付，超过10万元的单项变更、签证应在该工程量完成后的当月并入该月工程进度款中支付。

四、防控策略四：工程造价、工程结算、工程发票开具的财税法风险协同管理

(一) 建设工程结算的四种法律依据分析

在建筑领域的工程结算实践中，工程结算的法律依据是建筑合同、工程签证报告、工程计量确认单。具体的分析如下：

1. 工程结算依据一：同一建筑工程订立的数份建设工程施工合同均无效，但建设工程质量合格的工程结算依据

《最高人民法院关于审理建设工程施工合同纠纷案件适用法律问题的解释（二）》（法释〔2018〕20号）第十一条规定："当事人就同一建设工程订立的数份建设工程施工合同均无效，但建设工程质量合格，一方当事人请求参照实际履行的合同结算建设工程价款的，人民法院应予支持。实际履行的合同难以确定，当事人请求参照最后签订的合同结算建设工程价款的，人民法院应予支持。"基于此规定，同一建设工程订立的数份建设工程施工合同均无效，但建设工程质量合格的工程结算依据总结以下两种：

（1）以参照实际履行的合同作为结算建设工程价款的依据。

（2）如果实际履行的合同难以确定，则以参照最后签订的合同作为结算建设工程价款的依据。

温馨提示

《建设工程司法解释（二）》（法释〔2018〕20号）第十一条的理解

如下：

(1)《建设工程司法解释（二）》中"请求参照实际履行的合同结算建设工程价款的，人民法院应予支持"的规定与《建设工程司法解释（一）》第二条"建设工程施工合同无效，但建设工程经竣工验收合格，承包人请求参照合同约定支付工程价款的，应予支持"的规定的法理基础一致，即折价补偿原则。《中华人民共和国合同法》第五十八条规定了合同无效后的法律救济制度，即返还取得的财产，不能返还的，应折价补偿。由于建设工程领域因物化到建筑物上的劳务与建筑材料不能返还，只能折价补偿，补偿的价值标准最高可参照无效合同结算。

(2)"但建设工程质量合格"，包括建设工程竣工验收合格和未竣工但已完工建设工程质量合格两种情形，其进一步考虑了建设工程施工领域常见的施工中途退场、工程烂尾等情形。如果只强调竣工验收合格是支付工程价款的前提，则可能使承包人的合法权益无法得到保障。故本条司法解释将《建设工程司法解释一》第二条中"但建设工程经竣工验收合格"扩张为包括建设工程质量合格的情形。但其前提条件是实际履行合同中对承包人中途退场的在建工程结算方式已经作出明确的规定。

(3)条款中的"当事人"是指同一建设工程的发包人与承包人。最高人民法院民事审判第一庭编著的《最高人民法院〈建设工程施工合同司法解释（二）〉理解与适用》中认为，"没有资质的实际施工人以有资质的建筑施工企业名义与他人签订的建设施工合同，也属于本条所指的无效建设施工合同的当事人，此外发包人将建设工程发包给承包人以后，承包人将其转包给第三人或违法分包给第三人，此时在承包人与转包的第三人或违法分包第三人之间也存在无效建设施工合同，该无效的建设工程施工合同的发包人是原建设工程施工合同中的承包人，该无效建设工程施工合同中的承包人是转包第三人或者违法分包第三人。"故转包或者违法分包都有可能成立无效建设施工合同，属于本条规范的对象。至于转包第三人或者违法分包第三人则因为与原建设工程施工合同发包人没有直接的联系，不具有相对性，彼此之间不成立无效建设工程施工合同。

(4)关于"数份建设工程施工合同"既可能是经过招投标程序根据招投标文件签订的中标合同、中标合同之后私自签订的其他合同，也可能是未经过招投标程序签订的合同等。

（5）综合《建设工程司法解释（二）》和《建设工程司法解释（一）》的条款规定，同一建设工程订立的数份建设工程施工合同均无效，但建设工程质量合格，工程结算的依据是参照实际履行合同的合同约定支付工程价款。

（6）"参照合同约定"是确定折价标准的一种方式而已，不是按有效合同处理，"参照合同约定"不等于"按照合同约定"。对"参照合同约定"应进行限制性的理解，仅限于合同对计价标准的约定。

（7）参照合同约定支付承包人工程价款，即按照合同约定的工程价款、付款时间、工程款支付进度等进行考量。

（8）在合同无效，但建设工程经验收合格的情况下，可参照合同约定确定应付工程款的时间。承包人可参照合同约定请求支付工程价款，也可参照合同约定的支付工程价款的方式和日期请求发包人支付工程价款。

案例分析 15

同一建设工程签订多份施工合同均被认定无效，但建设工程质量合格，以实际履行的合同结算工程价款

一、案情介绍

2018 年 3 月 1 日，甲建筑公司（被挂靠方）与建设单位乙公司签订《工程保证金使用约定》，约定甲建筑公司提供工程保证金 3000 万元，用于建设单位乙公司投资北京八达岭景区项目的施工认证银行验资。验资后，该款项在本项目工程的施工中支出使用。2018 年 4 月 19 日，建设单位乙公司与甲建筑公司经招投标签订《建设工程施工合同》，约定建设单位乙公司将八达岭景区西部停车场综合服务设施工程发包给甲建筑公司施工，合同价款为 79150668 元。2018 年 6 月 6 日，双方签订《工程总承包补充协议》，约定甲建筑公司承包范围为八达岭景区西部停车场所有红线图内与项目有关的工程，承包总造价为 1.85 亿元。上述两份合同约定的工程承包范围一致，但

工程价款存在 105849332 元的差价，故双方于 2018 年 7 月 30 日签订《建设工程补充施工合同》，约定八达岭景区西部停车场新增加工程的合同价款为 105849332 元。为履行施工合同，双方当事人先后于 2018 年 9 月 14 日、2019 年 3 月 28 日签订了《工程总承包补充协议（二）》《工程总承包补充协议（三）》，确认工程总承包价为 1.85 亿元，并约定了甲建筑公司提前竣工奖金数额及按时完工赶工费用数额。该项目于 2019 年 6 月 27 日通过竣工验收合格，并交付建设单位乙公司接收管理。双方当事人未进行最后结算。最后决算时，甲建筑公司认为应当以合同约定的 1.85 亿元作为结算标准，建设单位乙公司认为甲建筑公司是被挂靠方，挂靠合同无效，应当按照原《建设工程施工合同》约定的 79150668 元进行结算。

请问：甲建筑公司与建设单位乙公司的工程结算依据到底以原《建设工程施工合同》约定的 79150668 元为依据，还是以《工程总承包补充协议(二)》《工程总承包补充协议（三）》确认工程总承包价为 1.85 亿元为依据？

二、工程结算的法律依据分析

1. 工程结算的法律依据

《最高人民法院关于审理建设工程施工合同纠纷案件适用法律问题的解释（二）》（法释〔2018〕20 号）第十一条规定："当事人就同一建设工程订立的数份建设工程施工合同均无效，但建设工程质量合格，一方当事人请求参照实际履行的合同结算建设工程价款的，人民法院应予支持。实际履行的合同难以确定，当事人请求参照最后签订的合同结算建设工程价款的，人民法院应予支持。"

2. 工程结算依据的法理分析

甲建筑公司、建设单位乙公司经工程招标投标签订的《建设工程施工合同》符合法律规定，依法有效。后来签订的《建设工程补充施工合同》的内容体现了双方当事人真实意思，并由双方实际履行，可作为结算工程款的参考依据。甲建筑公司、建设单位乙公司先后签订的《工程总承包补充协议(二)》《工程总承包补充协议（三）》系就施工相关事项另行达成，未对原签订的《建设工程施工合同》的合同实质性条款进行变更，依法有效。

甲建筑公司与建设单位乙公司签订的《工程保证金使用约定》表明，在工程招标投标前，双方已就本工程承发包达成合意。双方在招投标过程中，将上述合意表现为《建设工程施工合同》上约定的内容。上述施工合同约定工程价款为 79150668 元，但随后双方另行签订《工程总承包补充协议》，将合同价款约定为 1.85 亿元，并通过签订《工程总承包补充协议（二）》及《工程总承包补充协议（三）》，对《工程总承包补充协议》进行补充约定并予以实际履行。双方当事人又基于《建设工程施工合同》与《工程总承包补充协议》约定工程价款存在 105849332 元价差，签订《建设工程补充施工合同》。

根据《最高人民法院关于审理建设工程施工合同纠纷案件适用法律问题的解释（二）》（法释〔2018〕20 号）第十一条的规定，当事人就同一建设工程订立的数份建设工程施工合同均无效，但建设工程质量合格，一方当事人请求参照实际履行的合同结算建设工程价款的，人民法院应予支持。实际履行的合同难以确定，当事人请求参照最后签订的合同结算建设工程价款的，人民法院应予支持。

因此，双方实际履行的《工程总承包补充协议》约定的工程价款数额，体现了双方当事人对工程价款一致的意思表示。双方当事人对工程价款的真实合意是《工程总承包补充协议》中约定的 1.85 亿元，双方并通过签订《工程总承包补充协议（二）》《工程总承包补充协议（三）》，实际履行了《工程总承包补充协议》，故可以参照该协议结算工程价款。

2. 工程结算依据二：签订的建设工程施工合同与招标文件、投标文件、中标通知书载明的工程范围、建设工期、工程质量、工程价款不一致的工程结算依据

《最高人民法院关于审理建设工程施工合同纠纷案件适用法律问题的解释（二）》（法释〔2018〕20 号）第十条规定：**"当事人签订的建设工程施工合同与招标文件、投标文件、中标通知书载明的工程范围、建设工期、工程质量、工程价款不一致，一方当事人请求将招标文件、投标文件、中标通知书作为结算工程价款的依据的，人民法院应予支持"**。基于此规定，签订的建设工程施工合同与招标文件、投标文件、中标通知书载明的工程范围、建设工期、工程质量、工程价款不一致的工程结算以招标文件、投标文件、中标通知书作为结算工程价款的依据。在理解该条款必须注意以下几点：

第一，参照招投标文件结算工程价款必须具备两个前提条件：

一是当事人通过招投标方式订立建设工程施工合同。

二是招投标行为需合法有效。

如果建设工程项目未经过合法的招投标程序，如通过"明招暗定""串标"等违法形式中标，不仅扰乱了招标投标市场秩序，还排除、损害了其他合法投标人的正当权益，所签订的中标合同应是无效的，此时就不再适用本条款。且即使当事人之间存在招投标文件，但招投标活动本身是无效的，也不能适用本条款，不能将招投标文件作为结算工程价款的依据。

第二，建设工程施工合同与招投标文件"不一致"的内容范围。

本条限于中标的建设工程施工合同的实质性内容违反招标文件、投标文件、中标通知书的情形。而实质性内容限于工程范围、建设工期、工程质量、工程价款四个方面。

第三，根据《住房城乡建设部关于修改〈房屋建筑和市政基础设施工程施工招标投标管理办法〉的决定》第五条规定，删去第四十七条第一款中的"订立书面合同后 7 日内，中标人应当将合同送工程所在地的县级以上地方人民政府建设行政主管部门备案"，即自 2018 年 9 月 28 日始，中标合同的备案制度已经废止，因此，《建设工程司法解析》（一）第二十一条"当事人就同一建设工程另行订立的建设工程施工合同与经过备案的中标合同实质性内容不一致的，应当以备案的中标合同作为结算工程价款的根据"的规定废止。

案例分析 16

建设合同工程价款与招标文件工程价款不一致的工程结算

一、案情介绍

某建设公司经投标与某管理委员会（以下简称"管委会"）就某改建工程项目签订建设工程施工合同。该合同专用条款第 23 条第 2 款规定：本合同价款采用可调单价合同，按实际完成工程量计算。人工费、材料费价格按照实际市场价格，定额执行现行园林古建筑定额和相应的取费标准以及配套文件。该县公共资源综合交易管理办公室核实，其存档的 2019 年"该改造工程"招标文件第一卷第五章"工程计价说明"载明：执行 2018 年《A 市仿古建筑工程计价定额》等；除建设方给定的材料单价外，其余地方材料价格执行《B 建设工程造价信息》（2019 年第 9 期）及 2019 年《A 市 C 区安装、装饰工程常用材料预算价格表》，以上均未涉及的单调价格按定额基价计算。建设公司与管委会为涉案工程的结算发生纠纷，遂向法院提起诉讼。

请分析建设合同工程价款与招标文件工程价款不一致的工程结算依据到底是什么？

二、工程结算的法律依据分析

《最高人民法院关于审理建设工程施工合同纠纷案件适用法律问题的解释（二）》（法释〔2018〕20 号）第十条规定："当事人签订的建设工程施工合同与招标文件、投标文件、中标通知书载明的工程范围、建设工期、工程质量、工程价款不一致，一方当事人请求将招标文件、投标文件、中标通知书作为结算工程价款的依据的，人民法院应予支持。"基于此规定，签订的建设工程施工合同与招标文件、投标文件、中标通知书载明的工程范围、建设工期、工程质量、工程价款不一致的工程结算以招标文件、投标文件、中标通知书为依据。工程价款结算属于合同的实质性内容，参照以上司法解释，涉案工程价款的结算应以招标文件为依据。

（1）《中华人民共和国招标投标法实施条例》第五十七条规定："招标人和中标人应当依照招标投标法和本条例的规定签订书面合同，合同的标的、价款、质量、履行期限等主要条款应当与招标文件和中标人的投标文件的内容一致。招标人和中标人不得再行订立背离合同实质性内容的其他协议。"

（2）《中华人民共和国招标投标法实施条例》第七十五条规定："招标人和中标人不按照招标文件和中标人的投标文件订立合同，合同的主要条款与招标文件、中标人的投标文件的内容不一致，或者招标人、中标人订立背离合同实质性内容的协议的，由有关行政监督部门责令改正，可以处中标项目金额 5‰以上 10‰以下的罚款。"

（3）《最高人民法院关于审理建设工程施工合同纠纷案件适用法律问题的解释（二）》（法释〔2018〕20 号）第一条规定："招标人和中标人另行签订的建设工程施工合同约定的工程范围、建设工期、工程质量、工程价款等实质性内容，与中标合同不一致，一方当事人请求按照中标合同确定权利义务的，人民法院应予支持。"

三、分析结论

因此，涉案合同与招标文件关于结算标准的规定明显不同，根据以上法律规定，涉案工程价款的结算应按照招标文件规定的2018年《A市仿古建筑工程计价定额》、材料价格约定等规定执行，不应按照合同约定的实际市场价格执行。

3. 工程结算依据三：非必须招标工程进行招标后的工程价款结算依据

《最高人民法院关于审理建设工程施工合同纠纷案件适用法律问题的解释（二）》（法释〔2018〕20号）第九条规定："发包人将依法不属于必须招标的建设工程进行招标后，与承包人另行订立的建设工程施工合同背离中标合同的实质性内容，当事人请求以中标合同作为结算建设工程价款依据的，人民法院应予支持，但发包人与承包人因客观情况发生了在招标投标时难以预见的变化而另行订立建设工程施工合同的除外。"基于此规定，非必须招标工程进行招标后的工程价款结算依据是以中标合同作为结算建设工程价款依据。

4. 工程结算依据四：工程现场签证报告

对于合同价款之外的费用补偿、工期顺延以及因各种客观原因或不可抗力造成的损失赔偿，要合法转移到工程造价，由建设单位承担，必须严格履行工程项目现场签证手续，工程签证报告是工程结算的法律依据。

（1）工程签证的分类。而在工程签证实践中，建筑企业将面临三种工程签证：一是工程签证单上既有建设单位及其负责人的签证盖章又有监理单位及其负责人的签证盖章；二是工程签证单上只有建设单位及其负责人的签章，而没有监理单位及其负责人的签证盖章；三是工程签证单上只有监理单位及其负责人的签章而没有建设单位及其负责人的签证盖章。以上三种工程签证到底哪一种是工程结算款的法律依据呢？分析如下：

（2）工程现场签证的法律效力认定标准。《建设工程监理规范》（GB50319—2013；2014年3月1日起实施）规定，建设工程监理是指："工程监理单位受建设单位委托，根据法律法规、工程建设标准、勘察设计文件及合同，在施工阶段对建设工程质量、进度、造价进行控制，对合同、信息进行管理，对工程建设相关方的关系进行协调，并履行建设工程安全生产管理法定职责的服务活动。"基于此约定，《建设工程监理规范》并未明确监理工程师是否具备签证的法定职责，但给了总监理工程师较大的权力范围。

《最高人民法院关于审理建设工程施工合同纠纷案件适用法律若干问题的解释》(《建设工程司法解释（一）》)第十九条规定："**当事人对工程量有争议的，按照施工过程中形成的签证等书面文件确认。承包人能够证明发包人同意其施工，但未能提供签证文件证明工程量发生的，可以按照当事人提供的其他证据确认实际发生的工程量。**"根据此规定，现场监理师的签证是建筑工程量确认的重要依据之一。

基于以上法律规定分析，监理工程师不具备签证的法定职责，其签证文件属于书证，具备民事诉讼法意义上的证据效力，但不发生签证的法律效力。如果施工合同约定由监理工程师代表建设单位签证，或者施工过程中形成由监理工程师代表建设单位签证的工作惯例，应当认定监理工程师的签证具有法律效力。

因此，在《监理合同》及《建设工程施工合同》中对监理的权力范围进行约定就非常重要。具体的工程现场签证法律效力认定如下：

第一，如果《建设工程施工合同》对监理人员有授权条款，该条款约定：发包方授权监理公司代表发包方全面履行的现场签证都代表发包方的真实意思表示，则签证文件只有监理工程师的签字，没有甲方盖章以及甲方项目经理签字，该监理师签字盖章的现场签证书有法律效力。

第二，如果《建设工程施工合同》没有约定发包方授权监理公司代表发包方全面履行的现场签证都代表发包方的真实意思表示，则监理人员对合同范围内的工程量、工期、工程质量等事实进行签证，原则上对发包人具有约束力；但对涉及工程价款洽商变更等经济决策的，监理人员的签证确认对发包人无效。

第三，如果《建设工程施工合同》对监理人员没有授权条款约定发包方授权监理公司代表发包方全面履行的现场签证都代表发包方的真实意思表示，则涉及工程价款变更的，必须要求签证文件既有监理工程师的签字又要有甲方或发包方的项目经理签字并盖上甲方或发包方的法人公章才有法律效力。

(二) 工程造价调整的处理技巧

工程结算收入分为合同结算收入和非合同结算收入两大类。其中非合同结算收入分为索赔结算收入、设计变更和工程量变更结算收入、人工和材料价格调整结算收入。合同结算收入的结算依据是建筑施工合同，非合同结算收入的结算依据是工程签证。工程签证的结果是将非合同结算收入转移到工程造价。因此，非合同结算收入涉及工程造价的调整问题，具体的工程造价调整技巧如下：

1. 索赔结算的操作要点

第一步：将有关索赔事件及时通知发包人和监理人。

根据《中华人民共和国合同法》第一百一十八条的规定，承包人因不可抗力造成工期延误或费用损失时，应当及时通知发包人，以便对方作出相应的计划和安排，以减轻可能给对方造成的损失。基于此规定，施工企业必须将不可抗力导致工期延误或费用损失及时采用书面的形式通知发包人和监理人。

第二步：在合理期限内向监理人递交索赔意向通知书、索赔报告书。

（1）《建设工程施工合同（示范文本）》（GF-2017-0201）通用条款第19.1条约定，承包人应在知道或应当知道索赔事件发生后28天内，向监理人递交索赔意向通知书，并说明发生索赔事件的事由；承包人未在前述28天内发出索赔意向通知书的，丧失要求追加付款和（或）延长工期的权利。

（2）承包人应在发出索赔意向通知书后28天内，向监理人正式递交索赔报告；索赔报告应详细说明索赔理由以及要求追加的付款金额和（或）延长的工期，并附必要的记录和证明材料。

（3）索赔事件具有持续影响的，承包人应按合理时间间隔继续递交延续索赔通知，说明持续影响的实际情况和记录，列出累计的追加付款金额和（或）工期延长天数。

（4）在索赔事件影响结束后28天内，承包人应向监理人递交最终索赔报告，说明最终要求索赔的追加付款金额和（或）延长的工期，并附必要的记录和证明材料。

第三步：全面留存索赔证据。

承包人与发包人协商确定相关损失是最佳方案，但不管是协商还是索赔，承包人都需要提供以下完整的索赔证据：

（1）承包人要收集不可抗力事件和其他引起索赔的客观事件发生和演变的证据。

例如，2020年2月全国发生的新冠肺炎不可抗力事件的索赔证据是：国务院和相关部委发布的关于疫情和春节假期的文件，地方政府和相关住建部门发布的复工要求等。

（2）承包人也需要收集不可抗力事件和其他引起索赔的客观事件造成损失的证据。

例如，2020年2月全国发生的新冠肺炎不可抗力事件导致延迟复工期间支付工地照管人员工资和相关费用的证据，延迟复工期间现场机械设备的租赁或折旧费用证据，疫情造成的工人工资上涨、建筑材料价格上涨和为防控疫情额外支出的费用等证据。承包人向工人支付被隔离观察期间的工资等相关证据。

（3）承包人还需要收集损失与不可抗力事件和其他引起索赔之间具有因果关系的证据。

例如，2020年2月全国发生的新冠肺炎不可抗力事件引起的索赔，结合发包人已经批准的施工组织设计和施工进度计划等文件，收集政府相关部门要求部分铁路或长途客运车辆停运，造成工人春节假期以后无法及时返回施工现场，影响工期的证据。政府相关部门要求工人返回工地后按照有关要求进行自我隔离不少于14天，到期无发病症状后方可进入施工现场的文件和医院、社区等出具的承包人按文件要求对工人进行了隔离观察的证明材料。政府相关部门要求承包人为控制疫情增加工人体检、体温测量、环境消毒、通风换气等文件，其他相关证据等。

2. 材料、工程设备、机械台班费用价格调整策略

第一种价格调整策略：按照施工合同中约定的"市场价格波动引起的调整"方法进行调整。

根据《建设工程工程量清单计价规范》（GB50500—2013）第9.7.3条规定：承包人采购材料和工程设备的，应在合同中约定可调材料、工程设备价格变化的范围或幅度。调整办法参照《建设工程工程量清单计价规范》（GB50500—2013）附录"A.2造价信息调整价格差额"和《建设工程施工合同（示范文本）》（GF-2017-0201）通用合同条款"11.1市场价格波动引起的调整"中"第2种方式：采用造价信息进行价格调整"的有关规定进行。具体的调整实操要点如下：

（1）价格调整的依据：承包人采购前先报告采购数量和单价，发包方审批确认调整的材料单价及数量。

承包人应在采购材料前将采购数量和新的材料单价报发包人核对，发包人确认用于工程时，发包人应确认采购材料的数量和单价。发包人在收到承包人报送的确认资料后5天内不予答复的视为认可，作为调整合同价格的依据。未经发包人事先核对，承包人自行采购材料的，发包人有权不予调整合同价格。发包人同意的，可以调整合同价格。

（2）具体的调整方法：分三种情况调整。

材料、工程设备的价款调整按照发包人提供的基准价格（基准价格是指由发包人在招标文件或专用合同条款中给定的材料、工程设备的价格，该价格原则上应当按照省级或行业建设主管部门或其授权的工程造价管理机构发布的信息价编制）。按以下风险范围规定执行：

1）承包人在已标价工程量清单或预算书中载明材料单价低于基准价格的：除专用合同条款另有约定外，合同履行期间材料单价涨幅以基准价格为基础超过5%时，或材料单价跌幅以在已标价工程量清单或预算书中载明材料单价为基础超过5%时，其超过部分据实调整。

2）承包人在已标价工程量清单或预算书中载明材料单价高于基准价格的：除专用合同条款另有约定外，合同履行期间材料单价跌幅以基准价格为基础超过5%时，材料单价涨幅以在已标价工程量清单或预算书中载明材料单价为基础超过5%时，其超过部分据实调整。

3）承包人在已标价工程量清单或预算书中载明材料单价等于基准价格的：除专用合同条款另有约定外，合同履行期间材料单价涨跌幅以基准价格为基础超过±5%时，其超过部分据实调整。

第二种价格调整策略：施工合同中没有约定价格调整方法的调整策略。

如果施工合同中没有约定价格调整方法的，参照《建设工程工程量清单计价规范》（GB50500—2013）第9.7.1条规定的材料、工程设备单价变化超过5%，施工机械台班单价变化超过10%，则超过部分的价格应予调整。

3. 人工、机械使用费用的调整策略

（1）人工单价发生变化且符合省级或行业建设主管部门发布的人工费调整规定，合同当事人应按省级或行业建设主管部门或其授权的工程造价管理机构发布的人工费等文件调整合同价格，但承包人对人工费或人工单价的报价高于发布价格的除外。

（2）施工机械台班单价或施工机械使用费发生变化超过省级或行业建设主管部门或其授权的工程造价管理机构规定的范围时，按规定调整合同价格。

（三）工程结算、工程造价、工程发票开具的协同管理之策："三价合一"

1. "三价合一"的内涵

"三价合一"是指合同价、结算价和发票价（发票上的开票金额）相互统一，具体内涵是：发票开具金额必须等于结算价，结算价与合同价要么相

等，要么不相等。为何结算价等于发票价？原因有二：一是如果发票价大于结算价，则大于的部分开票额是虚开增值税发票行为；二是如果发票价小于结算价，则小于的部分未开票金额是漏税行为。因此，结算价一定等于发票价，否则一定存在要么漏税，要么虚开发票的税收风险。但是，发票价与结算价一定相等的前提条件是：结算价与真实的实际交易金额一定相等。而真实的实际交易金额与合同金额不一定相等，一般而言，真实的实际交易金额与合同金额是相等的，如果出现真实的实际交易金额与合同金额不相等时，则对于偏离合同金额的真实交易金额必须要有签订的材料涨价补充协议、材料货物验收凭证、工程计量确认单、发包方或监理师签字确认的各种签字报告书进行佐证。只有在具备以上佐证资料的情况下，结算金额等于真实的交易金额，结算价一定等于发票价才没有税务风险。

2. 工程发票开具金额与合同金额不一致的开票风险

基于以上"三价统一"原理分析，如果没有发包方或发包方聘请的监理师签字确认的停工损失赔偿报告、人工、材料涨价调整合同价格的确认书，不可抗力和引起索赔事件的客观原因致使建筑企业停工损失，人工、材料涨价的结算金额与开具发票金额虽然相等，但是缺乏结算金额大于合同金额的法律凭证，建筑施工企业涉嫌虚开发票给发包方增加成本，有少缴纳税收的税收风险。

3. 拖欠工程结算款的发票开具风险

实践中的不少建筑企业都是在收到发包方工程进度款时向发包方开具发票。由于工程决算后，发包方存在拖欠施工企业工程进度款的情形，对于已经完成计量的建筑服务，没有收到发包方支付的工程进度款的建筑企业存在的发票开具风险如下：

如果建筑施工企业与发包方的建筑合同中的"工程结算和工程款支付"条款中没有约定发包方支付工程进度款的时间，且发包方拖欠建筑企业工程进度款的情况下，则依照财税〔2016〕36 号第四十五条和《增值税发票开具指南》第二章第一节第四条的规定，建筑企业必须向发包方开具增值税发票。这种依照税法的发票开具时间规定将未收工程进度款向发包方开具发票的行为，必然导致建筑企业提前缴纳增值税，占用建筑企业资金流。如果建筑企业不开具发票，等到未来发包方支付工程进度款时再开具发票给发包方，则施工企业将面临延迟缴纳增值税，将面临罚款和缴纳滞纳金的风险。

4. 分析结论

通过以上涉税风险分析，工程结算、工程造价、工程发票开具的协调管理之策是：

（1）依据工程造价合同金额或中标金额和工程签证确认的合同价款变更金额进行工程结算，即有真实交易行为下的工程结算价等于合同价。

（2）工程结算收入必须等于工程发票开具金额，即发票价等于结算价。

（四）建筑企业增值税简易计税项目的工程造价和工程结算的财税法风险协同管理

建筑企业增值税简易计税项目的工程造价和工程结算的财税法风险协同管理涉及以下三个方面的问题：

（1）增值税一般计税方法的工程造价项目选择简易计税计征增值税的工程结算是按照9%还是按照3%结算增值税金额？

（2）增值税一般计税方法的工程造价项目选择简易计税计征增值税的工程结算，如果按照3%结算增值税金额，则建设单位或审计单位可不可以从工程造价中扣除6个点的增值税税额？

（3）含"甲供材"金额的工程中标价签订的建筑合同，在工程结算时，工程结算额中含不含"甲供材"金额？

针对以上三个问题，具体分析如下：

1. 一般计税方法的工程造价项目选择简易计税方法的工程结算风险和工程审计风险

根据前文对"增值税计税方法与工程造价的协同管理"的分析，建筑企业增值税简易计税项目的工程造价的计价公式有以下两个：

公式一：

工程造价（招投标控制价）＝（含增值税的人工费＋含增值税的材料费＋含增值税的施工机具使用费＋含增值税的企业管理费＋含增值税的规费＋利润）×(1+3%)

公式二：

工程造价（招投标控制价）＝（不含增值税的人工费＋不含增值税的材料费＋不含增值税的施工机具使用费＋不含增值税的企业管理费＋不含增值税的规费＋利润）×(1+9%)＝税前工程造价×(1+9%)

在以上两个公式中，如果建设单位按照公式一编制的工程造价，则工程结算和发票开具没有任何异议，即建筑施工企业与建设单位进行工程结算时，按照3%的增值税税率结算增值税金额，向建设单位开具3%的增值税发票。但是，如果建设单位按照公式二编制的工程造价，建筑施工企业与建设单位进行工程结算时，按照9%的增值税税率结算增值税金额，向建设单位开具9%的增值税发票，建设单位和审计部门也没有任何异议。问题是建设单位按照公式二编制的工程造价，如果建筑施工企业与建设单位进行工程结算，按照3%的增值税税率结算增值税金额，向建设单位开具3%的增值税发票的情况下，则建筑企业将面临的工程结算和审计风险是：建设单位和审计部门要求从工程款中扣除"（不含增值税的人工费+不含增值税的材料费+不含增值税的施工机具使用费+不含增值税的企业管理费+不含增值税的规费+利润）×6%"的增值税金额。

2. 按增值税一般计税9%编制工程造价的项目选择3%简易计税能否在工程结算款中扣除6个点的增值税税额的法律、税务风险分析

依据增值税原理和工程计价规则，甲方按照增值税一般计税方法的工程计价方法对施工项目进行工程计价，建筑施工企业选择简易计税方法，按照3%向甲方开具增值税发票。如果甲方向建筑施工企业支付工程结算款（审计金额）中扣除6个点增值税税款是完全错误的违法行为，存在的法律、税务风险具体分析如下：

（1）违背税法和国家工程计价的规定。

如果甲方在招投标环节以"（含增值税的人工费+含增值税的材料费+含增值税的施工机具使用费+含增值税的企业管理费+含增值税的规费+利润）×（1+3%）"作为工程计价，则建筑企业必须选择简易计税方法向甲方开具3%的增值税专用发票。

根据前文对"建筑企业选择简易计税计征增值税的工程项目"的分析，建筑企业对"甲供工程""清包工工程""建筑老项目"等既可以选择简易计税也可以选择一般计税方法计征增值税，而建造企业总承包方承包房屋建筑物的地基与基础和主体结构工程，只要发包方全部或部分自行采购钢材、混凝土、砌体材料、预制构件四种材料中的任一种材料，则建筑企业总承包方必须选择一般计税方法计征增值税。

基于以上税法政策的分析，除了建筑企业总承包方承包房屋建筑物的地基与基础和主体结构工程，符合财税〔2017〕58号文件的规定，必须选择一般计税方法计征增值税之外，如果甲方在招投标环节以"（不含增值税的人工费+不含增值税的材料费+不含增值税的施工机具使用费+不含增值税的企业管理费+不含增值税的规费+利润）×（1+9%）"作为工程计价，则建筑企业可以选择简易计税方法向甲方开具3%的增值税专用发票，也可以选择一般计税方法向甲方开具9%的增值税专用（普通）发票。这种增值税计税方法是税法赋予建筑企业的一种选择权利。

因此，如果甲方以"（不含增值税的人工费+不含增值税的材料费+不含增值税的施工机具使用费+不含增值税的企业管理费+不含增值税的规费+利润）×（1+9%）"作为工程计价依据结算的工程结算款扣除6个点的增值税税款支付给建筑施工企业，则甲方存在以下两种违法行为：

第一种违法行为：强行剥夺建筑施工企业依照税法规定选择简易计税方法计征增值税的权利。

第二种违法行为：违背国家工程计价规则。

甲方向建筑施工企业支付的最终工程总价款是：（不含增值税的人工费+不含增值税的材料费+不含增值税的施工机具使用费+不含增值税的企业管理费+不含增值税的规费+利润）×（1+3%），这与选择简易计税计价的工程计价公式：（含增值税的人工费+含增值税的材料费+含增值税的施工机具使用费+含增值税的企业管理费+含增值税的规费+利润）×（1+3%），完全不一样。

（2）违背税法中的增值税抵扣原理，致使工程项目的工程计价减少，变相降低工程价款，增加了建筑施工企业的项目损失。

根据《中华人民共和国增值税法》的规定，选择简易计税计征增值税的建筑施工项目不可以抵扣本项目所有成本的增值税进项税额，但是本项目产生的收入可以向发包方开具3%的增值税进项税额，发包方可以抵扣增值税进项税额。同时，增值税是流转税类，增值税是价外税，即增值税是不含在产品和服务的价格里的，增值税必须转移到产品和服务的价格里面，最终由消费产品和服务的消费者承担。

基于以上增值税原理，甲方可以抵扣建筑施工企业开具的3%的增值税专用发票上的增值税进项税额。而建筑施工企业的项目本身所发生的所有采购建筑材料、机械、人工支付给供应商、出租方、劳务公司的增值税进项税额，不可以在施工项目所产生收入的增值税销项税额中进行抵扣。

同时，甲方以（不含增值税的人工费+不含增值税的材料费+不含增值税的施工机具使用费+不含增值税的企业管理费+不含增值税的规费+利润）×（1+9%）作为工程计价依据计算的工程结算款扣除6个点的增值税税款支付给建筑施工企业工程款的实质是：甲方只向建筑施工企业支付了（不含增值税的人工费+不含增值税的材料费+不含增值税的施工机具使用费+不含增值税的企业管理费+不含增值税的规费+利润）×（1+3%）的工程总价款。而建筑施工企业在施工项目所发生的所有采购建筑材料、机械、人工支付给供应商、出租方、劳务公司的增值税进项税额，没有转移到施工项目的工程造价成本中，没有让甲方承担施工项目的建造成本，直接产生了建筑企业的损失。损失的总金额为施工项目工程造价中可以抵扣的增值税进项税额。

（3）违背了《最高人民法院关于审理建设工程施工合同纠纷案件适用法律问题的解释（二）》（法释〔2018〕20号）工程结算规定，是无效的请求。

《最高人民法院关于审理建设工程施工合同纠纷案件适用法律问题的解释（二）》（法释〔2018〕20号）第一条第二款规定："**招标人和中标人在中标合同之外就明显高于市场价格购买承建房产、无偿建设住房配套设施、让利、向建设单位捐赠财物等另行签订合同，变相降低工程价款，一方当事人以该合同背离中标合同实质性内容为由请求确认无效的，人民法院应予支持。**"第十条规定："**当事人签订的建设工程施工合同与招标文件、投标文件、中标通知书载明的工程范围、建设工期、工程质量、工程价款不一致，一方当事人请求将招标文件、投标文件、中标通知书作为结算工程价款的依据的，人民法院应予支持。**"基于此规定，签订的建设工程施工合同与招标文件、投标文件、中标通知书载明的工程范围、建设工期、工程质量、工程价款不一致的工程结算以招标文件、投标文件、中标通知书为依据。

基于以上规定，甲方以（不含增值税的人工费+不含增值税的材料费+不含增值税的施工机具使用费+不含增值税的企业管理费+不含增值税的规费+利润)×(1+9%)作为工程计价依据，编制招标控制价格，中标通知书中载明的中标价也是按照以上工程计价公式进行的工程计价。

根据《最高人民法院关于审理建设工程施工合同纠纷案件适用法律问题的解释（二）》（法释〔2018〕20号）第十条工程结算依据的规定，建筑施工企业与甲方应该以工程招标文件和招标通知书载明的中标价进行结算支付工程款。如果甲方以（不含增值税的人工费+不含增值税的材料费+不含增值税的施工机具使用费+不含增值税的企业管理费+不含增值税的规费+利润)×(1+9%)作为工程计价依据计算的工程结算款扣除6个点的增值税税款支付给建筑施工企业工程结算款的，实质上是建筑施工企业给予甲方的让利行为。甲方或审计部门要求从工程审计结算金额或最终工程结算金额中扣除6个点的增值税税额的请求是无效的。

（4）违背了招标投标法和《建设工程价款结算暂行办法》的规定。

《最高人民法院关于审理建设工程施工合同纠纷案件适用法律问题的解释（二）》（法释〔2018〕20号）第一条规定："**招标人和中标人另行签订的建设工程施工合同约定的工程范围、建设工期、工程质量、工程价款等实质性内容，与中标合同不一致，一方当事人请求按照中标合同确定权利义务**

的，人民法院应予支持。"

《中华人民共和国招标投标法实施条例》第五十七条规定："招标人和中标人应当依照招标投标法和本条例的规定签订书面合同，合同的标的、价款、质量、履行期限等主要条款应当与招标文件和中标人的投标文件的内容一致。招标人和中标人不得再行订立背离合同实质性内容的其他协议。"第七十五条规定："招标人和中标人不按照招标文件和中标人的投标文件订立合同，合同的主要条款与招标文件、中标人的投标文件的内容不一致，或者招标人、中标人订立背离合同实质性内容的协议的，由有关行政监督部门责令改正，可以处中标项目金额5‰以上10‰以下的罚款。"

《建设工程价款结算暂行办法》（财建〔2004〕369号）第六条第二款规定："合同价款在合同中约定后，任何一方不得擅自改变。"第二十二条规定："发包人与中标的承包人不按照招标文件和中标的承包人的投标文件订立合同的，或者发包人、中标的承包人背离合同实质性内容另行订立协议，造成工程价款结算纠纷的，另行订立的协议无效，由建设行政主管部门责令改正，并按《中华人民共和国招标投标法》第五十九条进行处罚。"

《中华人民共和国合同法》第七条规定："当事人订立、履行合同，应当遵守法律、行政法规，尊重社会公德，不得扰乱社会经济秩序，损害社会公共利益。"第五十二条规定："有下列情形之一的，合同无效：（一）一方以欺诈、胁迫的手段订立合同，损害国家利益；（二）恶意串通，损害国家、集体或者第三人利益；（三）以合法形式掩盖非法目的；（四）损害社会公共利益；（五）违反法律、行政法规的强制性规定。"

《最高人民法院关于适用〈中华人民共和国合同法〉若干问题的解释（二）》第十四条规定："合同法第五十二条第（五）项规定的'强制性规定'，是指效力性强制性规定。"《最高人民法院关于当前形势下审理民商事合同纠纷案件若干问题的指导意见》（法发〔2009〕40号）第十五条规定："违反效力性强制规定的，人民法院应当认定合同无效；违反管理性强制规定的，人民法院应当根据具体情形认定其效力。"根据以上法律规定，"强制性规定"包括管理性强制规定和效力性强制规定。"管理性强制规定"是指法律及行政法规未明确规定违反此类规定将导致合同无效的规定。此类管理性强制规定旨在管理和处罚违反规定的行为，但并不否认该行为在民商法上的效力。"效力性强制规定"是指法律及行政法规明确规定违反该类规定将导致合同无效的规定，或者虽未明确规定违反之后将导致合同无效，但若使合同继续有效将损害国家利益和社会公共利益的规定。此类规定不仅旨在处罚违反之行为，而且意在否定其在民商法上的效力。

基于以上法律政策规定，工程价款是"实质性内容"，甲方要求从工程结算金额中扣除 6 个点的增值税税额的请求，实质上是合同金额减少，这种要求强加给建筑施工企业，无论是签订书面的补充协议还是口头协议，都违反了法律、行政法规的规定，是无效的协议。

3. 工程造价与工程结算的协同管理策略

通过以上涉税和法律政策分析，得出以下分析结论：

（1）协同管理策略一。

根据税法的规定，按增值税一般计税方法编制工程造价的"甲供工程""清包工工程"等项目，建筑企业可以依法选择一般计税方法计征增值税（2019 年 4 月 1 日之后选择 9% 计征增值税），也可以选择简易计税方法计征增值税（按照 3% 计征增值税）。当建筑企业选择简易计税方法计征增值税时，施工企业是不可以抵扣增值税进项税额的。因此，在工程审计中，审计部门绝对不能认为建筑企业选择简易计税方法向甲方开具 3% 的增值税发票，就得出建筑企业出现漏增值税的结论，而以（不含增值税的人工费+不含增值税的材料费+不含增值税的施工机具使用费+不含增值税的企业管理费+不含增值税的规费+利润)×(1+3%) 作为终审价给施工企业支付工程款。

（2）协同管理策略二。

如果工程造价时，发包方以（含增值税的人工费+含增值税的材料费+含增值税的施工机具使用费+含增值税的企业管理费+含增值税的规费+利润)×(1+3%) 作为工程造价，则应以（含增值税的人工费+含增值税的材料费+含增值税的施工机具使用费+含增值税的企业管理费+含增值税的规费+利润)×(1+3%) 作为审计价给施工企业支付工程款。

（3）协同管理策略三。

如果工程造价时，发包方以（不含增值税的人工费+不含增值税的材料费+不含增值税的施工机具使用费+不含增值税的企业管理费+不含增值税的规费+利润)×(1+9%) 作为计价依据，则应以（不含增值税的人工费+不含增值税的材料费+不含增值税的施工机具使用费+不含增值税的企业管理费+不含增值税的规费+利润)×(1+9%) 作为审计价给施工企业支付工程款。

4. 工程结算的财税法风险管控策略：工程造价环节和工程合同签订环节

为了化解工程结算金额的纠纷和规避工程审计风险，最好的应对策略如下：

（1）在做工程概算和发招标文件环节进行防范。

1）"甲供工程"简易计税方法的防范策略：一是在"甲供工程"的工程概算时，按照营业税体制下的工程计价进行工程造价，即按照（含增值税的人工费+含增值税的材料费+含增值税的施工机具使用费+含增值税的企业管理费+含增值税的规费+利润）×（1+3%）进行工程造价。二是甲方在发招标文件时，在招标文件中明确规定"甲供工程"的计税方法是简易计税方法。

2）"甲供工程"一般计税方法的防范策略：一是在"甲供工程"的工程概算时，按照增值税体制下的工程计价进行工程造价，即按照（不含增值税的人工费+不含增值税的材料费+不含增值税的施工机具使用费+不含增值税的企业管理费+不含增值税的规费+利润）×（1+9%）进行工程造价。二是甲方在发招标文件时，在招标文件中明确规定"甲供工程"的计税方法是一般计税方法。

（2）在签订"甲供工程"的建筑合同环节进行防范。

1）在"甲供工程"按照一般计税方法进行工程计价的情况下，在签订建筑合同中的"工程结算和支付"条款应明确约定：建筑企业按照一般计税方法计税计征增值税；同时在"发票开具"条款中约定：建筑企业按照不含"甲供材"金额的工程结算款向甲方开具9%的增值税发票。

2）在"甲供工程"按照一般计税方法进行工程计价，甲方同意建筑企业选择简易计税方法的情况下，在签订建筑合同中的"工程结算和支付"条款应明确约定：建筑企业按照简易计税方法计税计征增值税；同时在"发票开具"条款中约定：建筑企业按照不含"甲供材"金额的工程结算款向甲方开具3%的增值税发票。

（五）"甲供工程"的工程造价与工程结算的财税法风险协同管理

1. 工程造价中含有"甲供材"计价

甲供工程是指全部或部分设备、材料、动力由工程发包方自行采购的建筑工程。建筑企业"甲供工程"项目的工程造价与增值税计税方法相匹配。具体分为以下两种工程造价：

（1）"甲供工程"项目选择简易计税的工程造价。如果"甲供工程"选择简易计税计征增值税，则"甲供工程"项目的工程造价的计价公式有以下两个：

公式一：

工程造价（招投标控制价）＝（含增值税的人工费+含增值税的材料费+含增值税的施工机具使用费+含增值税的企业管理费+含增值税的规费+利

润)×(1+3%)

公式二：

工程造价（招投标控制价）=（不含增值税的人工费+不含增值税的材料费+不含增值税的施工机具使用费+不含增值税的企业管理费+不含增值税的规费+利润）×(1+9%)＝税前工程造价×(1+9%)

（2）"甲供工程"项目选择一般计税的工程造价。如果"甲供工程"选择一般计税计征增值税，则"甲供工程"项目的工程造价的计价公式如下：

工程造价（招投标控制价）=（不含增值税的人工费+不含增值税的材料费+不含增值税的施工机具使用费+不含增值税的企业管理费+不含增值税的规费+利润）×(1+9%)＝税前工程造价×(1+9%)

基于此工程计价规则，无论发包方还是建筑承包方购买建筑材料，都不影响工程造价。因此，"甲供材"一定是甲方（发包方）购买了计入工程造价的材料、设备和动力。如果甲方购买了没有计入工程造价的材料、设备和动力，一定不属于"甲供材"现象。

2. "甲供工程"差额法结算的财务核算的协调管理

无论是第一种招投标"甲供材"业务还是第二种招投标"甲供材"现象，"甲供材"的会计核算都一样，必须遵循一个原则："甲供材"的成本在甲方入账，不在乙方入账。具体如下：

（1）甲方的会计核算。

第一步，当甲方采购"甲供材"时的会计核算：

借：原材料

应交税费——应交增值税（待认证进项税额）

贷：银行存款/应付账款/应付票据

第二步，当甲方将未认证的购买"甲供材"增值税专用发票进行认证时的会计核算：

借：应交税费——应交增值税（进项税额）

贷：应交税费——应交增值税（待认证进项税额）

第三步，甲方将"甲供材"发送给施工企业领用或工地项目部时的会计核算：

借：在建工程（工业企业）/开发成本（房地产企业）

贷：原材料

（2）乙方（施工企业）的会计核算。

在第二种招投标"甲供材"现象中，必须按照差额法签订"甲供材"

合同。在差额法签订合同的情况下，由于"甲供材"不计入建筑企业的产值或销售额，"甲供材"在甲方入账进成本。因此，基于"甲供材"不可以在甲乙双方重复进成本的考虑，施工企业收到甲方发送的"甲供材"，只做领料的相关登记手续备查，不进行账务处理。

第 三 节

第三道防线：财务管理层的"两个防控策略"

基于财务管理层管控税收风险的角度而言，建筑、房地产企业防控税务稽查风险的主要策略是开展两个防控策略工作：一是纳税自查：排除账务中存在的纳税盲点。二是票据防控：发票开具与合同相匹配；在增值税纳税义务时间发生时对外开具发票。

一、防控策略一：纳税自查，排除账务中的纳税盲点

纳税自查，排查账务中的纳税盲点是企业开展税务风险管理的一种有效方法。为防范税务风险，控制不必要的税收处罚事件的发生，企业重视平常的账务自查，排查纳税盲点或税务自查显得越来越重要。一般来讲，纳税自查主要做好以下两件事情：一是定期开展纳税自查；二是年度结账前账务自查，及时进行账务调整规避纳税盲点。

（一）定期开展纳税自查

定期纳税自查是纳税人、扣缴义务人按照国家税法规定，对自己履行纳税义务、扣缴税款义务情况等进行自我审查的一种方法。纳税自查是税务检查的形式之一，是贯彻执行国家税收政策、严肃纳税纪律、改善经营管理的重要手段。对照税法规定，纳税人对自己是否已经做到依法纳税进行自我检查，是确保严格履行税法规定义务、防范纳税风险的一种形式；通过纳税自查，发现企业有无多数、提前缴纳税款、应退（免、返）未及时足额退（免、返）税款、不恰当地被加收了滞纳金、罚款等现象，以充

分保护自身的合法权益；通过自查，发现纳税管理中的漏洞、薄弱环节等不足之处。

纳税自查是企业日常加强纳税风险管理和控制的一种手段。企业定期对已经签订的合同进行检查，通过对企业过去的、现在的财务报表中各会计科目的检查，可以从中发现企业多缴或少缴纳税收的风险并及时进行处理，可以规避税务稽查所产生的更大的纳税风险，可以降低企业的税收成本。一般来讲，纳税自查包括企业日常纳税自查、专项稽查前的纳税自查和汇算清缴的纳税自查三种，另外，从企业要进行纳税自查的原因来划分，纳税自查包括：税务机关在稽查前要求企业自查，税务机关发现纳税疑问要求自查并解释。无论哪一种纳税自查，只要企业把纳税自查作为重要的税务管理工作，掌握纳税自查技巧，及时发现涉税风险，寻找转换方法规避税务风险，可以给企业节省不少税收成本。

既然纳税自查在降低企业税收成本、防范税收风险中起着重要的作用，那么企业应该如何进行纳税自查？具体而言，企业必须掌握以下两种纳税自查技巧：

1. 企业应该从税收角度对合同、协议中有关涉税条款涉税自查

为了防范税收风险，必须对企业签订的各种经济交易合同和协议进行审查，特别是要审查合同和协议中的价格条款。因为价格条款是经济合同中的重要条款，合同中签订的价格条款是税收成本的重要依据，经济合同中的价格一旦签订，就决定了增值税、消费税及企业所得税和个人所得税等税负，以及决定了增值税和企业所得税的纳税义务时间。要降低以上税负，就得在经济合同签订之前，准确谈好交易价格，即压低合同价格才能真正降低税负。同时，对某些合同涉税条款加以修改，有可能帮公司省下很多税款，同时还可以规避税务稽查从而导致的税收风险。

案例分析 17

某建筑公司出租房屋合同中免收租金条款的房产税处理

一、案情介绍

某建筑公司 E 是执行新《企业会计准则》的企业。E 公司土地总面积为

10000 平方米，取得土地使用权支付的价款以及开发土地发生的成本费用总额为 600 万元，E 公司自建的一幢房屋总建筑面积和占地面积都为 1000 平方米。E 公司会计核算时将地价款全部计入"无形资产"，即计入房产原值的地价为 0。E 公司的该幢房屋，房产值是 1000 万元，自 2019 年 1 月 1 日开始出租给 A 公司，租期三年（2019～2021 年），租金合计 24 万元（含增值税），第一年免租、第二年和第三年每年收 12 万元（含增值税），当地政府规定按房产余值计算房产税的扣除率为 30%，E 公司在会计上没有申报房产税。2019 年底，公司税务管理部门对公司的涉税合同中的价格条款进行纳税自查，发现公司出租房屋合同中有免租金条款，对公司 2019 年度房产税申报情况进行自查并及时进行纳税处理。

请分析该建筑公司应如何进行纳税补救处理？

二、免租金条款的税收法律依据分析

出租人在出租房屋时，为了吸引客户，在房屋经营性租赁期间，往往会实行一定的免收取租金的招商政策。于是，出租人往往会与承租人签订一定期限免租金的条款，这种条款决定了出租方的税务处理。也就是说，免收租金的条款约定应如何申报缴纳房产税？有人提出，根据从租计征房产税的税收政策规定，出租人在免收租金期间申报房产税时，不申报房产税，因为 0 ×12%＝0。这种观点显然是错误的，如果假设是正确的，则与肖太寿教授提出的"合同与税务处理相匹配，或合同决定了税务处理"[①] 的观点相悖。

《财政部　国家税务总局关于安置残疾人就业单位城镇土地使用税等政策的通知》（财税〔2010〕121 号）第二条规定：**"对出租房产，租赁双方签订的租赁合同约定有免收租金期限的，免收租金期间由产权所有人按照房产原值缴纳房产税。"** 第三条规定：**"对按照房产原值计税的房产，无论会计上如何核算，房产原值均应包含地价，包括为取得土地使用权支付的价款、开发土地发生的成本费用等。宗地容积率低于 0.5 的，按房产建筑面积的 2 倍计算土地面积并据此确定计入房产原值的地价。"**

根据以上规定，如果出租人存在免费收取租金而出租房屋的情况，务必在免收租金期间按照房产原值缴纳房产税。因此，在出租人与承租人签订了免收租金条款的经营性租赁合同的情况下，根据"合同与税务处理相匹配"的原理，依据财税〔2010〕121 号第二条规定在免收租金期间，出租人必须

---

① 　肖太寿. 合同控税理论及 51 个案例精解 [M]. 北京：中国市场出版社，2014.

按照房产原值缴纳房产税。

三、纳税自查后的纳税申报处理

根据以上免租金条款的税收法律政策分析，出租房屋免收租金的房产税计算分析如下：

由于本案例中的容积率＝1000÷10000＝0.1（小于0.5）

土地单价＝600÷10000＝0.06（万元/平方米）

根据财税〔2010〕121号的规定，E公司计入房产计税原值的地价＝1000×2×0.06＝120（万元），E公司在申报缴纳房产税时，计入房产计税原值的地价款应为120万元。因此，E公司在申报缴纳房产税时，应当相应调增房产计税原值120万元。

基于以上免房产税的税收政策分析，建筑公司E在2019年免租期间应补报房产税为：（1000+120）×（1-30%）×1.2%＝9.408（万元）。

四、分析结论

如果该E公司不对免租期间的房产税进行补报，今后被税务机关查到，一定面临补税、罚款和加收滞纳金的税收风险。因此，企业必须建立从税务角度加强企业各类合同涉税条款的自查自救制度，完善企业税务管理，防范税务稽查风险。

2. 重视企业日常账务的纳税自查

由于我国对企业发生的经济业务进行计量、核算时，采用的是财务会计而不是税务会计。财务会计的做账依据是中华人民共和国财政部颁布的各项政策、会计准则和会计制度，而税务会计的做账依据是我国的税收法律和中华人民共和国家税务总局颁布和制定的各项税收政策。由于财务会计和税务会计的做账依据不同，两者对同一笔经济业务的计量、核算时，有时是一致的，有时是不一致的，当出现不一致时，就会产生会计与税法的差异。在申报纳税时，对会计与税法的差异必须进行纳税调整，才可以避免纳税风险。有鉴于此，企业一定要加强对企业平常账务的纳税自查，主要自查企业的各项收入、成本计算正确与否，自查企业是否及时足额地履行税款的缴纳。

案例分析 18

某房地产公司自查发现收取会所租金挂往来的涉税风险分析

一、案情介绍

甲公司 A 项目的会所，2017 年 10 月起出租给其关联企业某餐饮娱乐公司从事经营，双方协议从 2019 年 1 月起计算租金，每月 20 万元，至 2019 年 12 月共 480 万元。甲公司财务人员进行了以下账务处理：

每月确认租金收入时：

借：应收账款——某娱乐公司

　　贷：内部往来——某娱乐公司

在某餐饮娱乐公司发生消费时：

借：内部往来——某娱乐公司

　　贷：应收账款

二、涉税自查发现的问题

2019 年 12 月底，甲公司财务部在财务总监和税务总监的领导下，开展账务和税务大检查，发现甲公司财务人员在会计核算时，通过"内部往来"会计科目进行对冲，以租金收入抵顶其在某餐饮娱乐公司的消费，致使甲公司隐匿了租金收入，餐饮公司隐匿了销售收入，是一种漏税行为。

三、税务自查后的补救措施

当企业领导发现财务人员以租金收入抵顶其在某餐饮娱乐公司消费的账务处理时，马上责令财务人员进行以下正确的账务处理：

每月确认租金收入时：

借：应收账款——某娱乐公司

　　贷：其他业务收入——会所租金收入

　　　　应交税费——应交增值税（销项税额）

甲公司在某餐饮娱乐公司发生消费时：

借：应付职工薪酬——职工福利费/管理费用——业务招待费

　　贷：应收账款——某娱乐公司

并且向某餐饮娱乐公司开具租赁业发票，申报了相关租赁业的税收和房产税。同时，向某餐饮娱乐公司索取餐饮服务业增值税普通发票。

通过以上补救措施后，甲公司规避了以下行政处罚：追缴甲公司取得出租收入的房产税、增值税及附加，出租收入补缴的企业所得税及其滞纳金并处以 0.5 倍罚款。

案例分析19

某园林公司采购苗木账务处理自查实现多抵扣 增值税进项税额的分析

一、案情介绍

江西南昌市的某园林公司属于从事苗木种植的增值税一般纳税人，2019 年 9 月从一家从事苗木批发、零售的小规模纳税人公司采购苗木一批并取得代开的 3% 的增值税专用发票，金额为 10 万元，增值税为 0.3 万元，该园林公司财务人员当期申报抵扣了税额 0.3 万元，账务处理如下：

借：库存商品——苗木   10

     应交税费——应交增值税（进项税额）   0.3

贷：银行存款   10.3

二、涉税自查发现的问题

园林公司在财务总监和税务总监的领导下，开展账务和税务大检查时发现购买苗木的进项税额不是抵扣 3%，应该按照增值税专用发票上注明的金额抵扣 9%，即 0.9 万元。

三、税务自查后的补救措施

根据《财政部　税务总局　海关总署关于深化增值税改革有关政策的公告》（财政部　税务总局　海关总署公告 2019 年第 39 号）第一条和财税〔2017〕37 号《财政部 税务总局关于简并增值税税率有关政策的通知》第二条第二款的规定，从按照简易计税方法依照 3% 征收率计算缴纳增值税的小规模纳税人取得增值税专用发票的，以增值税专用发票上注明的金额和9%的扣除率计算进项税额；取得（开具）农产品销售发票或收购发票的，以农产品销售发票或收购发票上注明的农产品买价和9%的扣除率计算进项税额。基于此规定，自2017年7月1日以后，从小规模纳税人处取得的非自产农产品的普通发票，不再作为农产品采购扣税凭证，必须取得专票才可以抵扣；农产品采购纳税人，从小规模纳税人处取得的农产品销售增值税专用发票，计算可抵扣进项税额时，计税基数是不含税金额，不是买价。因此，当企业领导发现财务人员对购买苗木的账务处理存在错误，马上责令财务人员进行以下正确的账务处理：

借：库存商品——苗木   9.4

 应交税费——应交增值税（进项税额） 0.9

 贷：银行存款   10.3

四、分析结论

通过以上补救措施后，园林公司多抵扣或少缴纳增值税0.6（0.9-0.3）万元。

（二）年度结账前账务自查，及时账务调整规避纳税盲点

年度结账前稽核公司税务可以在年度结账前针对稽核发现的问题进行账务调整。此流程对公司所得税的影响较为深远，从实践来看，我们发现由于未执行年度结账前税务稽核程序，导致公司多缴税的案例屡见不鲜。一般来讲，企业在年度结账前，应对本年度发生的各种费用如三项经费（工会经费、职工教育费、福利费）、折旧、无形资产摊销（含土地使用权问题）、业务招待费、业务宣传费、广告费、会议费、差旅费、社会保障支出、住房公积金、住房补贴、补充养老保险、医疗保险、特殊工种保险、劳动保护费、佣金、固定资产修理费与装修费、利息支出、租金支出、公益、救济性捐赠支出、坏账损失、坏账准备、财产损失及进项税额问题、开办费、其他杂费（绿化费、工伤事故支出、补税、行政性罚款、罚金、滞纳金、合同赔偿金、补缴税款、债务重组损失）进行重点检查，如果发现超过税法规定的扣除指标，可以想办法进行规避。同时，还得自查税前扣除的发票规范性和真实性和企业各类收入的划分是否正确（哪些收入应归入免税收入、哪些收入应归入不征税收入、哪些收入应归入应税收入）。

特别要提醒的是，在每年度的年末结账前，开展的账务自查，如果发现

本年度的账务错误，必须进行账务调整，否则有严重的涉税风险。一般而言，企业可以采取红字更正法、补充登记法等，直接调整本会计年度的有关会计分录，具体方法有以下三种：

一是红字更正法（红字调整法），即先用红字编制一套与错账完全相同的记账凭证，予以冲销，然后再用蓝字编制一套正确的会计分录。这种方法适用于会计科目用错或会计科目虽未用错，但实际记账金额大于应记金额的错误账款。

二是补充调整法。是指如果应调整的账目属于遗漏经济事项或错记金额，按会计核算程序用蓝字编制一套补充会计分录而进行调整的方法。

三是综合调整法。综合调整法是补充调整法和红字更正法的综合运用。一般说来，税务稽查后，需要纠正的错误很多，如果一项一项地进行调整，显然很费精力和时间，因而需将各种错误通盘进行考虑，进行综合调整。运用综合调整法的要点是：用蓝字补充登记应记未记或虽已记但少记科目，同时，仍用蓝字反方向冲记不应记却已记的会计科目，从而构成一套完整的分录。总结出几句口诀：方向记反的，反方向再记；金额多记的，反方向冲记；金额少记的，正方向增记；不该记而记的，反方向减记；应记未记的，正方向补记。

二、防控策略二：票据防控

在"以票控税"的征管体制下，发票是企业发生成本支出的重要税务凭证。基于增值税发票涉及企业抵扣增值税进项税和企业所得税税前扣除税务风险规避的考虑，建筑、房地产企业必须采用两种票据防控策略：一是依据开票的相关税法规定开具合规合法的票据；二是纳税人应在发生增值税纳税义务时开具发票。

（一）票据防控策略一：依据开票的相关税法规定开具合规合法的票据

1. 房地产企业销售和出租不动产的发票开具策略

根据《国家税务总局关于全面推开营业税改征增值税试点有关税收征收管理事项的公告》（国家税务总局公告 2016 年第 23 号）第四条第（四）项和第（五）项的规定，房地产企业销售和出租不动产的发票开具方法如下：

（1）销售不动产，纳税人自行开具或者税务机关代开增值税发票时，应在发票"货物或应税劳务、服务名称"栏填写不动产名称及房屋产权证书号码（无房屋产权证书的可不填写），"单位"栏填写面积单位，备注栏注明不动产的详细地址。

（2）出租不动产，纳税人自行开具或者税务机关代开增值税发票时，应在备注栏注明不动产的详细地址。

2. 房地产企业预收账款和差额计征土地增值税扣除土地价款（包括土地出让金、征地拆迁补偿费和土地前期开发费用）的发票开具

（1）房地产企业预收账款的发票开具。《国家税务总局关于营改增试点若干征管问题的公告》（国家税务总局公告2016年第53号）第（十一）项规定：增加6"未发生销售行为的不征税项目"，用于纳税人收取款项但未发生销售货物、应税劳务、服务、无形资产或不动产的情形。"未发生销售行为的不征税项目"下设601"预付卡销售和充值"、602"销售自行开发的房地产项目预收款"、603"已申报缴纳营业税未开票补开票"。使用"未发生销售行为的不征税项目"编码，发票"税率"栏应填写"不征税"，不得开具增值税专用发票。税法规定房地产开发企业在收到预收款时，应该向购房者开具增值税普通发票，使用"未发生销售行为的不征税项目"编码，发票"税率"栏应填写"不征税"。等到房地产公司实际移交开发产品给购房者时，再给购房者开具办理房产证的增值税发票。

（2）差额计征土地增值税中扣除土地价款（包括土地出让金、征地拆迁补偿费和土地前期开发费用）的发票开具。

《国家税务总局关于全面推开营业税改征增值税试点有关税收征收管理事项的公告》（国家税务总局公告2016年第23号）第四条第（二）款规定："**按照现行政策规定适用差额征税办法缴纳增值税，且不得全额开具增值税发票的（财政部、国家税务总局另有规定的除外），纳税人自行开具或者税务机关代开增值税专用发票时，通过新系统中差额征税开票功能开具增值税发票。**"由此可见，只有财政部、国家税务总局明确规定"适用差额征税办法缴纳增值税，且不得全额开具增值税发票的"，才需要通过新系统差额征税开票功能开具增值税发票。现行政策，对于房地产开发企业销售额中扣除土地价款，未规定不得全额开具增值税发票。因此，适用一般计税方法的房地产企业开发的新老项目扣除土地款差额征税情况下适用一般计税方法的增值税一般纳税人，应向购房者全额开具销售不动产的增值税专用（普通）发票。

3. 选择简易计税方法的总包扣除分包额的发票开具

《国家税务总局关于全面推开营业税改征增值税试点有关税收征收管理

事项的公告》（国家税务总局公告 2016 年第 23 号）第四条第（二）项规定："**按照现行政策规定适用差额征税办法缴纳增值税，且不得全额开具增值税发票的（财政部、税务总局另有规定的除外），纳税人自行开具或者税务机关代开增值税发票时，通过新系统中差额征税开票功能，录入含税销售额（或含税评估额）和扣除额，系统自动计算税额和不含税金额，备注栏自动打印'差额征税'字样，发票开具不应与其他应税行为混开。**"基于此规定，使用新系统差额征税开票功能必须同时具备两个条件：一是按照现行政策规定适用差额征税办法缴纳增值税；二是不得全额开具增值税发票。而选择简易计税方法的建筑企业总分包之间的业务，总包必须要向业主或建设方开具全额的增值税发票，因此，选择简易计税方法的建筑企业总分包之间的业务，总包不可以选择差额征税开票新系统功能，总包必须通过正常开票系统全额向业主或建设方开具全额的增值税发票。

4. 建筑企业设备租赁业务中的发票开具

（1）建筑工程机械租赁公司（一般纳税人）以经营性租赁模式出租机械给建筑施工企业的发票开具。

财税〔2016〕36 号文件附件 2：《营业税改征增值税试点有关事项的规定》第一条第（六）项第 4 款规定："**以纳入营改增试点之日前取得的有形动产为标的物提供的经营租赁服务，可以选择简易计税方法计税。**"财税〔2016〕36 号文件附件 1：《营业税改征增值税试点实施办法》第三十四条规定："**简易计税方法的应纳税额，是指按照销售额和增值税征收率计算的增值税额，不得抵扣进项税额。应纳税额计算公式：应纳税额＝销售额×征收率。**"第三十五条规定："**简易计税方法的销售额不包括其应纳税额，纳税人采用销售额和应纳税额合并定价方法的，按照下列公式计算销售额：销售额＝含税销售额÷（1+征收率）。**"第十六条规定："**增值税征收率为3%。**"由于租赁公司是 2013 年 8 月 1 日开始实施"营改增"的，因此，根据以上规定，纯机械租赁模式（经营性租赁机械设备或干租）的一般纳税人的开票技巧如下：

1）如果机械租赁公司 2016 年 5 月 1 日后租给建筑企业工地上的设备是 2013 年 8 月 1 日之前购买的，则租赁公司按照 3% 简易计税方法征收增值税，并给承租方的建筑企业开 3% 的专票（用于一般计税方法的项目）或普通发票（用于简易计税方法的项目）。

2）如果机械租赁公司 2016 年 5 月 1 日后租给建筑企业工地上的设备是 2013 年 8 月 1 日之后购买的，则租赁公司按照 17%（2016 年 5 月 1 日至

2018 年 4 月 30 日）、16%（2018 年 5 月 1 日至 2019 年 3 月 31 日）、13%（2019 年 4 月 1 日至今）计算征收增值税，并给承租方的建筑企业开具 17%（2016 年 5 月 1 日至 2018 年 4 月 30 日）、16%（2018 年 5 月 1 日至 2019 年 3 月 31 日）、13%（2019 年 4 月 1 日至今）的专票（用于一般计税方法的项目）或普通发票（用于简易计税方法的项目）。

（2）一般纳税人的建筑设备租赁公司出租机械并配备设备操作人员（或称为湿租）的发票开具。

《财政部国家税务总局关于明确金融房地产开发教育辅助服务等增值税政策的通知》（财税〔2016〕140 号）第十六条规定：**"纳税人将建筑施工设备出租给他人使用并配备操作人员的，按照'建筑服务'缴纳增值税。"** 因此，一般纳税人的建筑设备租赁公司出租机械并配备设备操作人员（或称为湿租）的发票开具如下：

1）如果设备承租方的建筑企业从事的项目是一般计税项目，则建筑设备出租方按照 11%（2016 年 5 月 1 日至 2018 年 4 月 30 日）、10%（2018 年 5 月 1 日至 2019 年 3 月 31 日）、9%（2019 年 4 月 1 日至今）税率计算征收增值税，给设备承租方的建筑企业按照 11%（2016 年 5 月 1 日至 2018 年 4 月 30 日）、10%（2018 年 5 月 1 日至 2019 年 3 月 31 日）、9%（2019 年 4 月 1 日至今）开具增值税专票。

2）如果设备承租方的建筑企业从事的项目是简易计税项目，则建筑设备出租方按照 11%（2016 年 5 月 1 日至 2018 年 4 月 30 日）、10%（2018 年 5 月 1 日至 2019 年 3 月 31 日）、9%（2019 年 4 月 1 日至今）税率计算征收增值税，给设备承租方的建筑企业按照 11%（2016 年 5 月 1 日至 2018 年 4 月 30 日）、10%（2018 年 5 月 1 日至 2019 年 3 月 31 日）、9%（2019 年 4 月 1 日至今）开具增值税普通发票。

5. 劳务派遣业务的发票开具方法

（1）开具劳务派遣发票的相关税法规定。《国家税务总局关于全面推开营业税改征增值税试点有关税收征收管理事项的公告》（国家税务总局公告 2016 年第 23 号）第四条第（二）项规定：**"按照现行政策规定适用差额征税办法缴纳增值税，且不得全额开具增值税发票的（财政部、税务总局另有规定的除外），纳税人自行开具或者税务机关代开增值税发票时，通过新系统中差额征税开票功能，录入含税销售额（或含税评估额）和扣除额，系统自动计算税额和不含税金额，备注栏自动打印'差额征税'字样，发票开具不应与其他应税行为混开。"**

《财政部　国家税务总局关于进一步明确全面推开营改增试点有关劳务派遣服务、收费公路通行费抵扣等政策的通知》（财税〔2016〕47号）第一条第三款规定："**选择差额纳税的纳税人，向用工单位收取用于支付给劳务派遣员工工资、福利和为其办理社会保险及住房公积金的费用，不得开具增值税专用发票，可以开具普通发票。**"

《增值税发票开具指南》第三章第五节第二条规定："**纳税人提供劳务派遣服务，选择差额纳税的，向用工单位收取用于支付给劳务派遣员工工资、福利和为其办理社会保险及住房公积金的费用，不得开具增值税专用发票，可以开具增值税普通发票。**"

《增值税发票开具指南》第三章第八节第一条规定："**纳税人或者税务机关通过增值税发票管理系统中差额征税开票功能开具增值税发票时，录入含税销售额（或含税评估额）和扣除额，系统自动计算税额和不含税金额，备注栏自动打印'差额征税'字样，发票开具不应与其他应税行为混开。**"

（2）劳务派遣发票的开具方法。

基于以上劳务派遣业务开具劳务派遣发票的税法规定，具有劳务派遣资质的劳务公司，在建筑企业具备使用劳务派遣工的两个必备条件的情况下，劳务派遣公司向建筑企业开具规范、合法的劳务派遣发票的方法归纳如下：

第一，开具发票必须遵循的原则：劳务派遣发票的开具必须与劳务派遣协议相匹配。

与劳务派遣合同不相匹配的劳务派遣发票，要么是没有真实交易的虚开发票，要么是与开票金额、开票形式与真实的交易不符，即都是不规范的合法票据。因此，如果劳务派遣发票的开具与劳务派遣协议不相匹配，则建筑企业收到劳务派遣公司开具的劳务派遣发票不可以在企业所得税前扣除。

第二，劳务公司（一般纳税人）选择差额征收增值税（简易计税方法）的规范、合法开具劳务派遣发票的方法。

如果建筑企业与劳务派遣公司在劳务派遣合同中的"合同价款"条款约定：用工单位（建筑企业）给劳务派遣公司总的劳务派遣费用（包括劳务派遣公司支付给被派遣者的工资、福利和社保费用）为×××元（不含增值税），增值税金额为×××元。则劳务派遣公司向建筑企业（用工单位）有两种开票方法：

第一种是差额征税开票方法。劳务派遣公司通过增值税发票管理系统中差额征税开票功能开具增值税发票，录入向建筑企业收取的含税销售额（总的劳务派遣合同金额）和扣除额（劳务派遣公司支付给被派遣者的工资、福利和社保费用），系统自动计算税额和不含税金额，备注栏自动打印"差额征税"字样。其中，发票上的"税额"为：（总的劳务派遣合同金额－劳务派遣公司支付给被派遣者的工资、福利和社保费用）÷（1+5%）×5%，"不含税金额"为：总的劳务派遣合同金额÷（1+5%）。

第二种是差额征税开票方法。劳务派遣公司通过增值税发票管理新系统中正常开票功能，开具增值税发票。向建筑企业收取含增值税金额的（总劳务派遣合同金额－劳务派遣公司支付给被派遣者的工资、福利和社保费用）给建筑企业开具5%的增值税专用发票，劳务派遣公司支付给被派遣者的工资、福利和社保费用给建筑企业开具5%的增值税普通发票。

第三，如果建筑企业与劳务派遣公司在劳务派遣合同中的"合同价款"条款分别约定：用工单位（建筑企业）给劳务派遣公司支付手续费用、管理费为×××元（不含增值税），增值税金额为×××元。用工单位（劳务派遣公司）直接支付给被派遣劳动者的工资、福利和社保费用为×××元（不含增值税），增值税金额为×××元。则劳务派遣公司通过增值税发票管理新系统中正常开票功能，以向建筑企业收取的劳务派遣管理费、手续费依6%的税率全额开具增值税专用发票。

第四，如果劳务派遣公司（一般纳税人）选择一般计税方法征税，且建筑企业与劳务派遣公司在劳务派遣合同中的"合同价款"条款约定：用工单位（建筑企业）给劳务派遣公司总的劳务派遣费用（包括劳务派遣公司支付给被派遣者的工资、福利和社保费用）为×××元（不含增值税），增值税金额为×××元。则劳务公司通过增值税发票管理新系统中正常开票功能，以取得的全部价款和价外费用依6%的税率全额开具增值税专用发票。

6. 建筑企业包工包料业务的发票开具方法

根据财税〔2016〕36号附件1：《营业税改征增值税试点实施办法》第四十条、国家税务总局2017年公告第11号第一条、国家税务总局2018年公告第42号第六条的规定，建筑企业包工包料业务的发票开具方法如下：

（1）建筑企业销售外购的建筑材料并提供建筑劳务的发票开具。

如果建筑企业与发包方签订一份建筑施工合同，将材料款和建筑劳务款一起含在合同价里面，在合同中的"合同价款"条款中约定：不含增值税金额的合同金额为×××元，增值税金额为×××元。则建筑企业将外购的材料和建筑劳务一起按照9%的税率计征增值税，向发包方开具9%的增值税发票。

（2）建筑企业销售外购的建筑设备的同时并提供建筑安装劳务的发票开具。

如果建筑企业与发包方签订一份包工包料的建筑施工合同，将设备价款、建筑安装劳务价款在建筑施工合同中的"合同价款"条款中分别载明：不含增值税金额的设备合同金额为×××元，设备增值税金额为×××元；不含增值税金额的安装劳务合同金额为×××元，安装劳务增值税金额为×××元。则发票开具方法有两种：

第一，如果建筑企业按照兼营行为分别核算机器设备和安装服务的销售额，则机器设备销售额按照13%计征增值税，安装服务既可以按照3%计征增值税（发包方同意的情况下），也可以按照9%计征增值税（发包方不同意的情况下）。

第二，如果没有按照兼营行为分别核算机器设备和安装服务的销售额，则机器设备销售额和安装服务销售额一起按照13%计征增值税，建筑安装企业向发包方将机器设备和安装服务的销售额一起开具13%的增值税专用（普通）发票。

（3）建筑企业销售自产建筑材料并提供建筑安装劳务的发票开具。

第一，如果销售自产建筑材料的建筑企业与发包方签订一份包工包料施工合同，将材料销售额、建筑劳务销售额在合同中的"合同价"条款中分别约定：不含增值税金额的材料价款的合同金额为×××元，材料价款的增值税金额为×××元；不含增值税金额的建筑劳务款的合同金额为×××元，建筑劳务款的增值税金额为×××元。则建筑企业向发包方开具发票的策略如下：材料销售额部分，建筑企业向发包方开具13%的增值税专用（普通）发票。建筑服务销售额部分，建筑企业向发包方开具9%的增值税专用（普通）发票。

第二，如果销售自产建筑材料的建筑企业与发包方签订两份合同：一份建筑材料销售合同，一份建筑施工服务合同。建筑材料销售合同的"合同价"条款约定：不含增值税金额的合同金额为×××元，增值税金额为×××元；建筑施工服务合同的"合同价"条款约定：不含增值税金额的合同金额为×××元，增值税金额为×××元。则建筑企业向发包方开具发票的策略如下：

材料销售合同的发票开具策略：建筑企业向发包方开具13%的增值税专用（普通）发票。

建筑施工服务合同的发票开具策略：建筑企业向发包方开具3%的增值税专用（普通）发票（发包方同意建筑企业提供建筑服务选简易计税的情况下）或开9%的增值税专用（普通）发票（发包方不同意建筑企业提供建筑服务选简易计税的情况下）。

（4）建筑企业销售自产建筑设备的同时并提供建筑安装劳务的发票

开具。

第一，如果销售自产的冷暖系统、电梯和机电设备等机器设备的建筑企业与发包方签订一份包工包料施工合同，将材料销售额、建筑劳务销售额在合同中的"合同价"条款中分别约定：不含增值税金额的设备价款的合同金额为×××元，设备价款的增值税金额为×××元；不含增值税金额的安装劳务款的合同金额为×××元，安装劳务款的增值税金额为×××元。则建筑企业向发包方开具发票的策略如下：机器设备价款部分，建筑企业向发包方开具13%的增值税专用（普通）发票，安装服务销售额部分，建筑企业向发包方开具9%的增值税专用（普通）发票。

第二，如果销售自产的冷暖系统、电梯和机电设备等机器设备的建筑企业与发包方签订两份合同：一份设备销售合同，一份安装服务合同。设备销售合同的"合同价"条款约定：不含增值税金额的合同金额为×××元，增值税金额为×××元；建筑安装服务合同的"合同价"条款约定：不含增值税金额的合同金额为×××元，增值税金额为×××元。则建筑企业向发包方开具发票的策略如下：

机器设备销售合同的发票开具策略：建筑企业向发包方开具13%的增值税专用（普通）发票。

建筑安装服务合同的发票开具策略：建筑企业向发包方开具3%的增值税专用（普通）发票（发包方同意建筑企业提供建筑服务选简易计税的情况下）或开9%的增值税专用（普通）发票（发包方不同意建筑企业提供建筑服务选简易计税的情况下）。

7. 运输费用发票的开具策略

根据《增值税发票开具指南》第三章第二节第一条"备注栏内容填写"的规定，纳税人提供货物运输服务，使用增值税专用发票和增值税普通发票，开具发票时应将起运地、到达地、车种车号以及运输货物信息等内容填写在发票备注栏中，如内容较多可另附清单。

8. 建筑企业总承包、专业承包方向房地产企业开具发票的策略

根据《国家税务总局关于营改增后土地增值税若干征管规定的公告》（国家税务总局公告2016年第70号）第五条的规定，营改增后，建筑企业总承包、专业承包方向房地产企业开具发票时，应按照《国家税务总局关于全面推开营业税改征增值税试点有关税收征收管理事项的公告》（国家税务总局公告2016年第23号）规定，在发票备注栏注明建筑服务发生地县（市、区）名称及项目名称，否则不得计入土地增值税扣除项目金额。

9. 建筑总公司中标，分公司施工的发票开具

根据《国家税务总局关于进一步明确营改增有关征管问题的公告》（国家税务总局公告 2017 年第 11 号）第二条的规定，如果建筑企业总公司中标的工程，交给分公司施工，工程所在地税务局必须要求分公司在工程所在地独立纳税，将增值税和企业所得税全部留在工程所在地税务局，则发票开具策略如下：

第一步：建筑企业总公司与发包方签订建筑施工总承包合同。

第二步：建筑企业总公司以内部授权或者三方协议等方式，明确以下三点：一是授权分公司为发包方提供建筑服务；二是由分公司直接与发包方结算工程款的；三是由分公司缴纳增值税并向发包方开具增值税发票，与发包方签订建筑合同的建筑企业总承包方不缴纳增值税。

第三步：建筑企业总公司的分公司向发包方开具增值税发票，并在发票的"备注栏"注明：建筑服务发生地县（市、区）名称及项目名称。

第四步：发包方可凭实际提供建筑服务的分公司纳税人开具的增值税专用发票抵扣进项税额。

（二）票据防控策略二：纳税人应在发生增值税纳税义务时开具发票

《增值税发票开具指南》第二章第一节第四条规定："**纳税人应在发生增值税纳税义务时开具发票。**"基于此规定，"纳税人应在发生增值税纳税义务时开具发票"有两层含义：一是如果纳税人没有发生增值税纳税义务时间，则纳税人即使收到款项也不对外开具增值税发票；二是如果纳税人已经发生增值税纳税义务，即使没有收到款项也必须对外开具增值税发票。因此，纳税人在没有发生增值税纳税义务时，不对外开具发票；否则，企业提前缴纳增值税，将影响企业的现金流。下面以建筑企业的质量保证金的发票开具和业主拖欠建筑企业工程款的发票开具为例进行分析。

1. 业主从工程款中扣除建筑企业质量保证金的税收风险及发票开具

业主从工程款中扣除建筑企业质量保证金的税收风险分析。《国家税务总局关于在境外提供建筑服务等有关问题的公告》（国家税务总局公告 2016 年第 69 号）第四条规定："**纳税人提供建筑服务，被工程发包方从应支付的工程款中扣押的质押金、保证金，未开具发票的，以纳税人实际收到质押金、保证金的当天为纳税义务发生时间。**"基于此规定，"营改增"后的建筑企业就业主或发包方从其工程款中扣留的质量保证金的增值税纳税义务时间是施工企业收到发包方在质量保证金期限结束后退回质量保证金的当天。

而建设方扣押总承包方质量保证金的税收风险主要体现在：建设方与总承包方进行工程结算时，扣押的质量保证金部分，总承包方给建设方开具增值税发票而提前缴纳增值税，占用了企业的流动资金。

2. 业主或发包方扣押质量保证金的发票开具

在建筑总承包合同中必须有单独的一项质量保证金条款，该条款必须明确：建筑施工总承包企业应在项目工程竣工验收合格后的缺陷责任期内，认真履行合同约定的责任，缺陷责任期满后，及时向建设单位（业主）申请返还工程质保金。建设单位（业主）应及时向建造施工企业退还工程质保金（若缺陷责任期内出现缺陷，则扣除相应的缺陷维修费用）。业主扣押质量保证金时，建筑施工企业应如何进行发票开具？分析如下：

根据财税〔2016〕36 号附件 1：《营业税改征增值税试点实施办法》第四十五条第（一）项规定："**施工企业增值税纳税义务时间具体规定如下：纳税人提供应税服务并收讫销售款项或者取得索取销售款项凭据的当天；先开具发票的，为开具发票的当天。**"而《国家税务总局关于在境外提供建筑服务等有关问题的公告》（国家税务总局公告 2016 年第 69 号）第四条规定："**纳税人提供建筑服务，被工程发包方从应支付的工程款中扣押的质押金、保证金，未开具发票的，以纳税人实际收到质押金、保证金的当天为纳税义务发生时间。**"

基于以上规定，业主扣押质量保证金时，建筑施工企业发票开具可以体现以下两种情况：

第一种发票开具情况：建设方与总承包方进行工程结算时而扣押的质量保证金部分，总承包方可以向发包方开具建筑服务业的增值税专用发票（当业主能够抵扣增值税进项税额的情况下）或增值税普通发票（当业主不能抵扣增值税进项税额的情况下）。

第二种发票开具情况：建设方与总承包方进行工程结算时而扣押的质量保证金部分，总承包方可以等到发包方给建筑总承包方支付质押金、保证金时，再给发包方开具建筑服务业的增值税专用发票（当业主能够抵扣增值税进项税额的情况下）或增值税普通发票（当业主不能抵扣增值税进项税额的情况下）。

特别需要注意的是，根据国税函〔2010〕220 号文件的规定，质量保证金部分没有开具发票的情况下，房地产企业在土地增值税清算时，不可以扣除质量保证金部分的成本。因此，当业主是房地产企业的情况下，房地产企业扣留建筑施工企业的质量保证金部分，肯定要求建筑施工企业开具增值税发票。

3. 业主或发包方支付和未支付工程进度款的增值税纳税义务、发票开具和产值或收入确认方法

（1）建筑企业增值税纳税义务时间的法律分析。财税〔2016〕36 号附件 1：《营业税改征增值税试点实施办法》第四十一条规定："施工企业增值税纳税义务时间具体规定如下：

第一，纳税人提供应税服务并收讫销售款项或者取得索取销售款项凭据的当天；先开具发票的，为开具发票的当天。收讫销售款项，是指纳税人销售服务、无形资产或者不动产过程中或者完成后收到款项。

取得索取销售款项凭据的当天，是指书面合同确定的付款日期；未签订书面合同或者书面合同未确定付款日期的，为服务、无形资产转让完成的当天或者不动产权属变更的当天。

第二，纳税人提供建筑服务采取预收款方式的，其纳税义务发生时间为收到预收款的当天。"

基于以上规定，施工企业与房地产企业或发包方进行工程进度结算，增值税纳税义务时间为工程结算书签订之日。具体分为以下两种情况：

1）业主已经支付的部分工程款的增值税纳税义务时间为收到工程款的当天。

2）业主拖欠施工企业的部分工程款，增值税纳税义务时间分两种情况考虑：

一是如果工程结算书中或建筑承包合同中没标明发包方拖欠的部分工程款未来收款的时间，则增值税纳税义务时间为工程结算书签订之日。

二是如果工程结算书中标明发包方拖欠的部分工程款未来收款的时间，则增值税纳税义务时间为工程结算书或建筑承包合同标明的未来收款的时间。

（2）业主支付和未支付进度款的发票开具技巧。根据以上业主支付和未支付进度款增值税纳税义务时间的分析，业主支付和未支付进度款的发票开具技巧如下：

1）业主已经支付的部分工程款的增值税纳税义务时间是收到工程款的当天。具体开票方法如下：

第一，当施工企业对该项目选择一般计税方法计征增值税时，施工企业必须向业主开具税率为 11% 的增值税专用发票（业主依照税法规定可以抵扣增值税进项税额的情况下）或税率为 11% 的增值税普通发票（业主依照税法规定不可以抵扣增值税进项税额的情况下）。

第二，当施工企业对该项目选择简易计税方法计征增值税时，施工企业必须向业主开具税率为3%的增值税专用发票（业主依照税法规定可以抵扣增值税进项税额的情况下）或税率为3%的增值税普通发票（业主依照税法规定不可以抵扣增值税进项税额的情况下）。

2）业主拖欠施工企业的部分工程进度款，如果工程结算书中或建筑承包合同中没标明发包方拖欠的部分工程款未来的收款时间，则增值税纳税义务时间为工程结算书签订之日。具体的开票方法如下：

第一，当施工企业对该项目选择一般计税方法计征增值税时，施工企业必须向业主开具税率为11%（2016年5月1日至2018年4月30日）、10%（2018年5月1日至2019年3月31日）、9%（2019年4月1日至今）的增值税专票（业主依照税法规定可以抵扣增值税进项税额的情况下）或增值税普通发票（业主依照税法规定不可以抵扣增值税进项税额的情况下）。

第二，当施工企业对该项目选择简易计税方法计征增值税时，施工企业必须向业主开具税率为3%增值税专用发票（业主依照税法规定可以抵扣增值税进项税额的情况下）或税率为3%的增值税普通发票（业主依照税法规定不可以抵扣增值税进项税额的情况下）。

3）如果工程结算书中标明发包方拖欠的部分工程款未来收款的时间，则增值税纳税义务时间为工程结算书或建筑承包合同标明的未来收款的时间。施工企业由于还没有发生增值税纳税义务时间，就不给业主开具增值税发票。等到业主将拖欠的工程款给施工企业时再按照以下两种情况开具增值税发票：

第一，当施工企业对该项目选择一般计税方法计征增值税时，施工企业必须向业主开具税率为11%（2016年5月1日至2018年4月30日）、10%（2018年5月1日至2019年3月31日）、9%（2019年4月1日至今）的增值税专用发票（业主依照税法规定可以抵扣增值税进项税额的情况下）或增值税普通发票（业主依照税法规定不可以抵扣增值税进项税额的情况下）。

第二，当施工企业对该项目选择简易计税方法计征增值税时，施工企业必须向业主开具税率为3%的增值税专用发票（业主依照税法规定可以抵扣增值税进项税额的情况下）或税率为3%的增值税普通发票（业主依照税法规定不可以抵扣增值税进项税额的情况下）。

4）业主或发包方拖欠施工企业部分工程进度款（含增值税）要不要向发包方或业主开具增值税专用发票呢？还要从以下两个方面来分析（以现有的建筑服务一般计税方法的9%增值税税率为例）：

第一，如果施工企业账上等待抵扣的增值税进项税额大于或等于发包方拖欠施工企业的部分工程进度款÷(1+9%)×9%时，则施工企业向发包方全额开具工程结算款（含增值税）的增值税发票。具体开票方法如下：

当施工企业对该项目选择一般计税方法计征增值税时，施工企业必须向业主开具税率为9%的增值税专用发票（业主依照税法规定可以抵扣增值税进项税额的情况下）或税率为9%的增值税普通发票（业主依照税法规定不可以抵扣增值税进项税额的情况下）。

当施工企业对该项目选择简易计税方法计征增值税时，施工企业必须向业主开具税率为3%的增值税专用发票（业主依照税法规定可以抵扣增值税进项税额的情况下）或税率为3%的增值税普通发票（业主依照税法规定不可以抵扣增值税进项税额的情况下）。

第二，如果施工企业账上等待抵扣的增值税进项税小于或等于发包方拖欠施工企业的部分工程进度款÷(1+9%)×9%时，则施工企业向发包方开具发包方已经支付工程进度款（含增值税）的增值税。具体开票方法如下：

当施工企业对该项目选择一般计税方法计征增值税时，施工企业必须向业主开具税率为9%的增值税专用发票（业主依照税法规定可以抵扣增值税进项税额的情况下）或税率为9%的增值税普通发票（业主依照税法规定不可以抵扣增值税进项税额的情况下）。

当施工企业对该项目选择简易计税方法计征增值税时，施工企业必须向业主开具税率为3%的增值税专用发票（业主依照税法规定可以抵扣增值税进项税额的情况下）或税率为3%的增值税普通发票（业主依照税法规定不可以抵扣增值税进项税额的情况下）。

4. 业主支付和未支付进度款，施工企业如何报产值

在实践当中，业主支付和未支付进度款时，不少施工企业在报产值时往往出现以下三种方法：

第一，以业主实际支付的工程款报产值。

第二，以施工企业向业主开具的发票金额（不含增值税）报产值。

第三，以施工企业提交给业主审批的工程量确认单或工程计量确认单上的工程量为依据进行工程进度结算的工程款报产值。

以上三种方法，只有第三种是正确的。因为"营改增"后建筑企业的产值是：一般计税方法的项目产值是：工程结算款（最后决算款）÷(1+9%)；简易计税方法的项目产值是：工程结算款（最后决算款）÷(1+3%)。如果按照前面两种方法报产值，则会出现建筑企业报产值与开具增值税发票不一致。只有第三种报产值的方法，施工企业报的产值与开具增值税发票所对应的收入保证一致。

案例分析20

某房地产企业支付和未支付部分工程进度款的财税处理

一、案情介绍

某房地企业与建筑总承包方进行工程进度结算，结算价为 1000 万元（含增值税），房地产企业支付 500 万元（含增值税）给施工企业，拖欠施工企业 500 万元（含增值税）工程款，假设本施工企业选择一般计税方法计征增值税，具体如图 7-2 所示。

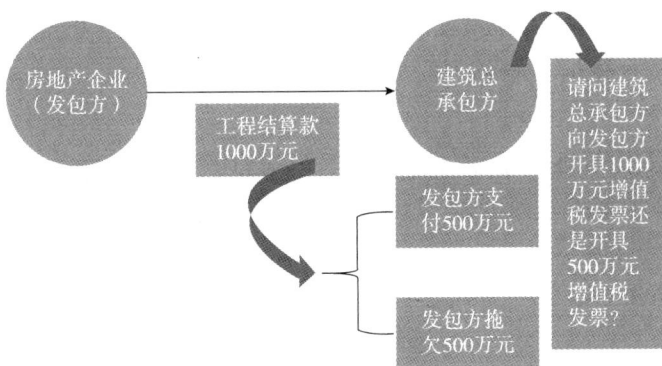

图 7-2　案例过程

请问施工企业给房地产公司开具 500 万元（含增值税）增值税专用发票，还是开具 1000 万元（含增值税）增值税专用发票？房地产企业支付和未支付进度款 500 万元，施工企业如何进行会计核算？

二、涉税分析

1. 建筑企业增值税纳税义务时间

根据财税〔2016〕36 号附件 1：《营业税改征增值税试点实施办法》第

四十五条第（一）项的规定，施工企业增值税纳税义务时间具体规定如下：纳税人提供应税服务并收讫销售款项或者取得索取销售款项凭据的当天；先开具发票的，为开具发票的当天。收讫销售款项，是指纳税人销售服务、无形资产或者不动产过程中或者完成后收到款项。取得索取销售款项凭据的当天，是指书面合同确定的付款日期；未签订书面合同或者书面合同未确定付款日期的，为服务、无形资产转让完成的当天或者不动产权属变更的当天。

基于此规定，本案例中的施工企业收到房地产公司支付的 500 万元工程进度结算款时，施工企业必须发生了增值税纳税义务，增值税纳税义务时间是施工企业收到房地产公司支付 500 万元工程进度结算款的当天。施工企业必须向房地产公司开具 500 万元的增值税专用发票，在工程所在地国税局，按照"500 万元÷(1+9%)×2%"计算预缴增值税，扣除工程所在地预缴的增值税在施工企业所在地国税局申报缴纳增值税。

房地产公司拖欠施工企业的工程进度款 500 万元的增值税纳税义务时间从以下两个方面来判断：

一是如果施工企业与房地产公司在建筑合同中约定：工程进度结算的时间，按照结算工程款的一定比例进行支付，剩下的工程结算款于工程最后验收合格后进行支付。则房地产公司拖欠施工企业的工程进度款 500 万元的增值税纳税义务时间为工程最后验收合格后的当天。

二是如果施工企业与房地产公司在建筑合同中虽然有以下约定：工程进度结算的时间，按照结算工程款的一定比例进行支付，但没有约定剩下的工程结算款于工程最后验收合格后进行支付。则房地产公司拖欠施工企业的工程进度款 500 万元的增值税纳税义务时间为施工企业与房地产公司进行 1000 万元工程进度结算书或 1000 万元的工程进度审批单签订之日。

2. 业主支付和拖欠施工企业工程款的发票开具

根据财税〔2016〕36 号附件 1：《营业税改征增值税试点实施办法》第四十五条第（一）项的规定，施工企业提供应税服务并收讫销售款项或者取得索取销售款项凭据的当天为增值税的纳税义务时间。取得索取销售款项凭据的当天，是指书面合同确定的付款日期；未签订书面合同或者书面合同未确定付款日期的，为服务、无形资产转让完成的当天或者不动产权属变更的当天。因此，本案例中施工企业收到房地产企业的 500 万元（含增值税）时，必须向房地产企业开具 500 万元（含增值税）9% 税率的增值税专用发票。房地产企业拖欠施工企业的 500 万元（含增值税）要不要向房地产企业开具增值税专用发票呢？要从两方面进行分析：

第一，如果施工企业账上等待抵扣的增值税进项税大于或等于1000÷（1+9%）×9%时，则施工企业向房地产企业开具1000万元（含增值税）9%税率的增值税专用发票。

第二，如果施工企业账上等待抵扣的增值税进项税小于或等于500÷（1+9%）×9%时，则施工企业向房地产企业开具500万元（含增值税）9%税率的增值税专用发票。

3. 业主支付和拖欠工程款延期缴纳增值税的会计处理

当500万元没有发生增值税纳税义务时间时：

借：银行存款　　　　　　　　　　　　　　　500

　　应收账款　　　　　　　　　　　　　　　500

　　贷：工程结算　　　　　　　　　　　　　1000÷（1+9%）

　　　　应交税费——应交增值税（销项税）　500÷（1+9%）×9%

　　　　　　　　——待转销项税额　　　　　500÷（1+9%）×9%

当收到500万元，发生增值税纳税义务时间时：

借：应交税费——待转销项税额　　　　　　　500÷（1+9%）×9%

　　贷：应交税费——应交增值税（销项税额）500÷（1+9%）×9%

[1] 肖太寿. 纳税筹划 [M]. 北京：经济科学出版社，2010.

[2] 查方能. 纳税筹划 [M]. 北京：东北财经大学出版社，2012.

[3] 朱国平. 纳税筹划 [M]. 北京：中国财政经济出版社，2007.

[4] 盖地. 建筑施工企业纳税与筹划操作指南 [M]. 北京：中国财政经济出版社，2010.

[5] 段九利，白秀峰. 房地产企业全程纳税筹划 [M]. 北京：中国市场出版社，2011.

[6] 肖太寿. 最新税收政策下企业涉税76难点深度解析及经典案例 [M]. 北京：中国市场出版社，2011.

[7] 蔡昌. 税务风险揭秘 [M]. 北京：中国财政经济出版社，2011.

[8] 蔡昌. 税务稽查零风险：税务稽查应对手册 [M]. 北京：北京大学出版社，2011.

[9] 肖太寿. 最新税收政策下企业涉税疑难问题处理及经典案例解析 [M]. 北京：经济科学出版社，2010.

[10] 肖太寿. 最新税收政策下企业所得税汇算清缴重点难点处理与填报方法 [M]. 北京：中国市场出版社，2010.

[11] 张书箱，江家银. 避税与反避税的理论与实务 [M]. 北京：安徽人民出版社，1995.

[12] 李明俊，李柳田. 企业领导者如何"税"得香 [M]. 北

京：企业管理出版社，2010.

[13] 宋洪祥. 点税成金——企业经营决策的税收管理与风险控制 [M]. 北京：经济日报出版社，2009.

[14] 肖太寿，吴华. 商业模式下的合同控税策略——6 类经济合同中的涉税风险管控及例解 [M]. 北京：中国长安出版社，2013.

[15] 肖太寿. 企业税收成本控制（税务咨询师教材）[M]. 北京：中国时代经济出版社，2012.

[16] 肖太寿. 砍掉企业税收成本三把刀及 76 案例精解 [M]. 北京：经济科学出版社，2012.

[17] 肖太寿. 合同控税理论及 51 案例真解 [M]. 北京：中国市场出版社，2014.

[18] 肖太寿. 合同控税：21 种节税技巧 72 个实战案例 [M]. 北京：中国市场出版社，2015.

[19] 肖太寿. 建筑房地产企业税务管控 [M]. 北京：经济管理出版社，2017.

[20] 肖太寿. 建筑房地产企业合同控税（第 2 版）[M]. 北京：中国市场出版社，2017.

[21] 肖太寿. 建筑房地产企业税收安全策略 [M]. 北京：经济管理出版社，2018.

[22] 肖太寿. 建筑劳务与劳务公司财税法管控 13 个秘籍 [M]. 北京：经济管理出版社，2019.

[23] 肖太寿. 建筑房地产企业财税法风险管控 [M]. 北京：经济管理出版社，2019.